国家出版基金项目
NATIONAL PUBLICATION FOUNDATION

"十二五"国家重点图书
出版规划项目

红色延安口述·历史
HONGSE YAN'AN
KOUSHU·LISHI

在西北局的日子里

石杰 司志浩 主编

陕西师范大学出版总社

图书代号　　SK18N0238

图书在版编目(CIP)数据

在西北局的日子里 / 石杰，司志浩主编. —西安：陕西师范大学出版总社有限公司，2018.3(2019.7 重印)
　（红色延安口述·历史）
　ISBN 978-7-5613-9857-9

　Ⅰ.①在…　Ⅱ.①石…②司…　Ⅲ.①革命回忆录—作品集—中国—当代　Ⅳ.①I251

中国版本图书馆 CIP 数据核字(2018)第 046451 号

在西北局的日子里

ZAI XIBEIJU DE RIZI LI

石　杰　司志浩　主编

责任编辑	冯晓立
责任校对	安　雄
出版发行	陕西师范大学出版总社
	（西安市长安南路199号　邮编710062）
网　　址	www.snupg.com
印　　刷	西安市建明工贸有限责任公司
开　　本	720mm×1020mm　1/16
印　　张	23.5
插　　页	4
字　　数	291 千
版　　次	2018 年 3 月第 1 版
印　　次	2019 年 7 月第 3 次印刷
书　　号	ISBN 978-7-5613-9857-9
定　　价	98.00 元

读者购书、书店添货或发现印刷装订问题，请与本公司营销部联系、调换。
电话：(029)85307864　85303635　传真：(029)85303879

《在西北局的日子里》
编辑委员会

顾　　问　　王定国
主　　任　　何　载
副 主 任　　邵继尧　　张忠敏　　李复活　　石　杰
委　　员　　张邦英　　黄静波　　张志功　　史　宏
　　　　　　张振邦　　孙炳文　　马淑芳　　张　克
　　　　　　张玉英　　郝树华　　彭寿仁　　黄健珍
　　　　　　王应元　　吉世霖　　艾力平　　李精林
　　　　　　赵　援　　王秋英　　王效民　　孙晓东
　　　　　　赵秦胜　　张亚东　　张小可　　魏晟健
　　　　　　司志浩　　于　芳　　孙能浩

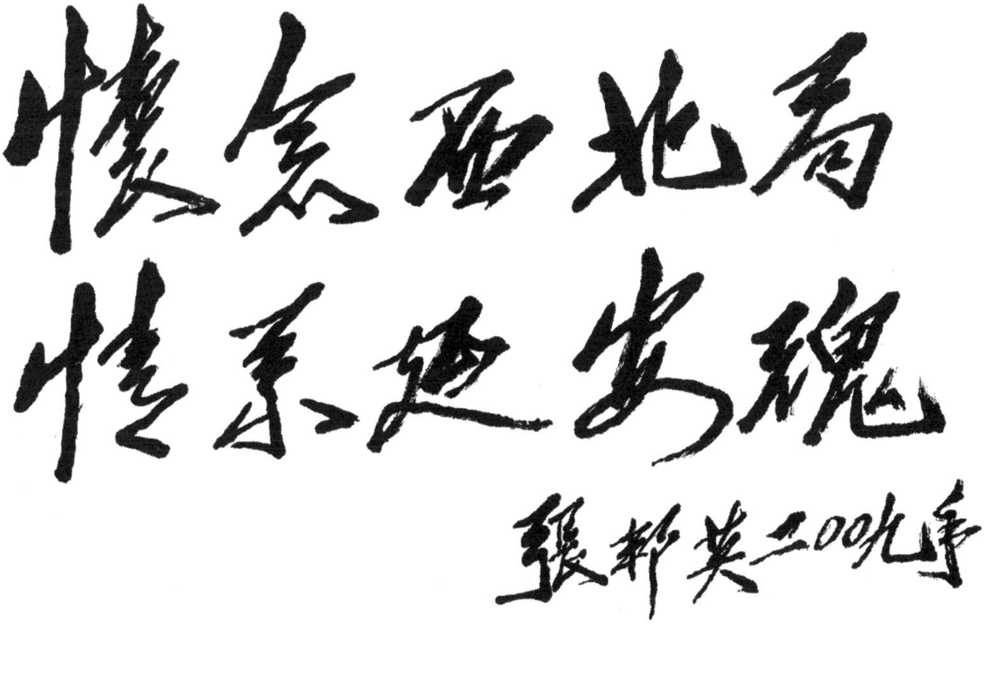

怀念西北局
情系延安魂
　　　　　张邦英二〇〇九年

张邦英 2009 年 6 月为本书题词

西北岁月

王定国

二〇一二年十一月

王定国 2012 年 11 月为本书题词

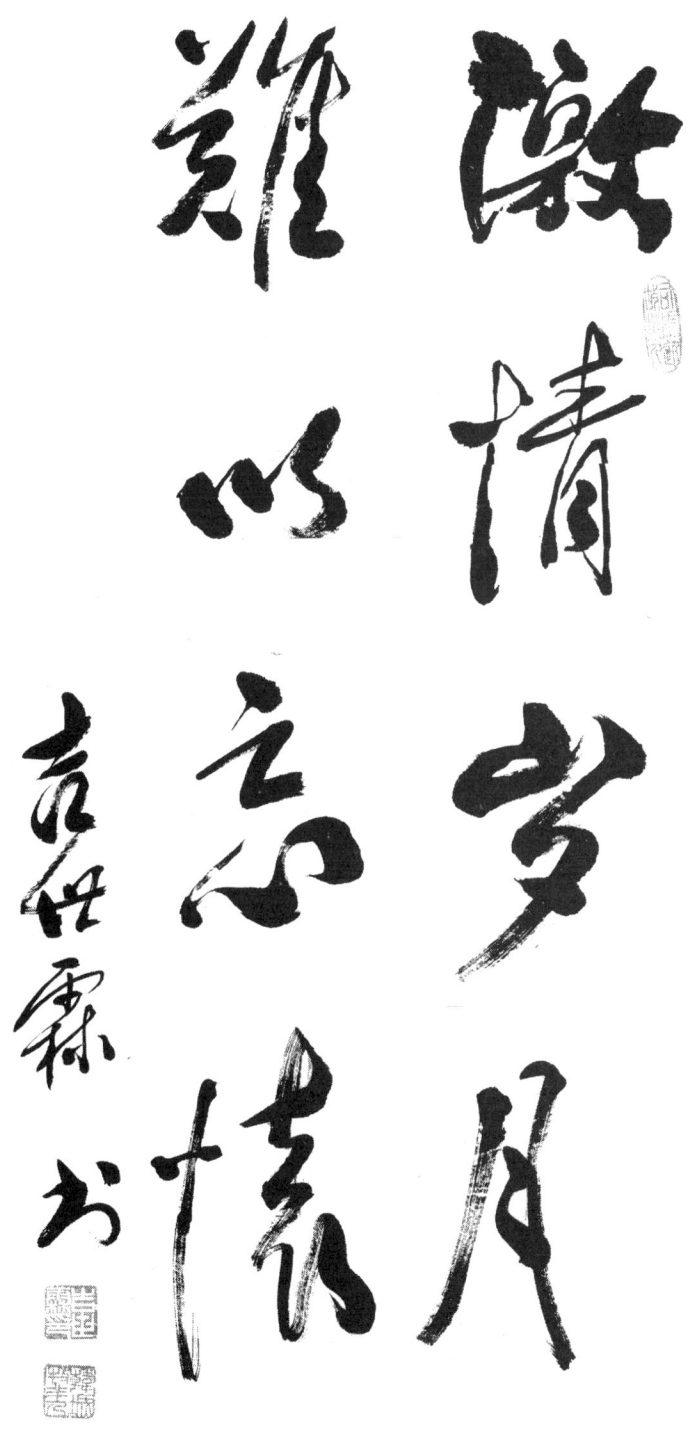

吉世霖 2012 年 11 月为本书题词

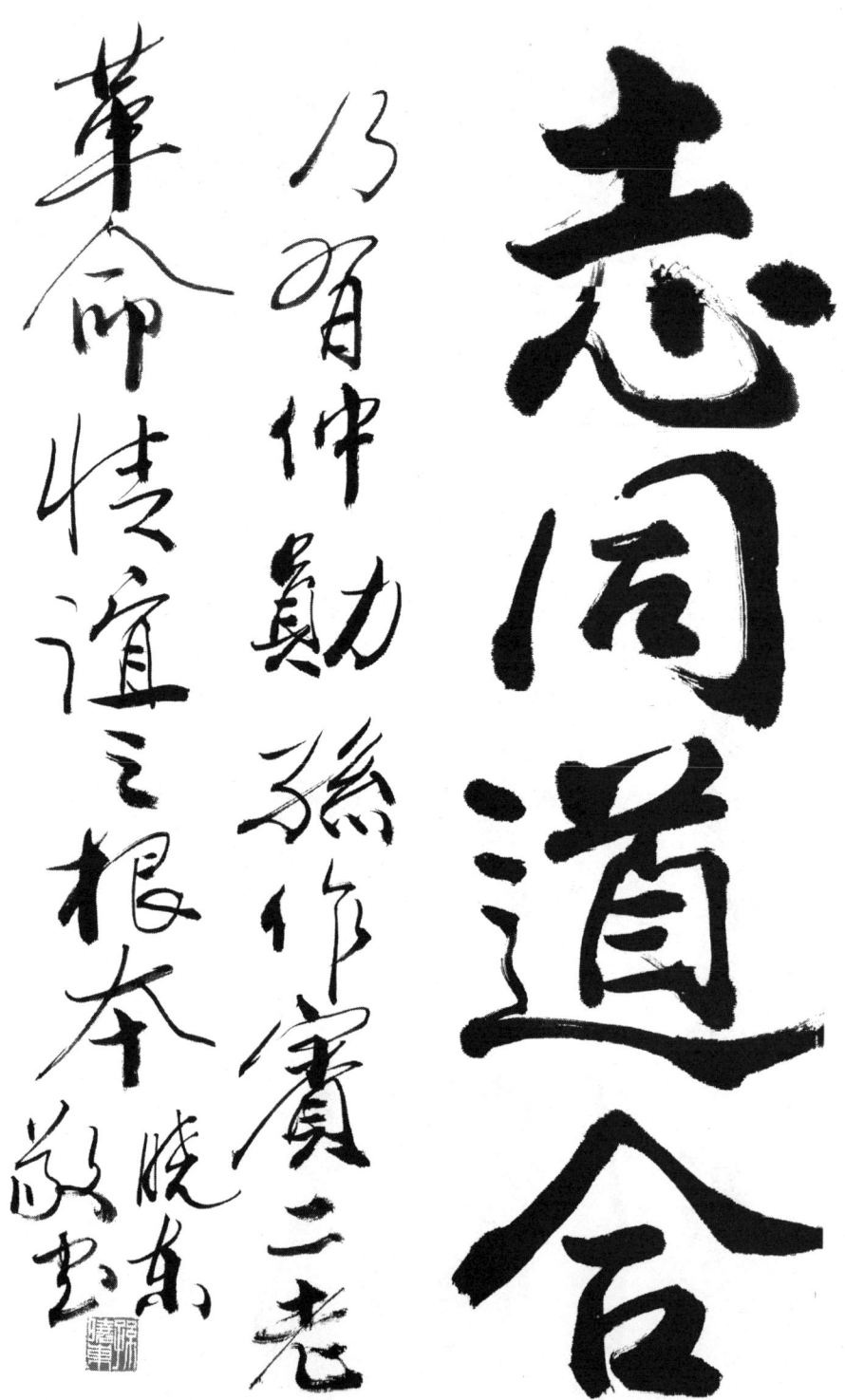

孙晓东 2012 年 11 月为本书题词

油画《陕甘照金丰碑》 张亚东创作
前排坐者（从左至右）：刘志丹、谢子长、高岗、王泰吉、张仲良、黄罗斌、
后排立者（从左至右）：龚逢春、吴岱峰、胡彦英、黄子祥、王兆相、杨森、王世泰、张邦英、习仲勋、同凤云、
李妙斋、杨琪、汪锋、黄子文、张秀山、陈学鼎、任浪花、马文瑞

油画《党的利益高于一切》（毛泽东与习仲勋） 戴海燕创作

油画《苏维埃的天空》（习仲勋在陕甘边区） 戴海燕创作

国画《同心同德》 吴百兆创作
1949年2月1日,陕甘宁晋绥联防军区改称西北军区。贺龙(左)任司令员,习仲勋(右)任政委(时任西北局书记)

油画《并辔大道》（习仲勋与齐心）　戴海燕创作

序

胡德平

"东方不亮西方亮,黑了南方有北方。"红军撤离中央苏区、鄂豫皖、湘赣、湘鄂西等根据地,战略转移两万五千里,何处安身,哪里落脚呢?万幸万幸,在祖国的西北部、陕甘交界处——延安地区,共产党领导的红军才找到了安身立命之所。从此西方亮了,北方亮了,中国革命又蓬勃发展起来了。毛泽东此话即指陕北红区和南方苏区的区域互换,并非虚言啊!

陕北红军在第二次国内革命战争中,涌现出一批重要的党政军领导人,如刘志丹、谢子长、高岗、习仲勋、王世泰、马文瑞、张德生、张邦英、贾拓夫、刘景范、张秀山、赵伯平、汪锋、孙作宾、张明远、吕剑人等同志。在抗日战争中上述同志几乎都在西北局工作过。

皖南事变后,国民政府对陕甘宁边区实行军事包围和经济封锁,经费、军饷完全停发。在一定意义上讲,就是不再承认我党、我军、我边区的合法地位。我党的战略对策是,一方面继续坚持抗日民族统一战线;另一方面,自力更生搞根据地建设,开展党政军生产运动,鼓励农民建立各种变工队、互助组、合作社,各家各户制定家庭生产计划,推行好公民活动,斗争"二流子",一场《兄妹开荒》的小歌剧,把大生产运动形成的气氛表演得红红火火。自行发行边区货币,开展和敌占区、国统区的贸易买卖。《毛泽东选集》第三卷收录的皖南事变以后的文章中,不少是针对陕甘宁边区,是给西北局布置工作任务的文章和讲话。著名的文章有《一个极其重要的政策》《抗日时期的经济问题和财政问题》《组织起来》等。整风文件的首篇——《改造我们的学习》，举的第一个实例也是边区的边币问题。

延安整风运动也在这一时期开始，直到抗战胜利。在此期间，西北局召开了一次高干会议，议题之一即是总结陕北红军的路线问题。说到路线问题，当然有是非原则问题，但同时也夹杂着不少同志彼此之间的恩恩怨怨。习仲勋同志完全同意西北局总结经验教训的指导思想，他对自己的要求十分严格，态度非常诚恳，他说：万万不要计较丝毫的个人得失，要有的只有一个——"党的利益在第一位"。

解放战争时的西北战场，先是彭德怀、习仲勋为中共中央西北局的正副书记，以后又两次改组，习仲勋一直在西北局书记的岗位上发挥着领导者的作用。西北野战军以三万兵力与胡宗南二十五万部队周旋，在彭德怀司令员的指挥下越战越强，俘获的敌军大量补入我军。这时习仲勋向彭总建议，对部队进行"诉苦和三查"教育运动，以提高子弟兵和解放战士的阶级觉悟，增强战斗力。后被毛泽东概括为"新式整军"运动，其经验推向各解放区战场。

1949年中华人民共和国成立，中共中央西北局第一书记是彭德怀，第二书记是习仲勋，第三书记是马明方，副书记是马文瑞，常委是贾拓夫、张稼夫、汪锋、赵伯平。西北局对新生的共和国极其珍爱。这首先反映在他们的工作作风坚持艰苦朴素、群众观点。彭德怀在多次作报告时讲道：铺张浪费就是抵抗勤俭建国，本位主义就是抵抗统一领导，游击习气就是抵抗法制命令。铺张浪费，甚至贪污就是对人民的犯罪。元勋、功臣不居功自傲，将士干部谁不风行景从？

西北地区地域辽阔，民族众多，西北局特别重视民族干部的培养，教育干部正确对待宗教问题。1950年2月3日，彭德怀主持的西北军政委员会第一次会议一致同意，成立"兰州民族学院"。西北局积极主张吸收少数民族中的先进分子入党，彭德怀讲：要看他们的觉悟、表现，不能光看他们是否信教，是否吃猪肉。蒋介石吃猪肉是反革命,马步芳不吃猪肉也是反革命。

青海、甘肃有许多勇敢淳朴的藏族同胞,在高原上过着游牧生活,社会形态还是封建的农奴制,其民族头人、部落首领又长期受反动政权的欺骗,对新政权疑虑重重,极易受反动分子的挑拨。西北局以党的民族政策为准则,以极大的热情和耐心做藏族头人、首领的工作,其中尤以解决青海昂拉部落叛乱最为成功。经过反复十几次的争取、对话,昂拉部落千户项谦最终归顺投诚。党中央表扬了西北局,毛泽东称赞习仲勋:"你真厉害,诸葛亮七擒孟获,你比诸葛亮还厉害。"

1954年4月27日,中共中央决定撤销大区一级党政机关,1960年11月又恢复各大区中央局。我父亲胡耀邦1964年底曾到西北局工作过,他在延安八路军总政组织部工作的八个年头,与西北局、陕甘地区负责组织工作的陈正人、张邦英等人,因为干部问题经常接触,所以成为非常熟悉的同志和朋友。或许是这个原因,书的主编让我作序。一为纪念西北局中受人尊重的老前辈;二是自己也是吃延安小米长大的,不应忘本;三是我曾在西北局老同志常黎夫领导下工作过一年,这是很有意义的一年。所以遵命作序,以献汗青。

2013年2月25日

前　言

《在西北局的日子里》一书的由来，可以追溯到五年前的2008年。此年春节前后，我们在西安拜访一些老同志的时候，总是能够听到他们回忆西北局的那些人和事，也特别好奇于他们对那个年代深深的怀念。从最初的好奇，到后来的感动，进而在他们的讲述中被中共中央西北局那段激情燃烧的岁月所感染。在几位老同志的鼓励和要求下，我们便有了要将他们在西北局的那段美好时光记录下来的想法。应该说，我们是幸运的，因为在接下来的几年当中，从接触过的每一位曾经在西北局工作和生活过的老同志身上，我们确实感受到了那个年代的激情与震撼。

本书以老同志的口述资料为基础，以回忆这些老同志在西北局的工作与学习为主线，对当时在西北局时期发生的许多重要事迹以及感人事例进行了整理与挖掘。在本书编写过程中，许多老同志饱含深情地对我们说："你们这是在抢救党的一份珍贵历史资料啊，你们一定要坚持把这项工作做好呀，要抓紧时间，我们特别想能早一天亲手摸摸和翻翻这本书啊！"在这几年中，我们所采访过的老同志，最年轻的也已经83岁高龄了。就在本书的整理过程中，有一些老同志带着对西北局深深的怀念离开了我们。这让我们在痛惜的同时，更感到出版这本书的急迫。如果本书的出版，能够给这些曾在那个年代生活和战斗过的老人们留下一份难忘的怀念与欣慰，那这五年多来所有的奔波与付出都将变得意义非凡，这亦是我们编写这本书最初和最大的愿望。

本书在编写和出版过程中，有幸得到老一辈革命家齐心同志的帮助和指导，她老人家非常认真地阅读了本书稿，以一种对历史负责的态度和实事求是的精神，对一些历史事件发生的时间、地点和人物提供了宝贵的线索，并在2009年12月底将亲自修改过的每一篇文章的意见和建议汇集成文，打印并寄送给我们。这一切使我们深受教育和感动，同时也对西北局那段历史有了一种深深的敬畏，更对本书的编写工作不敢有丝毫的懈怠。编委会主任何载同志与其他编委会成员始终参与了本书编写过程，提出了明确的指导意见，使得本书的编写也始终有一种严谨与庄重。胡德平、胡德华、马平同志也深怀着对西北局老同志的真挚感情为本书编写提出了珍贵的建议，胡德平同志更是满怀深情地亲自为本书作序，使我们在本书即将出版之际，更加怀念西北局那段难忘岁月的激情与崇高。

此外，中央党史有关部门和陕西省党史办、省新闻出版局也对我们的工作给予了充分肯定和大力支持。陕西省委党校副校长宦洁、渭南人大常委会崔晓民、陕西省社科院王晓勇博士、陕西师范大学傅功振教授、陕西师范大学出版总社人文出版分社社长冯晓立、编辑邓微为本书做了许多工作。本书还从已出版的其他书籍资料中参考和摘取了一些珍贵的图片和文字，还有许多同志和单位都给予了我们无私的帮助，在此一并表示我们最衷心的感谢！

编 者

2013年3月

CONTENTS　　　在西北局的日子里　目录

第一部分
口述实录

002　我和习仲勋在陕甘边根据地的革命岁月　张邦英

009　西北局在中央决策过程中起了很大作用　何　载

017　怀念习仲勋书记　马松林

039　跟随习老难忘的20年　张志功

049　回忆黄植与习仲勋共事的日子　史　宏

058　我为西北局种粮食　张振邦

065　贴身跟随习老整八载　孙炳文

071　西北局——我一生美好的记忆　邵继尧

083　忆习仲勋书记　马淑芳

088　我走过的路　张　克

105　永远的怀念　张玉英

117　西北局的繁华往事与我的陕西情怀　吉世霖

123　在西北局的快乐时光　郝树华

131　怀念在西北局的日子　彭寿仁

139　我陪德生同志在西北局的日日夜夜　王志强

145　我随父母跟西北局转战陕北　王效民

151　与习老一家情深意浓　王秋英

第二部分

笔底春秋

158 在西北军政委员会一年——纪念彭德怀同志90诞辰 常黎夫 姬也力

164 记习仲勋在西北局工作 马文瑞

186 回忆习仲勋同志的革命生涯 孙作宾 吕剑人

201 习仲勋与横山起义 李凤权

213 记习仲勋的革命业绩 范 明

225 毛泽东评赞习仲勋 汤 洛

232 坚持实事求是的习书记 安志文

237 多年交往见真情 胡景通

242 习仲勋在土改中防"左"纠偏 贾巨川

255 深沉凝重的"伯仲"情谊——习仲勋与赵伯平在西北局的日子里 齐 心

260 回忆贾拓夫在西北局的日子 齐 心 周维仁

269 怀念黄植 马文瑞 常黎夫 李力安 李治文 姬也力

279 痛悼老领导和良师常黎夫 姬也力 王伯惠

283 一个保持延安精神和作风的共产党人——怀念战友曹力如同志
习仲勋 马文瑞 张秀山 袁任远 张邦英 张达志

288 一生短暂却精彩——曹力如同志在西北局期间工作回顾

302 孙作宾西北任职期的一些事 孙晓东

第三部分

浩然伟业

310 建国初期彭德怀开发建设大西北的构想和实践 祁若雄

318 西北解放战争中的彭德怀与民族工作 牟慧芬

327 主政大西北时期的彭德怀 何立波

339 习仲勋宗教工作策略思想析论 李文珊 陈轶鸥

345 习仲勋与统一战线 刘立军

356 后记

第一部分 口述实录

我和习仲勋在陕甘边根据地的革命岁月

张邦英

> 张邦英，1910年5月生，陕西耀县人。2010年6月29日病故，享年100岁。曾化名常方一。1926年参加革命，1927年加入中国共产党。曾任中共耀县县委书记，中共陕甘边特委组织部部长，陕甘边区革命军事委员会委员，中共陕甘边南区区委书记、陕甘边南区革命委员会主席，关中特区苏维埃政府主席，陕甘宁边区第一届参议会副议长，中共陕甘宁边区中央局常委、中共中央西北局常委、组织部副部长，中共中央西北局秘书长，中共西北军政委员会委员，中共中央西北局农村工作部部长，中共中央书记处第二办公室副主任，中共中央交通工作部副部长，中共中央华北局候补书记，民政部副部长。中共十二大、十三大中央顾问委员会委员，第一届全国人大常委，第三、第四、第五届全国政协常委，中共七大、八大代表，中共十四大、十五大、十六大、十七大特邀代表。

编者按 当回忆起在陕北、在西北局那段难忘的岁月，这位百岁老人表现出来的激情与兴奋溢于言表，虽然采访时张邦英老人行动已不方便，但老人仍执意给本书题写了书名，这是对我们工作的认可，更是对西北局的怀念。

习仲勋是我的一位老战友。

早在1926年大革命时期，他就参加了共产主义青年团，1928年转入中国共产党，从事反帝、反军阀、反官僚的学生运动和农民运动。记得1927年至1928年期间，我在陕西西安读中学时，正当蒋介石、汪精卫相继叛变革命，国民革命开始进入低潮之际。我从党内得知他是三原县第三师范的学生，在与部分同学进行反对本校反动教职员的斗争中，被当局逮捕。在关押期间，他立场坚定，不屈不挠，表现了一个共产党员应有的品质，党组织决定将他转为共产党员，后取保获释。从那时起，我不仅知道了习仲勋这个名字，而且了解到他是陕西富平县淡村人，是距离耀县县城仅二三十里的近邻。

1932年秋，我从杨虎城部队做兵运工作回到家乡，在中共渭北特委的指示下，同当时在团特委工作的习仲勋在三原县东关体育场秘密接了一次头。那时，党组织还处于地下活动状况，斗争环境异常险恶。为了不被人注意，我们俩便站在一秋千架旁边，有说有笑地就当前的工作和需要重视的问题作了短时间的交谈，现在还记忆犹新。从此我们就相识了。同时也了解到他此前在甘肃苏雨生的旧军队中也曾做过兵运工作，彼此所在部队之间，因收编的矛盾，还打了一仗，后又与陕西省军委刘林圃同志（已英勇牺牲）等人参加领导了"两当兵变"。这次革命兵变虽然在几天内就失败了，但在当时当地却产生了很大影响。

同年秋、冬之间，为了发展农民运动，扩大革命区域，习仲勋在渭北特委指派下，利用乡亲等社会关系，到耀县照金地区做群众工作，与当时曾在这一带行动的陕甘游击队领导人刘志丹、谢子长取得联系，后到达渭北苏区，被委任为渭北苏区游击队的政治指导员。在当地的一部分乡村，领导农民群众进行打土豪、分

1932年3月，习仲勋等在甘肃两当县组织领导国民党军一个营发动兵变，起义部队后改编为中国工农红军陕甘游击队第五支队，习仲勋任中共队委书记。图为两当兵变前的习仲勋

粮食的斗争,为由陕甘游击队改编的红二十六军第二团创建陕甘边照金革命根据地创造了有利条件。

1933年春,习仲勋先后担任陕甘游击队政委、陕甘边革命委员会副主席,参与领导当地人民群众的革命斗争。正在根据地需要发展、力量需要壮大时,红二十六军政委兼第二团政委杜衡思想上形"左"实右,不顾敌我斗争形势与刚创建的照金革命根据地来之不易和当时的艰难处境,错误地决定红二团离开照金根据地,南下到敌人统治最中心的渭华及洛南地区,建立新的革命根据地。当时习仲勋和刘志丹、王世泰等同志都是坚决反对的,但由于杜衡一意孤行,使部队南下后不到两个月,就失败于终南山了。

同年7月,在我们耀县党组织配合杨虎城部骑兵团团长王泰吉率部举行耀县起义期间,组建的耀县游击队(以后命名为陕甘边耀县第三支队,我任该支队党代表)进入照金根据地时,我与习仲勋又相见了。由于党和革命的事业使我们又走到了一起,所以感到由衷的高兴。从此,我们一起为创建陕甘边革命根据地,发展革命武装,建党建政,共同奋斗了四五个春秋。

我们这次相见,正当耀县第三支队和王泰吉所率起义余部以及由渭北游击队改编的红二十六军第四团在敌人"围剿"下,相继集结在照金根据地的时候,也正是在红二十六军第二团南下失败、陕西省委处于被敌特破坏的情况下。当时许多同志在部队集中行动还是分散行动及部队的统一领导问题上,发生了意见分歧,分散行动则可能被敌人各个歼灭。于是,8月份在中共陕甘边特委的主持下,在陈家坡召开了有重要意义的党政军联席会议。会上,大多数同志主张采取集中行动，并主张建立陕甘边红军临时总指挥部，统一指挥这几支部队的行动。习仲勋是此次会议的执行主席，始终站在大多数同志一边，坚决主张集中统一领导，反对分散行动，为会议作出正确的决定起到了很大的促进作用。

1933年10月，在习仲勋仍担任陕甘边革命委员会副主席时，国民党西安绥靖公署乘我主力部队取得旬邑张洪镇等战斗的胜利、北上甘肃合水继续进行外线作战、照金根据地兵力空虚之际，调动了一个加强团，纠集周围各县民团数千人，对我照金根据地进行猖狂"围剿"，连续向我薛家寨后方发动猛攻。当时，习仲勋协同特委和游击队指挥部的负责同志，奋起抗敌，坚持战斗数日，给敌人以沉重打击，终因寡不敌众，不得不撤出薛家寨，照金根据地暂时被敌人占领。他在撤退后患重病达一月余，经群众土法治疗后，又北去找到主力部队，根据同年11月包家寨会议关于广泛开展游击战争，建立和

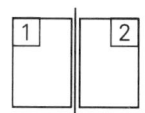

1. 20世纪40年代的张邦英同志
2. 2009年6月，张邦英同志和本书主编在一起

发展以南梁地区为中心的、巩固的革命根据地决议精神,与已转入这一带的地方工作人员一同组织、领导群众建立新的革命根据地。

1934年2月下旬,在我主力部队打击消灭许多敌人、不断取得胜利的新形势下,在南梁正式成立了陕甘边革命委员会,选举习仲勋任主席,进一步组织群众,发展地方武装,开展游击战争,肃清反动势力,建立革命政权。并在中共新陕甘边特委的领导下,相继成立了陕甘边南区党政领导机关,扩大与巩固革命根据地。在当年11月苏联十月革命纪念日之际,陕甘边区工农兵代表大会在荔园堡召开,成立了陕甘边苏维埃政府,习仲勋又当选为苏维埃政府主席。在这期间,我曾调到南梁陕甘边特委做党的组织工作。政府驻寨子湾。我们又在一起紧张地工作了一段时间。

陕甘边与陕北革命根据地实行统一领导后的1935年9月至11月间,陕甘边红二十六军、陕北红二十七军和新来的鄂豫陕红二十五军,在粉碎敌人对陕北根据地的第三次"围剿"即将胜利之际,王明"左"倾机会主义路线在西北地区的执行者,发起所谓"陕北肃反",以莫须有的罪名逮捕了刘志丹等一大批陕甘边党政军各级领导干部,习仲勋也是其中之一,处境非常危险。幸亏毛主席、党中央率领中央红军长征到达陕北,及时纠正了这一错误行动,使习仲勋得以和其他许多同志一同释放,从而挽救了这一革命危机。习仲勋在蒙冤受迫害期间,遭受了许多折磨,但并未因此挫伤革命的斗志,在以毛主席为代表的党中央的正确路线指引下,更加奋发向上,努力工作。

1936年1月,组织上派习仲勋到在原陕甘边南区基础上新成立的关中特区任苏维埃政府副主席。这时，我正在该地区做政府方面的工作。他的这一调动，使我们又一起在反东北军"围剿"的斗争中，共同奋斗了几个月。后他又遵照中央的指示进行了西征。习仲勋当时被分配在甘肃陇东一个很贫困、常吃苦水的环县任县委书记。9、10月间，中央又调他带几位熟悉关中特区情况的干部，回到关中苏区任特委书记。这时，关中许多地方被敌人占领。在极其困难的情况下，他团结当地干部，依靠各县游击队武装及广大群众的力量，坚持对敌斗争，伺机打击敌人。随着西安"双十二"事变的和平解决，抗日形势出现了新局面。当时，我以新陕甘省委组织部主要负责人的身份陪同陕甘省委书记李维汉，去关中特区领导机关和我红军总政治部所在地淳耀县，与有关领导共商相机向南发展事宜。我们同关中特委住在桃渠河，听取了习仲勋几次关于当地基本情况及在新情况下遇到的新问题等工作汇报，并一起进行了研究，提出了当时一个时期的行动计划，得到李维汉的好评。此后，在新的形势下，我们又一同在建设和保卫陕甘宁边区中连续工作了好多年。

习仲勋是一位久经斗争考验的无产阶级革命家、忠诚的马列主义和共产主义者。他襟怀坦白、热情诚恳；工作积极主动、富有朝气；注重从实际出发，坚持党的正确路线、方针、政策，有错即纠，有意见就讲，不隐瞒自己的观点；以党的利益为重，能上能下，顾全大局，

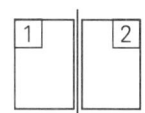

1. 1934年习仲勋在南梁河沟台居住过的房屋
2. 2009年的张邦英同志

不计较个人得失；有坚强的革命意志，开拓进取，不为困难挫折所动摇；艰苦奋斗，善于团结同志，与群众打成一片，为创建陕甘宁边区革命根据地、建立革命政权、发展革命武装、进行党的建设，作出了重大贡献。

习仲勋这种革命精神和优良思想品德、工作作风，为其以后担任西北局重要负责人、党和国家的重要领导职务，为进一步解放大西北和进行社会主义建设事业，作出更大的贡献、取得更大的成就，奠定了思想基础。他的这段革命斗争历史在我心中留下了深刻的印象，现在回忆起来仍感到十分的亲切和有教育意义。

西北局在中央决策过程中起了很大作用
何 载

> 何载，1919年生，陕西宝鸡人。1936年参加革命，先后在延安中央党校、马列学院、中央研究院和抗日军政大学学习，抗战时期一直从事农村调查研究和组织建设工作。担任过扩兵征粮宣教工作团副团长、团长，代理县长。1944年起，在中共中央西北局组织部任干事、秘书、办公室主任。新中国成立后，先后在中共中央书记处政治秘书室和中共中央办公厅秘书室任秘书、主任等职。党的十一届三中全会后，任中央组织部干审局局长、秘书长，第六届、第七届全国政协委员、法制委员会常务副主任。离休后参加扶贫工作，曾任中国扶贫基金会常务副会长、老促会常务理事、人权基金会顾问等职。著有《延安的光辉》《毛泽东对我的教育》《第二次革命》《丹心照日月》《冤假错案是这样平反的》《扶贫之歌》等作品。

编者按 当采访结束，何载老人郑重为我们写下"实事求是"四个字时，我们知道，这既是老人对西北局精神的高度概括，也是对我们做这项工作的具体要求，实事求是、不浮夸、不虚谈。

我现在年纪大了，腿脚也不行了，耳朵离近一点还能听见，但一听到要讲西北局的事情，我还是很愿意讲。西北局可讲的事情非常多，要真讲起来可能几天几夜都说不完。

首先需要搞清楚的是，历史上的西北局一共有三个，第一个是位于延安的西北局，书记先是高岗，后是习仲勋（1945年10月，高岗调去东北，习仲勋接任，直到全国解放）；第二个是位于西安建国路的西北局，书记是习仲勋；最后一个是上世纪60年代刘澜涛时代的西北局。我是1943年进入西北局工作的，主要是在延安，工作时间不长就调离西北局了，仔细想来我们是1949年开始准备，1950年调离的。

写写西北局是很有必要的

算上你们这批，我前后一共接受过四批关于西北局的采访，一批是准备拍资料影像，他们找了中央有关同志，中央也比较支持，要他们抓紧，当时还要我介绍一些西北局的老人，我也给介绍了几位，但后来都没赶上，其中一些老人就不在了；第二批就是几个领导同志的子女，像马文瑞、马明方的后代，现在他们年纪也都大了，想联合起来写个书、拍个电影，把西北局的事情写一写；还有就是陕西的一些县，像富平县，他们是从县志的角度写了一些东西；再就是你们了。

我对写西北局这件事的态度比较明确：写是很有必要的，但有两点请注意。

第一点，要得到有关部门的支持和指导。不然的话，到时费了功夫，写了书，没有什么意义作用，最后大家情绪也就受影响了。你们计划通过三个部分来写西北局的思路是对的，特别是我们党历来都很重视党的光荣历史传统的教育和影响作用，今年又是新中国成立六十周年大庆，如果能让有关领导和部门支持

一下此事，那么许多问题就会迎刃而解。前面几批来的人，我也是这样和他们说的，所以我也这样跟你们说，这点很关键、很重要。

第二点，就是有关部门批准后应该有个辅助你们的指导机构，要么指定像中央党史办来协助你们，或者中央文献研究室协助你们，中央档案馆给你们提供材料；就是你们单独弄，也要吸收他们的经验，接受他们的指导。一定要联合这些党史部门一块弄，这样东西才能写出来，也才能发挥宣传教育的

作用。

总之一句话，我们这些老西北局的同事年龄都大了，现在在世的西北局老同志也越来越少了，我今年都九十多岁了，所以抓紧时间把这些健在的老人采访一下，留下一些西北局的回忆，也算是对这段历史的保存，非常有意义，对于这样的工作我是支持的。

西北局在中央决策过程中起了很大的作用

我刚才说的以前来的那三批人，我对他们也都是这样说的：写西北局，这是个好事情，也很有意义，因为西北局曾经在中央决策过程中起了很大的作用。中央在抗日战争时期许多大的方针政策都是在西北产生的，或者是毛主席参考了西北局的材料，有些材料就是西北局提供的。

1.20世纪40年代的何载同志

2.1947年冬，习仲勋（右）和（左起）马文瑞、张邦英、张经武、李卓然（前）、贾拓夫、王维舟、林伯渠、贺龙、杨明轩等在陕北绥德县义合镇

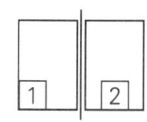

比如，最有名的是《抗日救国十大纲领》《论反对日本帝国主义的策略》《新民主主义论》《论联合政府》（这些都是毛主席文库里最重要的文章），对国民党斗争的"有理、有利、有节"的方针；还有一些军事上的，《抗日游击战争的战略问题》，哲学上的《实践论》《矛盾论》，这些都产自延安，产自西北；还有对根据地有非常大贡献的《一个极其重要的政策》《抗日时期的经济问题和财政问题》，也是在那个时候根据陕甘宁边区、西北局提供的材料，毛泽东同志花了一个多月的时间向西北同志调查研究写成的。毛泽东同志在写作有关文章的过程中，西北局的许多同志都参与了。

再一个体现西北局重要性的就是从1942年10月19日开始的中共中央西北局高级干部会议，这次在延安召开的历时80多天的会议，是党的历史上非常重要的一次会议。这次会议的主要任务是利用全党整风的机会，总结陕甘宁边区党的历史和检查陕甘宁边区的工作。西北局高级干部会议是党的一次重要会议，是陕甘宁边区历史上最重要的一次会议。它全面总结了陕甘宁边区党的历史经验和教训，纠正了当时党内的思想偏向，统一了党的领导，增强了党的团结，明确了今后的任务，从而大大推动了陕甘宁边区的整风运动和各项工作的开展，对全党的整风运动也起了促进作用。

像这些影响比较大的抗日战争时期的战略、方针和政策都出自延安，当然这也是西北局责无旁贷的，但这都体现出西北局在历史上所起到的作用还是非常大的。

西北局支援了全国，全国也支援了西北局

解放初期，西北局曾经从北京接来一大批华北大学、华北人民革命大学的年轻学生，他们是来支援西北工作的，当时这些学生为什么被分到西北来？恐怕参与此事的人现在已经不多了，很多人都去世了。西北局组织部部长马文瑞也走了，西北局当时的处长（现在叫局长）也大都离开了我们。为什么把这么一大批年轻人从北京请到西北来呢？原因就是西北作为老根据地，曾经为全国支援了三批干部。

第一批是为了抢占东北。当时我也被抽出去了，还当了个小队长，结果到了飞机场，誓师大会后又叫我回去，因为高岗说原来地下党的同志不能走，将来要开辟陕西工作，于是我就从飞机场又背着背包回来了。当时中央委员去了17个，政治局委员去了4个，西北局当年的宣传部部长李卓然、组织部部长陈正人、秘书长欧阳钦等同志都先后去了东北，那时的干部只要是有条件去的，就都被抽走了。那一次从西北抽去了一大批的人。

第二批是南下。当时苏中战役七战七捷，解放了华中华东的一大片地区，陈赓大军过了黄河，湖南、湖北也解放了一大批土地，都需要大批干部到那里去。于是就又从西北抽了很多人，这批人很快进入了新解放区工作，有的甚至被分配到海南岛。

第三批人进了四川。贺龙率领部队进军西南解放了四川，当时陕西还没有全解放，于是西北局又有一批干部被抽调走了。那个时候人缺到什么程度呢？有的干部所带的警卫员，到了人手最缺时，就直接当县长，因为当时确实没人，解放一大批土地怎么办，总不能没人管理吧。

所以说西北局支援出去的三批干部人数很多，而且也都成就不小，像东北、中原、西南三个地方好多省委书记都是那时从西北局支援去的，比如白如冰、王丕年、白栋才等同志。还有这些地方的好多组织部长、地委书记也都是从西北局调过去的。西北局被抽了这三次干部后，留下的人也就不多了。正好这时西北兰州打下了，西府战役把宝鸡解放了，这个时候西北局开始缺人、缺干部。这就请示中央，中央从三个地方给我们调来了人，一个是华北大学，学员的素质都挺高的；再就是革命大学；还有就是当时的正定党校。中央那个时候给西北抽调了2100多名干部，我记得是和崔光、蒋锡白三个人到北京去，把这些人要来的。当时为了让这些学员愿意到西北来，我们还请了曾在延安的领导去做动员工作，记得有林伯渠、董必武、周扬等同志。

后来，来西北的学员编成三个大队。从北京到石家庄这段路程是有火车的，从石家庄往下走铁路就不通畅，有时得步行，大约步行了好几百里，才到了凤

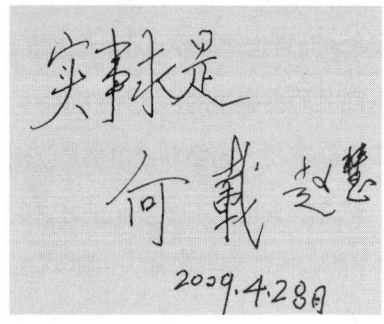

1. 2009年4月28日，本书主编与何载同志在一起
2. 何载与夫人为本书题词

陵渡，然后乘船过了黄河，才到了西安。

当时在北京对这些学员进行培训，大概花了20多天时间，路上又走了1个月零3天，这才把这批人接到了西北局。到西安后，西北局又进行培训。当时西北局的习仲勋、马文瑞、贾拓夫，还有当时没去西南的贺龙等领导同志都讲了话，培训了大概有三四个月，就分配到西北五省各地了。

由于西北局当时先支援了全国一些解放了的地方对干部的需求，西北解放后又缺人，只好向中央要人，这才有了大批学生到西安这件事。因此,西北局支援了全国,全国也支援了西北局。

支援西北的同志为大西北的发展和建设作出了贡献

华大、革大、正定党校去西北的这批人,在西北解放初期的经济、文化、社会建设的各行各业都发挥了很大的作用,后来有的还当了省一级重要领导。

我特别记得(邵)继尧同志当时就被分配到了西北局研究室,他有文化,工作积极,学习也很努力,他们的领导跟我谈话时都提到了这一点。总之,这批同志素质较高,也很受领导重视。

还有一位印象比较深刻的同志是张勃兴,他也是中央从华大调出的第二批支援西北的干部,这一批一共有30多人,为啥印象深呢?因为当时他们一些人家里事情没安排好,没跟大部队一起走。不过,第一批人在西安还没分配完,紧接着第二批就到了,张勃兴同志也就从北京到西安了,后来他在陕西省委组织部当干事,再后来先后当处长、组织部长、副省长、省长、省委书记,勤勤恳恳,扎扎实实,一步一步地为陕西人民作了很大贡献。这算是一个代表人物,你们把他写一下也很有意义。

还记得有一次,我从北京去西安,临回北京的时候,碰到绥德地委的一个干部。他说:"我是华大来的,您是我们大队长,我现在是绥德地委的副专员,不知道您来,要不早就去拜访您了。"当时我因为急需赶回去,所以就急急忙忙地说了几句话,这是八几年的事情,以后再没机会去这些地方,也就再没能见到这批干部,我十分想念他们。

现在看来,这批同志对西北贡献很大。当时这些干部被分配到了西北局办公厅、政策研究室,还有组织部,后来在反霸、土改和"三反""五反"运动过程中,他们都发挥了很大的作用,对西北的贡献也很大。还有一批干部被分配到青海、宁夏、新疆、甘肃等地方工作;有一些先去党校文工团,后来成立电影制片厂时,成了演员,演了很多优秀电影。这些同志都在平凡的工作中作出了不平凡的贡献。

这么多青年投身革命，愿意在艰苦的西北奋斗，而且很快和当地的干部结合，取得了很好的成绩，对西北地区建设起了很大的作用，应该在西北党史上留一笔。所以你们从这个角度来写，也是一篇大文章。

西北局现在留在北京的人已经不多了，近一两年去世的有几个，像蔡子伟，劳动部的赵守一，宣传部长秦川，还有留在西北大学、党校的人，基本上都走了。我们组织部更厉害，组织部的人本来年纪就比较大，现在连个科级干部都没有了，可能在西安还能找到几个。所以说你们还要抓紧时间，争取尽快把这本书写出来，还要写好，这一定是一件非常有意义的事情。

怀念习仲勋书记
马松林

> 马松林，1922年生，陕西子洲人。1937年参加革命，1940年加入中国共产党。曾在中央办公厅速记室、西北局速记室、成都七八四厂、陕西省委办公厅等单位任职。

作为延安时期中央办公厅的一名速记员，我对仲勋书记有着深厚的感情，现在我把对仲勋书记的几点回忆写出来，以留后人。

"党的利益在第一位"的人

我与习老相识是在1942年西北局召开的高干会议上，我为会议作记录。为了给即将召开的中共七大作准备，党中央在延安召开了各地区一系列小型的历史经验教训总结会。在这里我说说西北局召开的高干会总结历史经验教训会的部分情况。

中央领导对西北局召开的这次高干会议非常重视，毛主席及中央几位主要领导亲自指导。在这几十天的西北局高干会议当中，大家说到了陕甘边区曾遭受到极左路线严重危害的事情，许许多多优秀共产党员、革命干部、知识分子和军事指挥员被杀、被活埋。刘志丹、高岗、习仲勋、张秀山等亦准备要被活埋，坑已挖好，贺晋年等已装入毛口袋内（贺的特称"毛口袋"就是从这里来的）。党中央、毛主席经过长征刚到陕北，发现了这一情况，毛主席果断地指示"刀下留人，待中央处理"。

会议开得非常热烈，发言者一个接一个。受害者在发言中多次讲到，我们是按刘志丹同志的主张，在敌人统治薄弱的地方、三不管的地方、各种势力有矛盾的地方，建立游击区和敌人作斗争。"左"倾路线者却说"你们怕死，革命意志不坚定，游击习气浓厚"，给我们扣上"逃跑主义""梢山主义"等帽子，当敌人对待。如果党中央、毛主席晚到陕北几天，我们这些人早不在人世了。执行过极左路线的同志，在发言中认识到"左"倾路线的危害性，他们边讲边向已死去的同志和差点被活埋的同志赔礼。他们沉痛地讲："如果党中央、毛主席晚到陕北几天，我们就会把陕甘边区断送掉。"当然，与会者的认识也不是一般齐的，如郭某某过多地强调他是执行了王明路线，不从自己执行极左路线所造成的恶果方面去认识。

仲勋同志在多次发言中表现得比较突出，他胸怀坦荡，顾全大局，不计较个人得失，总是把党的利益放在第一位。他万分感激党中央、毛主席，他说："如果党中央、毛主席不到陕北，陕甘边区就完了！党中央、毛主席晚到几天，就没有刘志丹和我们这些人了！"他特别强调，西北局召开的这次会议是有其十分重要意义的，其目的是为了总结历史经验教训，统一思想认识，团结在党中央、毛主席的正确路线下，继续前进，万万不要计较丝毫的个人得失，要有只有一个——"党的利益在第一位"，我们革命的目的就是为人民的利益而奋斗……

还有一个突出的人物高某，他在会议当中表现出粗鲁傲慢，自认为他是刘志丹主张的代表人物，在会议当中动手要打郭某某，郭慌了，跑到毛主席身后。毛主席即时制止了高这种不好的举动。毛主席说：我们召开这次会议的目的，是为了总结历史经验教训，是摆事实、讲道理的会，绝不允许出现什么动手动脚的不良倾向。这一下把高的蛮横气焰压下去了。

毛主席在会议期间对高某和习仲勋有不同的看法。在会议当中毛主席用插话的方式，又一次表扬了刘志丹同志。毛主席说：同志们发言中多次讲到，有人要逮捕志丹，要活埋他，志丹同志对这些情况都掌握得很清楚，但他怕引起边区党和边区武装力量的分裂，于是自动受捕，等待活埋，他这种顾全党的利益，不怕牺牲的高尚品德，是值得我们学习的。接着毛主席还表扬了习仲勋同志，他说：习仲勋同志是我们会议中的好榜样，他的言行处处表露出为党的利益着想，他总是把党的利益放在第一位。1943年1月会议期间，毛主席在一块白布上为习仲勋题词"党的利益在第一位"。作为一个速记工作者，在这几十天的会议当中，我确实受益匪浅，学到了活的党史。

转战陕北，彭、习两统帅亲密合作

1947年3月16日，蒋介石、胡宗南纠集34个旅25万人进攻陕甘宁边区，另外还有青海的马步芳、宁夏的马鸿逵、榆林的军阀八六四师的配合，我军只有6个旅（三五八旅、教导旅、独一旅、三五九旅、新四旅、警备一旅）加军分区兵力共有3万人。敌人的装备全系美式化，我军是小米加步枪。但在西北战场上有两位好统帅——彭德怀、习仲勋。他俩的使命是既要抗击武装到牙齿的几十万敌人，又要保护党中央、毛主席转战陕北期间的绝对安全，任务非常重。我此时跟随西北局习仲勋书记及几位常委（贾拓夫、张德生、马文瑞），还有边区政府的刘景范，

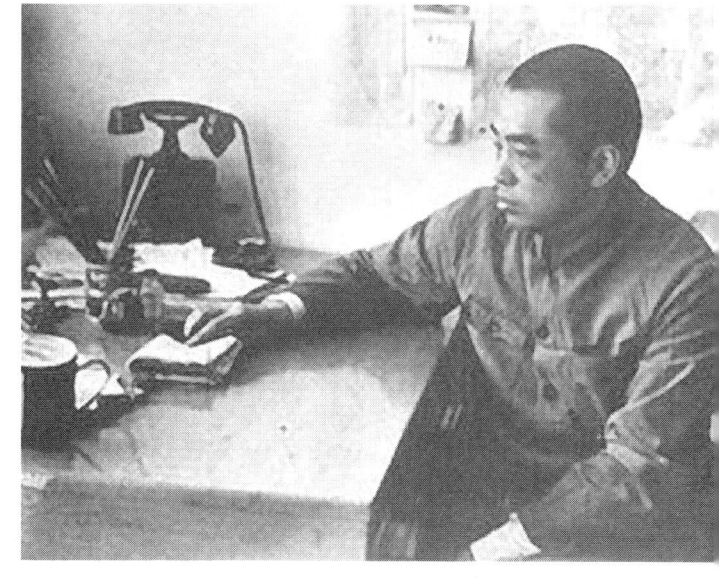

彭德怀在延安

1947年3月，彭德怀与习仲勋在一起研究作战部署

在西北野战军总部工作。

彭、习两位西北战场的统帅在一起合作很默契。彭总多次向指战员讲：不要表面上看敌人来势凶猛，兵多装备好，要从实际上看我们比他们强，我们有边区人民这个最好的靠山，这是我们能取得胜利的根本保证；我们能够发挥党政军民的总体力量，仲勋他们几位都是边区的老同志，和边区人民有着深厚的感情，对边区的地理情况都非常熟悉，有他们的支持，敌人也就成了纸老虎，我们可以运用蘑菇战术牵着敌人的鼻子转，转到有利于我们的时候把敌人一批一批吃掉。彭总还满意地讲：我曾打过不少仗，但从来没有这次愉快，本来有许多工作应由

我们指挥员去做，但仲勋他们几位都帮我们做了，军队政治工作、后方的支前工作及作战需要掌握的地理、地形和敌人动态等，他们都一一提供给我们，我们只剩下作战方面的问题，作为指战员，我们都万分感谢仲勋他们几位给我军创造了那样好的作战条件。

仲勋他们几位老领导所起的作用，其他人都无法代替，边区人民很信任他们，他们和边区人民的心是连在一起的，对边区的情况他们掌握得非常清楚。所以边区人民称西北野战军总部是党、政、军、民总指挥部，起到了一呼百应的作用。总部这几位老同志在转战期间确实很辛苦，他们对政治、后勤、群众等工作抓得非常及时，每到一地都要召集干部、群众、党员开座谈会，宣传前方打胜仗的好消息，鼓舞大家的斗志及胜利信心；安排群众战争中的生活及支前工作，让彭总集中精力考虑作战方面的问题。但在仲勋脑海中始终存在一个难题，陕甘宁边区是个穷地方，再加上敌人的封锁及不断地进入边区抢掠烧杀，人民处在水火之中，特别在转战期间，人民吃饭和子弟兵吃饭问题使仲勋伤透了脑筋。但边区人民的心和仲勋的心总是连在一起的，关于转战期间子弟兵吃粮问题，群众主动配合地方干部作了妥善安排，他们宁愿自己吃糠咽菜，也绝不让子弟兵饿着肚子打敌人，他们把家中仅有的一点救命粮全拿出让子弟兵吃饱打敌人。边区的人民和我军就是这样一种鱼水关系，我们离开人民就无法生存。

有一次仲勋在征求意见的干部群众会上，看到一个妇女抱着小孩啃着全糠菜饼，当时他心如刀刺，含着泪说：边区的父老兄弟姐妹们，我作为一名"人民勤务员"，我应该向你们作检讨，我的工作没有做好，让那样小的孩子啃糠菜饼，这说明你们大家连这样的糠菜饼都吃不到，这使我感到万分的痛苦。他哭出了声，在场的我们眼中亦泪水直流。群众中有一位年纪大的老人站起来说：习书记，仲勋呀，你们不要难过，这不怪你们，不怪边区党，不怪边区政府，共产党和你们一心处处为人民着想，你们的心是和边区人民的心连在一起的，我们都知道你为咱子弟兵和群众吃粮问题在痛苦，作为边区人民，我们当前再困难，也不能让咱们的子弟兵饿着肚子去打胡儿子，子弟兵的吃粮问题我们保证供上，我们自己的吃饭问题会想法渡过难关。你和彭总放心，集中精力指挥好作战，只有消灭了胡匪，边区人民才能过好日子。这位老人的话确实代表了边区人民的心声。

彭总也是一样，多次对指战员讲，边区的父老兄弟把他们的儿女送到我军，把他们的救命粮送给我们，他们吃糠咽菜度饥荒，如果我们不加快消灭敌人怎么对得起他们呢？边区人民这样无私的支援，确实鼓舞了全军指战员的斗志，这份斗志就显示在转战的几次战斗中：3月25日青化砭伏击战，全歼敌人2900余人，4月14日在羊马河再歼4000余人，总部决定部队进山区短时间休整，以利再战。此时，彭、习决定以三五九旅为主，再从各旅抽一个排佯装成全部主力向绥米一带转移，敌人误以为我们的主力部队和党中央、毛主席要过黄河了，胡宗南在他的补给基地蟠龙留下了一个师的兵力，其他兵力全部出动向绥米一带追赶我军，实际上我们的主力已转到蟠龙周围。5月2日蟠龙战斗打响了，由于敌人工事坚固，打了两天还未攻下，胡匪发觉他们上当了，回头拼命地向蟠龙赶，唯恐我军攻下蟠龙，失去军需物资。敌人派飞机轰炸，被我们的战士用步枪、机枪打下两架敌机，战斗打得很激烈，眼看着敌人的主力就要赶到了，党中央、毛主席很关心，给彭、习有指示。两位统帅在战场上发挥民主，征求战士的意见是攻还是撤，全军战士齐声回答——保证攻下蟠龙。5月4日结束

了战斗，全歼敌人 6700 余人。胡匪蟠龙基地存有大量枪支弹药及其他军用物资，让我们的部队换了装，战士们高兴地说："蒋、胡运输队长给我们换了装。"缴获的面粉等发给了群众。

"三战三捷"得到了党中央、毛主席的表扬。5月14日在安塞真武洞召开了祝捷大会，周恩来同志代表党中央和毛主席讲了话。会后我们向陇东、三边挺进，昼夜急行军。按规定彭、习配有专用马，但他们很少骑，总是让给重伤员骑，他们和大家一起走，平易近人、不分上下、有说有笑，和大家打成一片。他们讲：我们和大家只是分工不同而已，我们是革命战友。大家也不感到拘束，他们有时还和大家开玩笑，我举一二例。在行军中有一位姓谭的记者，他的眼睛高度近视，下雨后他总爱往亮的地方走，其实亮的地方往往是积水多的地方，所以

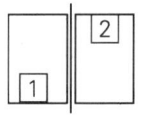

1. 蟠龙战役旧址
2. 青化砭、羊马河、蟠龙三战三捷后，彭德怀和习仲勋于1947年5月21日至7月7日，率西北军野战军出击陇东、三边，歼敌4700余人，收复了被敌占去的失地。图为向三边挺进的西北野战军

遇到雨天他全身是泥巴，两位统帅就叫他泥菩萨。有一次泥菩萨去解手，回来后彭总看到他十分痛苦的样子，问他是不是病啦。泥菩萨回答：有苦难言，我到草中去解手，不知什么东西向我身上乱扎，扎得我疼痛难忍。仲勋一听哈哈大笑说：泥菩萨招祸了，你赶快把裤子脱下让我们给你拔毒刺。彭总反问：你怎知道他受了毒刺的苦？仲勋说：我在这一带打过游击，曾吃过这种苦头，在陇东、三边一带有不少地方生长这种蝎尾草，不管什么东西接触他，它都自动用毒刺防护，这种毒草和黄蜂、蝎子一样，只有把毒刺拔出来才能减轻痛苦。于是大家就按习书记说的给泥菩萨拔了不少刺，又给上了药。

仲勋又告诫大家，陇东、三边有些地方十分缺水，群众靠吃窖水生活（雨雪水），还有几条河水不能吃，吃了肚子痛，特别提醒大家注意，不要吃群众窖中的水，我们吃了群众窖中存的水，群众就无水吃。彭总马上插话：仲勋真是我军的好向导，他很熟悉民情。并要参谋通告全军，一不准吃用群众窖中水，二不饮用有毒的河水。

离开延属地区后，敌人找不到我们的主力部队的去向，派出飞机侦查。我们进入陇东、三边地区，要经过不少沙漠地带，沙漠地带是不好隐蔽的，所以过沙漠地带尽可能争取夜间行军，但也避免不了白天行军于沙漠。白天在沙漠中行军，遭到敌机扫射，我们伤亡了一部分同志，大家非常悲痛，就地掩埋了战友，同志们站在掩埋地久久不愿离开。两位统帅含着悲痛的眼泪劝慰大家："同志们莫悲伤，擦干眼泪继续前进。"实际他们内心比我们还痛苦，当日一言不发，一改他们平日行军中的活跃形象。平时他们是我们队伍中的宣传鼓动员，为了活跃行军生活，动员张三唱个民歌，李四唱段秦腔，有时跑前跑后问问你脚上的水泡好一些了吗，你的伤口好一点吗。

仲勋在抓思想、政治工作方面特突出，我军在合水与马步芳军交锋中，马步芳的士兵当时出现了一种怪现象，宁死不缴枪，在那次交锋中双方都有伤亡，引起我们的战士和部分指挥员的愤恨，但总部对俘虏仍加优待，有不少同志想不通。仲勋同志及时召开了指战员及随军工作人员会议，进行说服教育，指出同志们所看到的是现象，不是本质，马步芳的士兵和国民党的士兵一样，他们都是被强逼抓来的劳动人民。国民党的士兵已和我军多次交手，他们很了解我们党的俘虏政策。马步芳的士兵和我们交手少，对我们的俘虏政策还不够了解，再加上受了马步芳的欺骗宣传。同志们都知道红军长征时，张国焘和中央闹分裂另走一条路，遇到马步芳吃了苦头。马步芳一直向他的士兵欺骗宣传，说红军要来报仇，被他们捉住一个不留全都杀掉。马步芳的士兵是受了这样的欺骗，所以在合水战场上和我们硬拼。这不是他们的本质，他们受了欺骗，不了解我们党的政策，我们绝不能用感情代政策，毛主席教导我们"政策和策略是党的生命"，不论在什么情况下，我们对党的政策都要坚决执行，这也是我军取得胜利的绝对保证，我们优待他们，给他们路费，放他们回去，用事实揭穿马步芳的欺骗宣传，下次再和我们交锋，他们就不会那样顽固了。大家听了仲勋同志的讲话后，深深感到受了一场活的政策教育，他对党的政策的理解运用确实是我们学习的榜样。

在这次座谈会上，仲勋同志提出一个新的议题，征求大家的意见，他说，我们西北野战军自开战以来不但没有减员反而增员不少，三战三捷俘敌人排以下人员全部补入我军，很需要进行一次素质方面的教育，我和彭总交谈过，在适当时间内开展一次整军运动，提高部队的素质和战斗力，开展以诉苦（诉旧社会和反动派给人民之苦）和三查（查阶级、查工作、查斗志）为中心的新式整军运动。请各位指战员考虑我们党如何更好地加快提高我们队伍的素质和战斗力。习要彭总作指示，彭总表示同意仲勋意见，在这次会上称仲勋是我军的好军师。

西北野战军从陇东向陕北榆林附近集结，准备打响沙家店战役。8月中旬取得了沙家店大捷，歼灭胡匪三十六师6000余人，把敌人的嚣张气焰彻底打掉了，也是我们西北野战军转入战略反攻的转折点。战争结束后我军转入绥德山区地带进行短期休整，很快转入冬季新式整军运动，这次新式整军是彭、习的创举。我跟随彭、习到几个诉苦、三查点看过，那种场面真感人。新、老战士包括连队干部都争着诉苦，都想吐出旧社会和反动派对他们压迫的苦水，

习仲勋（左）与赵寿山（时任西北野战军副司令员）合影

他们诉到受地主、反动派欺压，家破人亡及其姐妹们被拉去顶债等苦水时都痛哭流涕，并喊出打倒地主恶霸、打倒蒋介石、消灭胡宗南……经过诉苦，人人都弄清了苦的根源在于旧社会和反动派，只有消灭万恶的旧社会、蒋家王朝和一切反动派，人民才能彻底解放，只有共产党才是人民的大救星。三查是在诉苦的这个基础上展开的，每个指战员在思想上都弄清了，加入人民解放军的使命是为解放被压迫人民而战，是为建立新中国而战，西北野战军当前的使命是打倒蒋介石、消灭胡宗南和二马。同时大家对三查都有一个好的理解，三查的核心是查觉悟。这样在整个三查中形成比觉悟、比认识、比斗志……不少人火线提出入党的申请。经过这次新式整军，西北野战军全军素质大大提高了，斗志增强了，还有胡宗南"帮"了我军的不足，兵源上给我军提供了补充，装备方面亦"帮"了我们，我军由3万人扩成了7万人的战无不胜的英雄军。

沙家店战役结束后，11月22日毛主席转移到米脂县杨家沟准备召开中央扩大会议。12月上旬我跟随彭、习、张几位领导去记录。12月7日至24日先开了18天预备会，分组讨论几个专题，正式会议开了4天，毛主席在会上作了《目前形势和我们的任务》的报告。

西北野战军经过新式整军后，在1948年2、3月间采取围城打援手段，在宜川、瓦子街地区一举歼灭胡宗南主力一个整编军、两个整编师、五个旅，共约3万人，陕北形势已完全改观。这时，仲勋同志告诉我，党中央、毛主席就要离开陕北，西北局没有速记员，要我留在西北局办公厅，为西北局培训一批速记人员。仲勋说，西北地区是个穷地方，但人民和我们有感情。就这样我离开中央办公厅，调进了西北局办公厅。

收复延安回到家

1948年4月21日，我军收复延安的消息传来，我们从延安撤出的同志，听到这一消息都感到万分的兴奋，同声喊出我们要回家了！仲勋和大家一样兴奋，我们对延安是有特殊感情的，毕竟党中央、毛主席在陕北延安生活、战斗了13年。延安培育了我们，是我们革命的摇篮。仲勋要秘书长曹力如和我马上动身返回延安，他让我要抢先回到延安看望延安的父老兄弟姐妹们，抢先了解敌人对延安破坏的情况，特别是党中央、毛主席及中央几位常委居住过的地方。

我们三人和仲勋的司机冯子英，就往延安赶，到延安路过西北局原办公地址看了一下，敌人对西北局办公原址破坏得非常厉害。我们又赶到王家坪八路军总部，延安地委的同志也赶来了，仲勋仍想马上到中央领导居住过的几个地方看一看。延属地委同志说：敌人撤出时有不少地方埋了地雷，我们正组织有经验的民兵在扫雷。地委同志和力如都不同意仲勋到处看，地委同志和力如约好，第二天地委领导向仲勋详细汇报情况。力如向仲勋提出，为了加快扫雷及清理工作，他不听汇报，和大家一起去清理，要我和冯子英留下，并给我一个任务，在几个主要故居未清理完前，绝不让仲勋跑去看，万一出了什么事不好向党中央交代。

力如交给我这一任务，我感到实在不好办，我很了解仲勋的个性，他要做的事谁都拗不过他。力如给的任务又必须坚决完成，这是事关党中央利益的大事。早上天还不太亮，仲勋就叫我和冯子英同他到杨家岭去看看，我和子英讲我们不去，你也不能去。他反问我们抢先赶来延安为什么，你们不愿去我自己去。我说，地委同志要来汇报，在几个主要故居未清理完前不让你去，这是力如交给我的任务。他生气了就要走，我着急了，我说，子英咱们三个都是党员，可以作为一个临时党的小组，我们表决，按党的组织原则办，少数服从多数。我这样一提，真的起了作用，仲勋一下坐在凳子上不说话，我和子英也不再说什么。仲勋沉默了几分钟说：你小马还真有办法治我，你提到组织原则，我当然不敢违纪。我们三人都大笑起来，这时地委同志已到，问我们笑什么，仲勋说：我想就近去杨家岭看一下，他们俩不让我去，并用党的组织原则制止我，作为党员的我当然应遵守党的组织原则。地委同志向仲勋详细汇报了敌人占领延安的情况，在汇报当中仲勋多次问到群众目前的生活情况，地委、县委和各地打算如何从战争创伤中恢复……这样就把他的注意力引到这方面，一连和地委部分同志谈论了几天，在这几天内力如结束了扫雷工作回到了王家坪，听到我们三人发生的小插曲，他高兴地说：太好了，仲勋是一贯遵守党的组织原则的模范，我们应向他好好学习。仲勋却称赞力如哪有困难、哪有危险，他都抢着去干，是力如一贯的品德。

"五一"节延安军民隆重集会，欢庆光复延安，仲勋向延安人民问了好，宣传了我军在全国各个战场上胜利的好消息，并动员延安人民、边区人民立即行动起来，医治战争创伤，展开生产运动。欢庆会刚结束，仲勋同志再次提出要到杨家岭、枣园、凤凰山等中央领导同志居住过的几个主要故居看一下，并要延属地委的同志一同去，在力如和延属地委同志的陪同下一同视察。在视察过程中，仲勋再三强调，对党中央、毛主席及中央几位常委刘、周、朱、陈等13年办公及居住过的故居一定要特加保护。当然还有许许多多需要保护的地方，如宝塔山、清凉山中组部、中宣部等部门办公旧址，以及中央党校、抗大、女大、鲁艺等学校旧址。延安是革命圣地，包括南泥湾及延安所有山上的窑洞，都是革命的摇篮，从延安培育出去的同志，一定会想回来看一看培育过他们的家，全国取得胜利后，国内外也会有不少人要来看一看延安这个革命圣地，我们的子孙后代也一定会来这里朝拜的。

仲勋说：延安曾受到几次大破坏，抗日战争期间日本鬼子把延安炸成一片瓦砾，1947年3月11日开始，国民党又用45架飞机，大规模地轰炸延安，投下59吨炸弹，延安变成了一片瓦砾。我们的林伯渠林老主持陕甘边区政府时，曾多次说过，待我们取得全国胜利后，我们一定要把延安这个革命圣地建设成一个美丽的花园，把延安周围的山全绿化起来，山垩都变成"万花山"，林老这个设想和盼望就要到来，毛主席在杨家沟中央扩大会议上讲的《目前形势和我们的任务》中提到新中国就要诞生了。在我们到延安不久，西北局机关、边区政府人员陆续返回了延安，仲勋的主要精力转到了西北五省全局工作方面。仲勋善于从实际出发，把中央的方针政策与西北的实际相结合，在土改问题上他提出了许多新的观点和建议，如区别老区、半老区、新区不同情况制定政策和纠正"左"的偏见的意见，得到中央和毛主席的肯定，并转发全国各解放区。

进驻西安统领西北工作

西北野战军1948年3月在宜川、瓦子街地区一举歼灭胡宗南军3万余人，陕北形势已完全改观，全国转入战略进攻，西北野战军向关中挺进，1949年5月20日解放了西安，并控制了渭河以南地区。习仲勋、贺龙、马明方等领导率领西北、西南两地区县以上干部，从延安王家坪出发向西安进发，仲勋要我跟随他们一起去。我们赶到三原县，三原地下党组织向仲勋等领导介绍西安的情况，说胡宗南主力部队虽已撤出西安，但小股敌人仍在撤离中，建议在三原留住一天，第二天我们从三原出发赶到西安。

我们从西安东门进城，看到敌人散兵狼狈地逃跑，城内的商店门部分用砖封了，怕敌人撤退时抢劫。我们进城后当天住在新城树林下，第二天对几个地方清理（扫雷）后，分别入住新城和南、北院门等地，习仲勋、贺龙、马明方等领导及我们随员住在建国路原西安市市长王友直公馆（现省政协办公地）。从延安来的所有人员，都带有防身武器，可以对付小股敌人，在城内我们的武装力量很少。我们一进城就听到枪炮声不断，撤到南山的胡宗南部分部队向西安城内打炮，草滩一带马步芳匪徒亦向城内打炮，城内特别是建国路一带枪声不断，系国民党各种反动组织和特务在捣乱，总之在我们进城后城里城外枪炮声响个不停。

西安刚一解放，我们的主力部队就转移到渭河以南地区，胡宗南主力部队虽已撤出西安准备入川，但他们的心还不死，因青海的马步芳、宁夏的马鸿逵已进入关中，所以他们都想借助对方的力量，阻止我军解放甘、宁、青或南下汉中。这三股力量合在一起约20万人，他们想联合进攻我们西北野战军。但他们之间存有矛盾，胡宗南是蒋介石的嫡系部队，二马是地方军阀。按毛主席的战略方针，要把这三股敌人全吃掉，绝不让他们逃掉。

西北野战军要同时吃掉这三股敌人是存在一定难度的。毛主席下令要第十八、十九两兵团向西安赶来，并指示彭、习对胡宗南和二马不要同时动手，要钳马打胡或钳胡打马，分别歼灭。在我第十八、十九两兵团赶到西安前，我们西北野战军正在运动中准备击破胡宗南和二马的联合进攻。我们就是在这样的情况下进西安的。所以刚一进城就听到城里城外枪炮声响个不停，从延安来的我们并不感到一点惊慌，因为我们是从敌人枪炮声中过来的人，而在西安市的人民就很惊慌。胡宗南主力撤出了西安，但国民党各种反动特务组织及恶霸等坏分子仍留在西安，投机倒把商人囤积粮油抬高物价，群众处在困苦中，一切牛鬼蛇神都出来表演，谣言满天飞，说什么西安地区的回民要和马家军配合向城内冲，胡和二马联合要返回西安等。

我们进城的干部亦提出多种建议：有同志提出马步芳已进入草滩，我们应有防范措施,防止马匪向城内乱冲;还有同志提出我们可否暂时撤出西安城……仲勋和贺龙等领导提出了果断的措施,召开了进城干部会,仲勋开头就讲,现在谣言满天飞,什么西安地区回民要和马步芳配合攻入西安城,我们不要上敌人的当,西安地区的回民是我们的好兄弟,他们对我们的党很了解,他们对胡匪及二马是十分仇恨的,西安地区人民吃过敌人不少苦头,他们热爱我们党。有同志提出我们暂时撤出西安城,避免敌人万一向城内冲击,这一建议我们不能采纳,大家都知道进入西安城的全系干部,是党中央、毛主席在延安培育多年的革命种子,我们向城外撤,敌人伺机来个大冲击,万一我们的干部受到损失,我们不好向党中央、毛主席交代。至于有同志提出加强防范马步芳向城内乱冲击,这个意见是好的。除加强防范外,我们要马上行动,进城干部上街向市民宣传我们西北野战军在陕北胜利的消息,讲说胡匪吃了败仗想逃跑,我们西北野战军正在运动中要把胡匪全消灭,二马不日也会被我军全消灭,全国各个战场胜利捷报不断,蒋家王朝就要灭亡,新中国就要诞生,警告一切反动分子,你们的末日就要到来,你们如继续作恶,会罪上加罪的。仲勋还要我们上街的干部告诉人民,毛主席已令我们另一路主力军第十八、十九兵团不日进入西安。

我们的同志按仲勋的指示向市民进行了宣传,大大地鼓舞了人心。仲勋的另一个措施,是要进城的同志在地下党的配合下,对国民党留在城内的反动组织、坏分子及国民党的特工人员来一次大搜捕。采取这些措施后,城内枪声也就停息了,商店也拆掉了砖封的门面,开始了营业。我们到西安十余天尚未起灶,每天从街上买馍和咸菜加开水度日,在城内枪声停息后,街上能买到副食品才起了灶,这时已进入端阳节,贺总说:我们该打打牙祭了。仲勋也说:我们进入西安还未吃一次有菜的饭,总是馒头加开水,要过端阳节了,可买菜、肉一起吃吃。马明方说:西安杏子已上市,买一点过端阳节。

6月中旬第十八、十九兵团先头部队赶到西安一个团,他们真辛苦,身上背着全副武装,昼夜赶跑一百几十里路,所有指挥员和战士都是满身汗水,两

1948年5月，西北野战军召开第二次扩大会议，图为习仲勋出席会议并讲话

脚都流着血，他们没有停步走遍了西安各个街道，向西安人民报到。那种场面真是感动人，人民群众站在街道两旁欢迎他们，称他们是血人、汗水人。接着，两兵团不几日全部赶到西安、咸阳。这时南山及草滩的枪炮声也全停息了，市民也就全安下了心。

7月中旬西北野战军在扶风、眉县地区歼灭胡宗南部4个军共4万余人。在延安的西北局和边区政府机关人员陆续在7、8月间到了西安，西北局机关驻建国路雍村，边区政府驻新城。8月20日兰州解放，歼灭马步芳部主力27000多人。9月23日解放银川，马鸿逵部全部覆灭。9月25、26日，陶峙岳、包尔汉宣布起义，实现了新疆和平解放。

这时彭总和习仲勋的工作重心转入对西北五省的城市接管，建立新的社会秩序，医治战争创伤，展开剿匪反霸、镇反和"三反"、"五反"、土改等方面的工作，彭总系西北局第一书记兼西北军政委员会主席，习仲勋系西北局书记兼西北军政委员会副主席。彭总在西安时间不长就到朝鲜前线去了。西北军政委员会主席由习仲勋代任，仲勋始终坚持集体领导，主要问题和决定都经西北局常委会和西北军政委员会讨论、决定（我专为西北局常委作记录）。

仲勋对张治中很尊重，许多重要的事都让张出面，使张感到有职有权。西北五省解放后，突出的问题是剿匪反霸工作，西北系多民族地区，剿匪与民族、宗教事务往往纠缠在一起。如青海马步芳残匪发动叛乱，在平乱之后，漏网叛乱分子拉拢项谦，搞叛乱，这就成了藏族部落头人领导叛乱。为此，仲勋在西北局常委会上引导大家进行过多次讨论。如何正确解决好昂拉部落叛乱，不仅对解放昂拉藏族同胞关系重大，亦关系到我党在青海的工作，甚至对甘、川、康藏区及西藏亦有影响。在西北局常委会议上议定既要做好军事准备，又要采取以政治争取为主的方针，争取昂拉部落千户项谦归顺投诚。反反复复经过十几次的争取，经过两年多时间，最后项谦终于投诚了。在这个问题的处理上，仲勋确实费尽了心机，事后毛主席曾对仲勋说："仲勋你真厉害，诸葛亮七擒孟获，你比诸葛亮还厉害。"一时传为美谈。

仲勋非常重视调查研究，这是他一贯的思想作风和工作作风，他对机关工作人员也是这样要求的。西安解放，西北局机关工作人员刚到西安，他就要机关人员马上下去作调查研究，他要赵守一和我下去摸清西安工厂情况。当时在西安的工厂很少，只有大华纱厂、面粉厂、电厂等几个厂，经调查后发现问题不少，劳资关系非常紧张，工人们反映了不少急需解决的问题。我和守一整理完调查材料，仲勋又要我们去摸清西安城内妓女情况，我当时摇头不想去这些地方。仲勋同志猜透我的心，他说：你不是很勇敢吗？青化砭第一仗，敌人排以上的俘虏要押送到后方，当时因我们主力部队少得可怜，要赵怀璧和你带领民众剧团一部分同志去押送，你不是勇敢地接受了吗？在你们去后，我总是放不下心，这些俘虏包括敌人的旅长在内，他们还是半个活老虎，唯恐押送中出了什么事，直到你们返回后我才放下了心。现在要你们去妓院摸清情况有什么可怕的，这些妓女也是我们的姐妹呀，她们是受痛苦最深的一层人，听说西安妓女院不少，人数亦相当大，这都是旧社会国民党造下的罪果，我们想尽快地解救她们出火坑，你们所做的工作是救世菩萨，待你们摸清情况提出妥善的处理办法，我们就可以解救她们出火坑。

听了仲勋一席话后，我和守一接受了这一任务，马上下去了解。来到开元寺的大门口，就听老鸨在喊接客，这一喊站出不少妓女。守一和我齐声说：我们是来探亲的，请老鸨忙别的好了。已站在院内的妓女听我们说是来探亲，她们两眼瞅着我们看到底是找哪一位。我们说：请姐妹们都进房坐，你们各位都是我们的亲人，我们想和你们一起拉一拉家常。在交谈中她们痛哭流涕，哭诉了她们的遭遇，她们多数是被强逼买来的，不愿接客就多次遭到痛打……这样我们真的成了亲人关系了，她们主动给我们提供了各方面的情况，为我们能顺利地展开这方面的调查奠定了好的基础。为了落实各个妓女院的详细情况，我们接着到南院门的保吉巷、民乐园、巴巴坑等八九个妓女院进行了详细调查，并提出我们对解决处理这些妓女问题的建议。仲勋同志审阅了我们的调查材料后，给军政委员会秘书长常黎夫打了电话，要军政委员会办公厅负责召集公安、民政、卫生、财政、妇联等部门开会作出具体安排，立即行动。这样，在西安的妓女院得到了彻底的取缔，我们把受痛苦的姐妹们集中在几个地方，医治好性病，并帮她们成家立业。这在当时社会上是很受欢迎的一件事，人人都称共产党好。

习仲勋同志调离西北

1952年9月，中央调习仲勋同志担任中央宣传部部长兼政务院文教委员会副主任时，西北五省主要领导在西安止园开了个小型的送行会。当时西北局的武开章秘书长要我去作记录。在座谈会上，五省领导都表示不舍得仲勋离开西北，他们说：仲勋你舍得离开西北人民吗？你舍得离开多年一起工作的同志和战友吗？五省人民和同志们都不想让你离开西北，你为什么不向中央、毛主席请求留在西北呢？仲勋听后深沉地说：从我内心讲，我和西北人民是有深厚感情的，我确实不想离开西北人民，不想离开多年相处相知的你们，我真心实意地向毛主席反映，按我的经历水平，怎能担当领导全国的文化教育宣传工作。毛主席告诫我，蛇看起来很可怕，但印度人耍蛇为什么那样得心应手，关键在于真正谦虚地摸到客观事物的规律，任何工作都可以做好。我理解毛主席决心要我到新的工作岗位上锻炼，望同志们特别是五省的人民能谅解我。我要按毛主席教导虚心向内行从头学习，争取尽快地熟悉新的工作。同时希望你们在今后的工作中不忘西北五省的特点和多民族地区的实际，尊重民族风俗习惯、宗教信仰，与各民族和宗教头领搞好关系，实事求是，坦诚相见；对民主人士要尊重他们，爱护他们，搞好团结，虚心听取他们的意见，使他们感到有职有权；西北地

图中抱小孩者右后侧是武开章秘书长

西北局办公厅秘书处速记训练班毕业典礼合影 1951.5.18.

区是个穷地方，特别是老区人民在生活上还存在不少困难，应注意设法逐步解决群众的吃饭问题。我们系多年的战友，你们都了解我，我是一个粗人，不会转弯，不论是党内还是党外我都是实事求是，坦诚相见，求得相互之间心中有什么话都可以讲，我有错误你批评，你有错误我批评，这就是我和大家相处的原则。这也许就是我缺乏领导艺术，我这个人存在的毛病不少，望同志们多加批评指正。

在座谈中，大家一致认为仲勋同志胸怀坦荡，公道正派，立党为公，谦虚谨慎，宽厚待人，平易近人，大家都愿意和他接近，有话都愿意同他讲。他对干部是很爱护的，但要求也很严，你做错了事他会不顾情面地狠批，当你认识到错误并改正了，他会非常高兴。他对自己和别人从不护短，这是仲勋特别突出的优点，所以他结识了许多知心朋友。他享有崇高的威望，西北人民、干部、各民族和宗教头领、民主人士，都不舍得他离开西北。作为我，在仲勋身边工作多年，更是不想离开他，他确实有我学不完的好品德。

难忘的最后相见

1989年习仲勋同志回到西安，住在人民大厦。自从他1952年调中央工作，先后任中宣部部长兼政务院文化教育委员会副主任、国务院秘书长、国务院副总理，在这30余年当中我们再未见过面。在延安艰苦的岁月，从转战陕北期间直到西安解放，我都在他身边工作，主要为他作记录。在他调中央工作后，我经常想着他，想到他对我的教育帮助。在他离开西北局以后，我于1954年调某国防厂工作，直至1963年。在此期间去北京开会不少，每次去北京总想去看他，又想到他工作太忙，不该去打扰他，始终未见面。1959年和1962年，彭总和习老先后被揪斗，成了西北所谓两条"黑线"，为了清除"黑线"余毒，给下边下达了指标，我成了指标对象。我对彭总和习老的品德作风印象很深，从心中流露出对他们的好感，因此受到了牵连，这就更难相见。

1989年习老回到西安，我高兴极了，多么想尽快见到他，但又听别人讲看望的人不少，怕他休息不好，直到他要离开西安前的最后一天，我才和刘万兴副秘书长联系（就是当时省委专派接待仲勋同志的）去看望他。这一下引来了习老的狠批。他马上给我打电话，生气地说：好一个小马，你把我忘掉了，我始终记着你，我们是革命战友，你不要忘了在延安时期我们艰苦奋斗的岁月，转战陕北时期前线战火连天的日日夜夜，离别30多年，我曾打问过你去国防战线，总有机会来京也未见到你，也听说你因为我们吃了苦头，是否有怨气，具体问题见面再谈，我叫他们来车接你。于是我和老伴、张振邦、周淳一起去人民大厦看望习老。

我们到达人民大厦，习老和夫人齐心同志非常热情地接待了我们，真是久别重逢，互相有说不完的话。在叙谈中，习老谈到1969年"文化大革命"期间他也回到西安，造反派将他押到西安进行长期的残

1
2
3

1. 马松林（右二）与夫人马淑芳和习仲勋同志在西安合影留念
2. 马松林与西北局幼儿院长温桂亭（武开章夫人）在山东济南的合影
3. 马松林与齐心同志合影

酷斗争，仲勋同志说："在建国路北头专为我搭起了批斗台，各大专院校进行轮番批斗，我当时身体全垮了，确实支持不了。我给毛主席写过信提到，'文化大革命'斗老干部比我们当年斗地主还厉害，这样下去局面不可收拾。还写信给周总理，总理对我采取了保护措施——送陕西省军区监护，以后又送北京卫戍区实行监护审查，那时你们当然见不上我。"

叙谈中专门有人录像，习老还提出给我们照相，并要给每人一份照片，直到11时我们为了能让他休息一会，下午还要上车，才依依不舍地告别了。习老和夫人齐心同志把我们送到门口，握手告别，万万没有想到这次相见竟成了最后的告别。2002年5月24日，我和老伴马淑芳从电视里听到习老逝世的消息，我们感到万分悲痛，失去了一位好领导、好兄长，我们含泪久久不语，沉入哀思中。

跟随习老难忘的20年

张志功

> 张志功,河南陕县人,生于1927年,原中央统战部办公厅主任。先后两次担任习仲勋同志秘书:1950年3月至1964年,由青年团西北工委调至中共中央西北局任习仲勋同志秘书一职;1978年4月至1984年5月,习仲勋任广东省委书记,张志功再次担任其秘书一职。

编者按 本文作者张志功曾是习仲勋同志的秘书,在习仲勋身边前后工作20年。本文原载于《习仲勋革命生涯》一书,在收入本书时,作者曾作了一些修改和补充,编者选配了有关历史照片,以表达对习仲勋同志的怀念之情。

岁月易逝。回顾我在老领导习仲勋身边工作20年的日日夜夜,不禁浮想联翩,感慨万端。

1950年3月,我在西安由青年团西北工委调到中共中央西北局给习仲勋同志当秘书,直到1964年。由于1962年党的八届十中全会党内斗争的原因,习仲勋同志被无辜戴上了"反党分子"的帽子,随后下放到河南洛阳,我则全家下放到山东济南。从此我们天各一方,分开了14年。1978年4月他任广东省委书记,重又把我调到他身边继续当秘书,直到1984年5月。我内心一直深深地感激老首长对我的莫大信任和关怀。我的成长与他的言传身教、亲切指导是分不开的。

在这前后长达20年的时间里,他的职务变动过许多次,从中共中央西北局书记、西北军政委员会副主席，到政务院文教委员会副主任、中央宣传部部长、国务院秘书长、副总理、中央政治局委员、全国人大常委会副委员长，但是不管他工作怎么变动，担任什么职务，我一直称他习书记。20年相处，他是我的首长，是我心目中的好书记，又是我的良师益友，我们建立了革命的深情厚谊。他的几个孩子自小就亲切地叫我张叔叔，长大工作了，也依然叫我叔叔，亲如家人。这20年是紧张战斗的20年，也是我与习书记亲密合作不断学习进取的20年。

我初当秘书的职责是收发文电、抄写文件，处理群众来信、接待来访，后来又兼管生活及保卫，参与起草文件等。多年相处，深切感到他忠于党中央、忠于党的事业，对工作极端地负责任，对干部和人民群众极端地热忱。

待人以诚　广交朋友

他一向对人诚挚宽厚。不论在西北、在中央，还是在广东，他在工作中都结交了各族各界各阶层的许多朋友，特别是不少党外知名人士，如张治中、傅作义、张奚若、邓宝珊等，还有少数民族及宗教界的上层人物，如十世班禅大师、黄正清、喜饶嘉措等，真正做到同他们坦诚相见，肝胆相照，荣辱与共，成为挚友。大家一致赞誉他是统战工作的典范，其人格魅力，也正在于此。

原民革中央主席屈武先生是他的陕西老乡，又是老朋友，一次去家里看望他，新上岗的门卫战士不认识，被挡了驾。这位老朋友进去后先不说缘由，见面头一句就对习书记略带讽意地说："贵府真是侯门深似海啊！"习书记起初不知道这句话从何说起，当弄明白是门卫慢待了他时，当即向他赔礼道歉，两人一笑了之。

新中国成立初期，党外人士余心清先生任中央人民政府典礼局局长，后来任职国务院机关事务管理局局长、全国人大常委会副秘书长，和习书记共事多年，相互之间十分尊重。1958年秋，余心清先生和周总理的秘书徐明、国务院秘书厅副主任丁乃光等一起去西北几省考察，一路深入基层、开会座谈、听

在西北解放战争中,习仲勋深入群众中进行战备动员

汇报、参观工农业生产。习书记对大跃进、大炼钢铁、人民公社运动中的浮夸风、瞎指挥,很有看法,在批评这方面冒进蛮干的同时,也对地方工作提出了许多建设性的意见。"文革"初期,余心清被造反派当成"牛鬼蛇神"揪斗,不仅身心受到摧残,人格也受到莫大的侮辱,终于不堪忍受而愤然自杀。事后习书记非常惋惜地对我说:"余心老是一位跟着党走的高级知识分子,刚正不阿,为人正派。'士可杀不可辱',他哪能受得了那种侮辱呢?我那时要是在北京,开导开导他,兴许就不会走这条路了。"

习书记的一位亲密战友,曾因在一些问题上意见不尽一致,一度疏于来往。但习书记却与人为善,不计前嫌,宽容大度,从不说人家一个不字,反而总是念叨他的长处和优点。当这位战友病故时，他不仅亲往吊唁，沉痛哀悼，而且亲切慰问其家属，帮助妥善处理后事。至今许多党内外朋友谈起习书记，都念念不忘他们合作共事的旧情厚谊，并异口同声地称赞说：习书记是个好领导。

爱护干部　平易近人

　　他体贴关心干部，无微不至。对犯错误的同志批评是很严厉的，但又是真心爱护，热情帮助，从不整人。在历次政治运动中、在工作中，他保护了许多干部。在党的八届十中全会上，曾有人攻击说他包庇"历史反革命张某某"，袒护"特务王某某"。历史验证全不是事实。

　　原青海省省长孙作宾，也是一位革命老同志，1957年被打成"右派"，降为省图书馆馆长，情绪消沉。在那个年代，党要求人们要同"右派"划清界限。出于保护自己的原因，大家都怕与"右派"分子接触。就在他处境极为困难、急需人帮助的时候，习书记于1958年来到青海视察工作，特地不避嫌地看望了他，给了他莫大的精神安慰和鼓励。

　　同志有病住医院，无论是同级或下级，他工作再忙也要抽空去探视慰问，处处体现党的关怀和温暖，使大家心里感到热乎乎的。他善于与群众打成一片，群众心里有什么话都愿意跟他谈，毫不拘束。过去的战友、同事，基层的干部群众，凡是到了北京或者广东，他都挤时间热情接见他们；有经济困难的，特别是来自革命老区、对革命有过贡献的群众，还帮他们买票送上火车，并给以必要的补助。他把这看作是密切联系群众、了解下情的极好机会。群众称赞习书记官做大了，却没有一点架子，一样平易近人。回忆在革命战争年代，他之所以带领部队能打胜仗，解放初期他领导西北地区民主革命之所以能够顺利进行，除了战略、战术和中央政策对头以外，主要还得益于他的为人和有一个良好的群众基础。

朴实无华　农民本色

习书记出身农民家庭，小时候干过庄稼活，深知稼穑之辛苦艰难，从小养成了勤俭节约的习惯。他生活十分简朴，穿衣吃饭从不讲究。他有几套毛料中山装，也只是在会见外宾和参加重大政治活动时穿，平时就穿布衣布鞋，夏天就是一件老头衫。内衣、裤子破了，补了再穿，舍不得扔掉。平时吃饭完全是西北人的生活习惯，以面食素菜为主，饭菜只求可口，鱼虾海鲜很少上桌。几十年如一日，他就是这样过着平平淡淡、朴实无华的生活。

从上世纪50年代到60年代初，习书记与毛主席、周总理等中央领导人的工资同样都是三级，每月404.80元，工资收入和开支都由任秘书的我经管，每一笔开支哪怕是几分钱都要记账。他经常叮嘱子女要节俭过日子，不要乱花钱。全家每月的伙食费加上孩子的花费也只有100多元，是那个年代国家领导人当中消费水平偏低的。他对家人要求如此节俭，可对朋友却十分慷慨。50年代，习书记所结识的原陕甘根据地一些老红军、老战友、老房东常来北京看望他，有些是他请来的，有些是主动找上门来的，习书记都热情招待，请吃饭，安排参观游览，关照无微不至。习书记结交的朋友很多，且他十分好客，用在这方面的开支占去他工资收入的很大一部分。

习书记自幼喜欢劳动，摇耧撒种、犁地、耙糖等庄稼活样样都能干，虽然后来参加革命，却一直不失农民本色。他住的四合院内有一块空地，就领着工作人员把它开垦出来种上蔬菜，亲自淘粪上肥，担水浇地，虽然干得大汗淋漓，腰酸背痛，却乐在其中。

呵护至深　家教更严

习书记是一个职业革命家，他把自己一生大部分时间和精力都投入到了他为之奋斗的事业上，在以工作事业为重的同时，对自己的妻子和儿女也有着常人一样的感情，充满着爱恋。1949年3月1日，他和齐心的第一个女儿在延安桥儿沟出生了，姥姥邓耀珍说："孙女在桥儿沟生，就给她取名叫'桥桥'吧！"当时习书记正在西柏坡参加党的七届二中全会，接到女儿出生的电报，非常高兴。回到延安，他高兴地把女儿抱在怀里细细端详，望着女儿幼嫩的小脸，露出温馨的笑容。工作之余，他常常把未满月的桥桥抱在怀里，一次孩子尿了他一身，他高兴地笑着说："子尿不臭，子尿不臭。"桥桥自小聪明乖巧，习书记格外疼爱她，桥桥也特别爱她的父亲，老人晚年退居二线休养时，正在武警总部任办公室主任兼外办主任（正师级）的桥桥毅然主动放弃仕途，专门照顾老人10多年。

二女儿在西安出生，取名"安安"。每日与桥桥姐姐形影不离，分外亲热。近平、远平两兄弟小时候虎头虎脑，憨厚可爱，又非常皮实，很招人喜欢。习书记尽管公务缠身，但业余时间都会尽量多陪孩子。那时候文娱活动非常单调，孩子周末从学校回家，就与父亲摔打着玩闹，这时是习书记最开心最惬意的时候了。像所有孩子的父亲一样，他喜欢不时地逗他们玩，把他们逗哭了，又赶紧去哄，从中尽享天伦之乐，显现出童心般的天真。

习书记爱孩子，但绝不娇惯，不使孩子养成不良习惯。他在节假日公务不忙时或带孩子游公园，或参加友人的聚会，或逛商店。有时孩子嚷着要买玩具，但习书记从不带钱，孩子要不到就不高兴，他就耐心地劝，同时坚决不让他人代买或赠送。几个孩子，自小就非常好学，特别喜欢看小人书和故事书。习书记到书店浏览时，就让我买了许多这类读物，孩子拿到书后就如饥似渴、爱不释手地传看，从而积累了很多古今中外方方面面的基础知识。

习书记一生勤俭节约，他言传身教，从点点滴滴做起，教育孩子从小养成节约的好习惯。在他的熏陶下，家人的节俭超出了常人的想象。为了节约用水，习书记每次在浴盆洗完澡，再让两个小儿子去洗，然后还要用这水洗衣服，最后才把水放掉。他把节约每一滴水看得同节约每一颗粮食一样重要。不仅如此，他和孩子在一起用餐的时候，经常用"谁知盘中餐，粒粒皆辛苦"那首唐诗名句教育孩子，把掉在桌子、地上的米粒捡起来，把饭吃干净，不准丁点浪费。

1958年,习仲勋与儿子近平(左)、远平(中)

这个节约美德一直在习家传承下来。孩子的衣服和鞋袜是依次"接力"着穿，大的穿旧了或破了补上补丁再让小的穿。姐姐桥桥穿过的衣服鞋袜传给弟弟近平和远平，因为姐姐的布鞋是花的，弟弟怕同学看到笑话，害羞不愿意穿，习书记就让用墨水把花鞋染黑了穿。为了让孩子从小养成独立、节约的好习惯，姐弟四人都在八一小学寄宿上学，每周回家一次，除了每月12元的伙食费和每周坐公共汽车回家的车费以外，很少有零用钱。孩子天性喜吃零食，好玩，有时为了看电影和买点冰棍之类的零食，他们动用了坐公共汽车的钱，就只好走回家。有时累得实在走不动了，桥桥就拉着弟弟妹妹的手，坚持走到下一站再上车，因为车费是按乘车的站数计算的。孩子觉得用坐公交车省下的钱看电影和买冰棍不是办法，就向我要钱，虽然只是几毛钱，甚至几分钱，我都要记账，月终送习书记过目。

习书记教导子女不搞特殊化。女儿桥桥小学毕业后，考上河北北京中学。学校虽然

2010年5月29日，张志功同志为本书题词

离家只有一站路，但他为了让女儿和同学打成一片，坚持让桥桥住校，和同学同吃、同住、同学习，不失平民本色。当时学校食宿条件很差，伙食中粗粮占70%。那时习书记担任国务院副总理，名字经常出现在报纸上，习姓是一个少见的姓，易使人联想到她就是习副总理的女儿。习书记顾虑学校师生看出女儿的身份，就让女儿改姓母亲的姓，家庭出身也由"革干"改为"职员"，齐桥桥的名字一直沿用至今。

习书记经常教育自己的孩子要靠自己的本事吃饭，鼓励子女到艰苦的地方去，到基层去，到祖国建设最需要的地方去。正是由于习书记的严格教育以及在家庭环境中的耳濡目染，子女们都非常自立、自强，无论是在逆境中还是在顺境中，都经受住了考验，成为党和国家的有用之才。

生活多彩　风趣盎然

习书记平时除了兢兢业业、认认真真工作外，还有许多项业余爱好，生活得很充实。

他喜欢跳交谊舞。每周六晚活动一次，有益于身心健康，消除疲劳，提高工作效率。他始终精神饱满，心情愉快，精力旺盛，坚持参加此项活动。那时文娱活动比较单调，所以许多中央领导人都经常相约参加舞会，一来休脑强身，二来借此机会相聚，联系群众，海阔天空地畅谈。

上世纪50年代，由于他主管中央宣传部和政务院文教委员会工作的关系，看文艺演出的机会较多，对京剧及豫、越、粤等地方剧都产生了兴趣，对家乡戏秦腔情有独钟，和戏剧界很多演员特别是著名表演艺术家梅兰芳、程砚秋、尚小云、荀慧生、常香玉、红线女等都很熟悉。他和周总理同著名剧作家、北京人民艺术剧院院长曹禺是好朋友，同人艺的几位著名导演、主要演员也很友好，常有往来。人艺一旦有新戏演出，必然邀请他们两位，他也乐于观看。晚年在深圳休息期间，他除了看电视，总是饶有兴趣地听许多民歌和戏曲的录音带，百听不厌，心情愉悦。

习书记比较注意锻炼身体。他说：一个人如果没有好的身体，就难以做好工作，生活也不幸福。下放洛阳期间，他每天早晚两次坚持徒步走几十里路。家住北京东城区交道口时，中央一度改革警卫制度，撤走了警卫，我就跟他上下班。为了锻炼，从住地到中南海办公，来回途经北海公园，便顺道走进去，边走边看，步行半小时，走得他满头大汗却觉浑身清爽。他还学过打太极拳，但没有坚持下来。

纵观习书记几十年的革命历程，既有狂风暴雨、惊涛骇浪之日，又有风和日丽、碧波粼粼之时；既有兵变失败的教训，又有打仗获胜的喜悦；既有风云突变、批斗受辱、身陷囹圄的惆怅和困惑，又有不畏艰难险阻、铁骨铮铮、坚贞不屈、敢于斗争的大无畏气概；既有历经坎坷磨难、吃尽酸咸苦辣的伤痛，又有赤胆忠心、无愧于党和人民、深受群众拥戴敬仰、事业成功的欣然。

回顾习书记的革命生涯，谦虚谨慎、艰苦朴素、光明磊落、廉洁奉公、任劳任怨、忠诚于党、团结群众、爱护干部、实事求是、反对极左、堂堂正正做人、正正派派做事，就像一根红线一样贯穿在他的革命经历当中，熠熠发光，光彩耀人。

回忆黄植与习仲勋共事的日子
史 宏

> 史宏，1921年生，河南沁阳人。1937年7月参加革命，同年12月加入中国共产党。1938年到延安，先后在女大、中央党校学习，曾任延安小学教导主任，西安小学、中学校长。新中国成立后历任中央财贸部二级巡视员、东北局组织部巡视员、东北局经委物资局政治部副主任、沈阳市外贸局副局长、陕西省对外经委副主任等职，1983年离休。

编者按 史宏同志是我们在西安采访的第一位原西北局老同志，老人对我们的信任以及对这项工作的肯定，为我们的西安之行开了个好头，也坚定了我们把这项工作做好的决心。而史宏同志对西北局的深厚感情更让我们体会到做好这项工作的意义和责任！

延安时期西北局的旧址，在延安城南边区政府那里，旁边是一片山，山上有好几个挨着的窑洞，当时我们都住在这些窑洞里，有西北局的书记习仲勋，组织部长马文瑞，还有秘书长常黎夫。我听说现在有些孩子想要回去修缮一下，大概是马文瑞的大儿子马晓文，他住在北京，应该也已经退下来了，他们回去看到西北局的旧址，看到小时候住的窑洞，感情很深，所以就想再修一修，保存下来，其实这也算是一种纪念。

印象中的西北局

现在回想起那个时候的西北局，印象最深刻的就是上下级之间的关系非常

陕甘宁边区政府旧址

融洽，没有什么隔阂，工作起来心情非常愉快。我经常到习仲勋书记家里去，去了就随便拿东西吃，工作中有啥话也是随便讲，只要是工作中的事情就都可以说，你讲错了他马上纠正你，讲对了，他马上就肯定。当然这样做的不只是习书记一个人。后来新成立的省委班子也是如此，马文瑞担任陕西省委书记，于明涛是省长。我们彼此住的地方离得都不远，因为跟他们有工作关系，所以我也经常到他们家里去。那个时候的干部关系、上下级关系确实非常好。现在看来，好的方面应该继续发扬。当然，这样讲不是说咱们现在的干部没有好的作风，只是我觉得整体而言与当时比起来有些不足，需要改善。比如说，现在就是不管到哪个领导家里去好像都有些限制，最起码需要电话预约，还不一定能约得上。

另外，那个时候的干部是经常下基层的，比如说常黎夫，他就经常到基层去，他有个习惯，就是下基层都带着药罐子。因为他身体不好，药罐子都得随身带着，坚持带病工作。常黎夫经常说："带药罐子下基层不丢人，我工作照样不耽误。晚上吃药，白天工作，药也吃了，病也治了，工作也做了，这个还不好啊。"这就是那个时候西北局的风气，重视工作，舍小家顾大家。

回忆黄植与习仲勋共事的日子

最早的西北局是在延安，但究竟是哪一年成立的，我已经记不清了。那个时候我在绥德县委工作，我老伴黄植当时是《绥德日报》报社的社长，后来又到绥德特委统战部担任副部长。习仲勋原来在关中特委工作，后来调到绥德地区任书记。他到了之后，我老伴开始担任绥德特委秘书长，专门给习仲勋起草文件、写东西。再后来的1945年，习仲勋调到西北局任书记，算是西北局第二任书记，彭德怀同志兼任过西北局第一书记（在全国解放后，西安的西北局），就把我老伴也调到西北局去。他俩合作特别默契，特别好，一般就是习仲勋书记说个中心思想、大概意思，我老伴就能根据他的想法写出想要的文章来。

习仲勋书记是1952年调到中央去的，这个时候就和黄植分开了，因为西北局不让走，我老伴就留在了西北局。从1944年到1952年，包括绥德时期和西北局时期，我老伴和习仲勋合作大概有10年的时间，在绥德地委时期当秘书长，在延安的西北局时当秘书、政策研究室主任。政策研究室是在全国解放后设立的，他任政策研究室主任。

1949年西北局进城，迁到西安来，搬到了建国路雍村，这段时期，我老伴一直就是给习书记起草文件。

习书记这个人脑子特别好，很会抓中心，比如这个事情要写个什么主题、有几条，他可以很清晰、很有逻辑地说出来，我老伴就根据这个，再根据中央和地方的文件给他写文章。我记得刚解放那段时间，大家都忙得很，当时人也

1950年10月,习仲勋主持西北党政军工作时在审阅文件。右为西北局政策研究室主任黄植

少,都加班,那时西北局上至送到中央,下至发给各个地区的文件,基本都是我老伴起草的。

常黎夫原来是陕甘宁边区政府的秘书长,因为他和我老伴都是搞文字工作、搞写作的,所以就经常联系。有时候写东西时,两个人就互相交换意见,有时候写着写着写不下去了,两人就干脆放下不写了,第二天再一起来写。这些事情都是我听常黎夫跟我说的。后来常黎夫担任过国务院的副秘书长,退休后回到西安,前几年在西安去世。我老伴病故后,他和马文瑞还一起写了悼念诗。

现在有本《习仲勋文选》，里面的大部分文章都是我老伴那时在习仲勋指导下起草和整理的，基本都是报告、讲话，当然文选里也有一些习仲勋在广东、在改革开放后的讲话，这些就不是黄植写的了。

后来十年"文革"，把我老伴和习仲勋、彭德怀拉到一起，说我老伴是他们的爪牙。当时讲彭高习（彭德怀、高岗、习仲勋）嘛，但我老伴和高岗没有任何联系，就是和彭德怀、习仲勋有联系：彭德怀任西北军政委员会主任的时候，搞土改，搞总结，最后的土改总结是让我老伴写的；和习仲勋在一起的时间长，习仲勋到哪里去，我老伴就到哪里去，都是给他们写东西。彭德怀老总和习仲勋书记都是大人物，我老伴就是一般干部。后来想给我老伴找个罪名，结果还没等找到，十年"文革"就结束了。

粉碎"四人帮"后，习仲勋又重新出来任职，后来到广东和杨尚昆搭班子，习仲勋任广东省委书记，杨尚昆任副书记。他去了之后就想让我老伴过去，还是想两人合作。那时我老伴身体状况还挺好，但是没有去，为什么呢？因为我老伴是广东人，最怕家里人来找他办事，害怕没法处理这样的事情，就不想去。那时我们还在东北局，住在沈阳，期间我老伴当过沈阳市委书记，后来马文瑞担任陕西省委书记，就对我老伴说，你不去广东正好，来我这里。就这样，我们就又从东北来到了西北。

回忆我的工作

其实我在西北局工作的时间比较短，只有在陕甘宁边区政府的时候算是在西北局工作过。后来西北局迁到西安之后，我就不在西北局了。为什么不在西北局了呢，这事还得从柯华说起。

柯华原来在西北局宣传部工作，后来做过驻英国外交大使。因为柯华是广东人，我老伴也是广东人，所以两家比较熟。西北局搬到西安之后，柯华知道我在陕甘宁边区当过小学教员、教导主任，还做过校长，所以他做西

在西北局日子里，
工作非常高兴

史宏
09年4月3日

1
2

1. 2009年4月3日，本书主编采访史宏同志后一起合影留念，居中者为史宏
2. 史宏同志为本书题词

安市委宣传部部长后，就要把我拉去，到了当时西安一个比较好的小学——开通巷小学工作。当时他对我说：你到那里去，给我抓一个点，以点带面，把教育搞起来。

我在开通巷小学干了几年，后来教育局又让我去菊园中学当校长，我说我文化不行怕干不了，他们就说你学着来吧。当时给我配了一个教导主任，一个教务主任，加我一个校长，三个人算是一个工作班子。那个时候我们工作都特别卖力，我记得有一年春节，到年三十下午才下班，几乎天天都是加班工作。当时任务还是比较重的,一个是教学,另外一个比较特殊也比较重要的任务就是作审查,因为那个时候还有隐藏的特务,所以工作特别紧张。那时我身体也好,别人都说我工作像牛一样。就算是我怀着小儿子的时候,也是很晚才下班回到西北局的家属院。有一次正好路过一个中医院,就想进去检查一下,结果检查完了,大夫说我胎位不正,后来小孩就提前生下来了。

说这些就是为了说明,那个时候工作还是比较紧张,一方面是办学,再一方面就是审查,但要做好工作就得发动群众、组织群众,这是我工作过程中总结的经验。

我眼中的习仲勋书记

我眼中的习仲勋书记不但平易近人,还乐于助人,给我印象最深的有两件事情:一是他送给我的布,二是我经常去他家里吃饭。

习仲勋书记这个人对人很热情,像我这种西北局工作人员的家属,他也特别关心,没有架子。我记得还在绥德的时候,我们已经有了大儿子,叫黄大树,当时还很小,但就是这样的小孩他都非常关心。那时,我孩子要出去上学,但生活条件非常困难,孩子没有一件像样的衣服穿。我也不知道习书记从哪里弄来一块白绸子,上面还有花纹。他说:"送给你,给儿子做件衣服去。"当时真把我和孩子高兴坏了,后来就给孩子做了件上下连身的衣服,小孩穿上很漂亮,大家都非常高兴。别人见了就问你从哪里弄来的这么漂亮的衣服,我就非常自豪地说,是习书记送的。

习仲勋书记工作中没有架子,生活中也一样,你可以随便到他家去,你想啥时候去就啥时候去,习仲勋和马文瑞的家我们当时都可以随便走动。后来马文瑞当上了陕西省委书记,我们还是随便去,到他家去,他要有时间,你就谈事;他要没时间,你就走,以后再来。因为那个时候我就在陕西省对外经济办公室工作,有时候跟他反映个情况,请示个事情,或者有时就问问他,看我说得对不对。这两个领导都同样是有啥话就说啥话,该批评就批评,该表扬就表扬。

习书记在群众中威信很高。他这个人工作抓得紧，雷厉风行，既不耽误工作，也不耽误休闲娱乐。比如习书记明天要总结工作、作报告，但今天该跳舞的时候还是去跳，这个时候他就跟我老伴说，你给我写个东西，他把中心说好，就出去跳舞去了。第二天，我老伴就把写完的稿子放到他办公桌上，习仲勋挺高兴，挺满意，因为都是按照他的思想写的，我老伴一般都是晚上给他写，上班时就放在他办公桌上。

关于习仲勋书记别的就不说了，我对他的印象是非常的好，他把你当作自己人或者当个孩子一样去看待。而且还是个年轻有为的领导，到中央才39岁，46岁当副总理，很了不起。

习仲勋书记生活也很简朴。在广东当省委书记的时候，我和我老伴有一次回广州老家，当时他请我们到他家吃饭，说我今天给你们准备了大锅盔（陕西特产）。他平常也就喜欢吃面条、锅盔，主要是面食、素菜，鱼虾很少上桌，只求可口，不太注意营养搭配，完全按北方人的生活习惯，招待来客也一样。穿衣也不太讲究。有几套毛料中山装只在会见外宾和参加重大政治活动时穿，平时就穿布衣布鞋。衣服破了，补了再穿，轻易舍不得扔掉。

曹力如的牺牲让人惋惜

现在回忆起西北局时期的人和事，还有一个人让人觉得特别惋惜，他就是西北局副秘书长曹力如同志。1949年冬天，正当曹力如同志奉命去新疆协助王震同志担任政府主要领导的时候，一场意外的车祸夺去了他的生命。这个噩耗在西北广大干部和人民中引起了强烈的震动。人们惋惜党失去了一个忠诚的共产主义战士、一个优秀的领导干部。每当回忆起他，心里就充满无尽的感慨。

曹力如是怎么牺牲的呢？西安解放后，曹力如随西北局来到西安，他非常高兴，因为他的警卫员会开车了，就让警卫员开车带着自己还有马文瑞去视察工作，结果路上在西安灞桥发生了事故。当时曹力如受伤比较重，马文瑞轻一点,他们被紧急送到市第四医院①,那是外国人开的医院,比较先进,技术也好,但最终因为伤势过重,曹力如同志还是牺牲了。他在牺牲前还对马文瑞说:马部长,对不起你,让你也受伤了……

现在陕西富平县有个习仲勋陵园,里面有些习仲勋的资料。西北局有这样一个情况,从咱们党的历史来看,西北局由于有"彭高习"事件,习仲勋本人被说成利用小说反党,也就是《刘志丹》小说那件事,所以一些西北局的文献资料是个禁区,这段历史似乎也就成为了真空,没人敢写,但这段历史不能抹杀,所以说你们做的事情很有意义,一定要做好。

---

① 其前身为"西安广仁医院"。

我为西北局种粮食

张振邦

> 张振邦，1917年生，陕西延川人。1944年进入西北局工作，1949年任西北局总务科科长，主管粮食生产，为困难时期西北局的发展作出了突出贡献，后历任陕西省委办公厅副秘书长等职。

编者按 已经92岁高龄的张振邦同志，精神矍铄、思维清晰，回忆起那段西北局的岁月，可以明显感觉到老人心里的那种兴奋与留恋……

我的老家在陕西延川，那里可是个好地方，历史悠久，文化底蕴深厚，素有"文化之乡"的美誉。延川是我们党在陕西活动和建党较早的县份之一，是陕北革命根据地和陕甘宁边区的中心县份，武装斗争、土地改革、民主建设、担架运输、互助生产各项运动搞得红红火火、轰轰烈烈。这里的人民较早接受了革命思想，为革命事业作出了很大的贡献。或许就是从小受到这种民风的熏陶，我走上了革命的道路。

初进西北局

我是在1944年到了西北局，那时候西北局的书记是高岗，虽然早在1941年5月，中央就决定将1939年初成立的中共中央西北工作委员会和陕甘宁边区中央局合并，组成中共中央西北局（当时位于延安城北张崖村），统管西北地区解放区和国民党统治区的工作。但我们当时还是习惯称为陕甘宁边区工委，后来时间不长，中央就决定改组西北局。在我的印象中，我到西北局后的第二年，也就是 1945 年，习仲勋同志就受中央委派，到西北局任书记，高岗则被调到东北主持工作。

我到西北局后不久，西北局就开始频繁地搬迁，先是 1947 年 3 月，中共中央西北局机关撤离延安，转战陕北。1948 年 4 月 21 日，我军收复延安，5 月中旬，西北局机关又迁回延安。延安有个地方叫花石崖砭，在延安南关，转战陕北以前，西北局就在那里，我也在那个地方住，都是土窑，后面盖了个两层的小楼，边上有个厨房，习仲勋等领导同志就在楼上吃饭。

我们那个时候吃饭分大灶、中灶、小灶，大灶是给一般机关工作人员吃的，中灶是科一级干部吃的，小灶就是给习仲勋这些领导同志吃的。当时欧阳钦（中共第八届中央委员、第五届全国人大常委会委员、第五届全国政协副主席）是秘书长，南方人；行政处长袁福清（原湖南省人民政府副省长），是长征来的老干部；副处长刘文玉，是陕北人，他们这些同志吃小灶。其实不论大灶、中灶、小灶，吃的都是米面，只是小灶做得细一点而已。1949 年 6 月 14 日，西北局从延安迁到了西安，当时办公地址在西安建国路雍村。

种粮是个大问题

在刚到陕甘宁边区的时候，当时最普遍的问题就是粮食短缺，大家都吃不饱肚子。那时的陕甘宁边区是生产力较为落后、经济比较贫穷的地区，加上边区自卫战争爆发，国民党反动派加强了对边区的封锁，根据地内进入了严重的经济困难时期。

从 1939 年开始，延安就处于最困难的时期。由于日寇的进攻、国民党的封锁包围和自然灾害，陕甘宁边区政府和党中央机关、军队的吃饭穿衣等财政问题陷入了前所未有的困境之中。当时，国民党不仅撕毁了国共两党达成的诸多协议，而且还停发了对八路军、新四军的一切供给，扣押了海外华侨捐赠给延安的一切物资，特别是严令禁止把布匹、粮食、食盐和医药用品运入延安，对边区实行了严密的大封锁。这个时候中央审时度势，把财经政策及时由"争取外援，休养民力"调整为"生产自给"。1938年12月，中共中央第一次向根据地军民发出"广泛开展生产运动""保证各个地区物资供应的自给自足"的指示。1939年2月，党中央和陕甘宁边区政府在延安召开了生产动员大会，毛泽东在大会上号召大家"自己动手，自力更生，艰苦奋斗，克服困难"，大力开展生产运动。

在这样的大背景下，我进入了西北局，从那以后一直管生产，担任总务科科长。

那个时候生活比较艰苦，不论普通人还是领导干部都住土窑洞，两个人一间，办公休息都在那里，但经过一段时间的努力，我们的工作还是让习仲勋书记很满意，因为后来大家都吃上米了，这在当时是非常好的伙食。

因为我管后勤保障，因此认识了第三五九旅旅长王震同志。1941年，当时王震旅长带领三五九旅在南泥湾开荒，后来我到西北局担任总务科科长后，他给我打电话，说你来吧，给你地，你来种。当时他们开垦了很多地，都给我们种。王震同志是西北局委员，那时在整个陕北都很有名，大家私下里都叫他"王胡子"（笑）。因为王震同志凡受领作战或建设任务后，必蓄胡留须，不达之不净面。毛泽东、朱德、彭德怀、贺龙等戏称他为"王胡子"。

其实一提起南泥湾，好多人都很熟悉，但当时为什么让我们的正规部队去南泥湾垦荒种田呢？

抗日战争时期，根据地出现了严重的经济困难。而中国工农红军经过二万五千里长征胜利到达陕北，党中央把抗日战争的大本营放到了延安，陕北黄土高原土地贫瘠，人烟稀少，老百姓难以生存，更何况在国民党重重的封锁下，怎样使中国人民的革命力量得以生存和发展壮大呢？为了打破国民党对陕甘宁边区的经济封锁，克服部队供应困难，党中央毛主席发出"自己动手，丰衣足食"的号召，王震将军领导的第三五九旅开赴南泥湾屯垦开荒，边区人民开展了轰轰烈烈的大生产运动，最终解决了吃饭问题，为革命事业的发展作出了不可磨灭的贡献。

1942年，毛泽东在延安接见第三五九旅干部王震（前排右二）、王恩茂（前排左二）、张仲瀚（后排右四）、曾涤（前排左一）等

从1940年底开始，第三五九旅进驻南泥湾，开展大生产运动，实行生产自给，减轻人民负担。在1941年到1943年期间，第三五九旅每年上交给边区政府1万石公粮。在大生产运动中，他们不仅坚持以农为主，还全面发展，先后开办纺织、皮革、造纸工厂13个，成立盐业、土产、运输等公司，开办饭店、商店、军人合作社和各种加工小作坊等，形成军民兼顾、公私兼顾、多层次的生产经营形式。在1942年2月中共西北局高级干部会议上，第三五九旅被誉为边区大生产运动的一面旗帜，毛泽东主席题词赞誉第三五九旅是"发展经济的前锋"。

在大生产运动中，第三五九旅同时开展了大规模的练兵运动，并在1943年春播后开展了整风运动，保障和推动了练兵、生产各方面任务的完成。

回忆习仲勋书记

我在西北局的时候,整个机关的作风非常严谨,谈工作、谈正事可以,谈闲话不行,这些习惯和作风都是习仲勋书记以身作则给我们养成的。直到现在,我还一直和身边的年轻人说,习仲勋同志在工作生活方面,他那坚定的党性、艰苦朴素的生活作风和平易近人的工作作风,在各级党政干部和群众中留下了深刻的印象。在人们的印象中,这位当时只有30多岁的年轻书记不仅思想、政策水平高,而且在工作中既讲原则性,又有灵活性,遇事善于调查研究,能虚心听取并接受别人的意见和建议,集思广益,正确决断,他的这种工作作风和方法永远值得我们学习。

习仲勋同志在西北局起的作用非常大,红军长征到达延安后,当时书记就是高岗,关中、西安工委书记就是习仲勋,后来习仲勋同志担任西北局书记,主持西北局工作,不但为西北地区的发展作出了很大的贡献,而且当时还为全国工作的开展提供了许多可借鉴的经验。

在解放战争和新中国建立后恢复国民经济时期的西北局工作中,习仲勋书记重视马列主义、毛泽东思想的学习,善于从实际出发,把中央的路线、方针和政策与西北实际相结合,进行了一系列卓有成效的工作。一是在土地的改革中,习仲勋给西北局和党中央写的关于陕甘宁边区老解放区的土地改革报告,提出区别老区、半老区、新区不同情况制定政策和纠正"左"的偏向的意见,及一系列克服极左情绪的建议,均受到毛主席的重视;二是按照毛主席要求陕甘宁边区"作一个样子,给全国看,成为全国的一个样板",由此来"推动全国民主化"的指示精神,习仲勋书记和西北局坚决进行民主政权建设;三是采取正确的政策和策略,在西北少数民族地区开展了富有成效的剿匪反霸斗争;四是为迎接西北解放准备了大批干部,这曾是西北局压倒一切的大事。由于西北形势发展的速度很快,急需大批好干部充实到革命队伍中去,西北局采取派

2009年4月4日，张振邦同志为本书题词

能力强、威望高的同志担任省级领导，大力提高在职干部思想业务水平，培养提拔青年知识分子干部，变军队为工作队，加强新区党的建设，坚持为人民服务、群众路线和实事求是的宗旨教育等一系列措施，为西北革命输送了大批干部，习仲勋同志和西北局其他干部为大西北的革命胜利作出了较大贡献。

另外，习仲勋书记不但工作做得好，而且在生活上也非常平易近人，很关心我们。当时在西北局，我们同事之间关系好得很，我当时爱打篮球，我们住的窑洞下面有个球场，业余时间同事就一起打打球，这是一；二就是爱打麻将，当时习仲勋书记经常在楼上喊："张振邦！"我喊："干啥？""上来打麻将。""好！"这就很高兴地去了。从来不觉得因为他是领导就很拘谨，没有这样的感觉。有时候在休息时间，我就去看习仲勋和老战友娱乐一番。娱乐时，眼疾手快的习仲勋常常在已经打出的牌里偷摸出一张来，大声喊道："和了！"其他几位因为眼神不好，居然不知有诈，表现出领导们童真的一面。

那时候，我们工作之余的娱乐活动还是挺多的，大家都会跳舞，男女老少都会，到周末，西北局里有个小楼，大家就在那里跳舞，谁都可以跳，习仲勋书记也爱跳，而且跳得很好、很美，他也经常招呼我们去跳舞。习书记每周六晚跳一次舞，长期坚持，一为健身，另外当时许多中央领导人都喜欢参加这个活动，舞场又成了一个聚会场所。所以说习仲勋对群众对干部关心爱护，与群众关系实在是好得很。

习仲勋书记那种善于掌握党的政策，既有革命魄力又能谨慎从事的优良工作作风，以及善于团结干部，遇事谦逊，对外来知识分子干部加倍爱护的优良品质，得到许多同志的高度赞扬。当时他作为西北野战军的副政委，对彭德怀格外尊重。他们两人亲密无间，大事都能很自然地取得一致的意见，所以在军事斗争上取得了辉煌胜利，受到党中央的高度赞扬。

（本文采访后记：在这次采访临近结束之际，张振邦老人欣然为我们题词。他说：现在省委干部里活着的人，年龄最大的就是我，再没有第二个，女同志还有个原来的妇女主任，比我大一岁，她93，我92，我们这些老人，对你们能够来挖掘这段历史，并能够保存下来，都非常高兴，也非常欣慰，希望能早日看到你们的书出版……）

贴身跟随习老整八载

孙炳文

> 孙炳文,山西沁源人,1925年出生,1937年7月参加红军,1938年到延安,曾担任青年队长。在1944年到1952年期间,担任习仲勋的警卫员。

编者按 孙炳文老人是习仲勋同志在西北局工作期间的警卫员。通过对他的采访,我们近距离地了解到当时习仲勋同志在西北局期间的工作和生活,这段经历为后人了解那个年代的人和事,都有着十分重要的作用。

难忘延安,难忘南泥湾

我老家在山西沁源县,属于晋中南。我今年有86岁了,1937年9月从山西来到延安参加革命,差俩月就是老红军了。刚参加革命时我才13岁,还是个娃,在临汾当宣传员,因为个子小,出门工作时人家就把我抱到马上,休息时就抱下来(笑)。后来有人叫我去延安,当时我还不愿意去,因为我就想留在部队搞宣传。那人就说:"你去吧,去了能见到毛主席、朱总司令。""哦?能见到毛主席和朱总司令,那我肯定要去。"于是就这样来到了延安。

到延安后,我先是在延安抗大[①]宣传处工作,后来从抗大转到敌人后方,进入晋察冀军区,到了河北易县、唐山。在那里我又到了部队上工作,我所在的那支部队曾经是杨虎城的部队,电影《狼牙山五壮士》里那次仗就是我们打的,

---

[①] 抗大,全称中国人民抗日军事政治大学,1936年6月在陕北瓦窑堡成立,当时叫"中国人民抗日红军大学"。1937年国共双方确立了二次合作的方针,抗日红军大学迁往延安并更名为"中国人民抗日军事政治大学"。

后来我还随部队参加了"百团大战"。因为从小就参加了部队，也就没上过学，认识不了几个字，所以就一直要求自己加强学习。1943年，我再次到了延安，当时西北局组织部把我们几个选进去，先是到了南泥湾，后来才到了西北局。那时的西北局高岗是主要领导。

刚到西北局时，正好碰上国民党顽固派掀起三次反共高潮，对陕甘宁边区进行军事包围和经济封锁，边区财政经济面临着极其严重的困难，几乎没有衣服鞋袜，没有食用油和蔬菜，粮食也很困难。记得当时面对这些困难，毛主席有一段很精彩的论述：我们是饿死呢？解散呢？还是自己动手呢？饿死是没有一个人赞成的，解散也是没有一个人赞成的，还是自己动手吧——这就是我们的回答。

当时在党中央、西北局和边区政府的领导下，陕甘宁边区的军民开展了轰轰烈烈的大生产运动。从毛主席、朱总司令等中央领导同志到每一个干部、战士，人人开荒种地，个个纺线种菜，各条战线的劳动英雄和模范工作者层出不穷。

1943年初，党中央、毛主席号召：当年要达到丰衣足食。这一号召得到了边区军民的积极响应，边区各系统迅速掀起了生产竞赛热潮。到1943年底，边区实现粮食自给有余；边区工业也得到很大发展，鞋袜、肥皂、牙刷等各种日用品基本自给。边区军民度过了物质上最困难的岁月，粉碎了国民党的经济封锁，使边区更加巩固，同时对全国各个抗日根据地的生产建设也起到了示范和推动作用。

和毛主席的两次相遇

我跟随习老，作为他的警卫员和他在枣园住着。有一次，我竟然看到了毛主席，于是就赶紧敬礼。毛主席看见了我，问道："小鬼，你叫啥名字啊？""我叫孙炳文。""哪里人？""山西沁源人。"毛主席说："噢，你是沁源人，沁源是英雄的城市，英雄的人民。"当时能够亲眼见到毛主席，还和毛主席说话，心里真是非常高兴。

在习老调去北京后的第二年还是第三年，有些记不清楚了，我去北京看望习老。当时有个摄影科科长，让我在北京照几张相片留作纪念。我说我没这条件，照了相还得冲洗。那个摄影科长人很好，他就说："你去照，你把照好了的胶卷给我，我来给你冲洗。"后来，等我去送那个胶卷时，再次碰到了毛主席，毛主席老远就看见我说："咦，孙炳文，山西沁源人。"我连忙对主席说："这都好多年了，您还记着我？""我咋不记得呢，小鬼。"这两次和主席的相遇，让我终生难忘。

怀念敬爱的习老

1945年日本投降后，我就跟着习老。从1945年一直到1952年，贴身跟了8年。老西北局解散后就没跟到北京去。"文化大革命"后习老到广东主政，后来又到中央工作，1989年来了西安一趟，当时晚上儿子带着我去见的习老，就在人民大厦。习老和齐心同志都见到了，我感到非常的激动。

记得1947年，胡宗南进攻延安，我们成立了第一野战军，彭德怀同志是司令员兼政委，习老是副政委，在他们的带领下，我们用了一年时间，在1948年收复了延安。在这个过程中有两件事给我留下的印象最深刻。

一是打蟠龙战役。当时已经打了好几天，敌人一直在最高的山上，我们就是攻不上去。不断有敌人的飞机在天上飞，不停地转圈，抛下炸弹落在我身边。我就拿起机枪朝天上使劲地打，结果还真就用这个机枪把飞机给打下来了，后来部队给我记了一功。现在想想，那时真是不容易。

那时候，留在家里边的就四个人，习老回来待十几二十分钟就急急忙忙走了，走的时候都不告诉我们，一会儿一趟，我这个警卫员都不知道。于是，我就靠到门上守着，因为几天几夜没睡觉就老打瞌睡。习老出去的时候也不忍心叫我，回来时就把我踹起来（笑）。习老真不容易啊！打一次仗，他就能几天不睡觉，这种精神一直让我很感动。

再一个就是整风运动和土改。我到了西北局后正好开始整风运动，那时"左"

倾很厉害，毛主席就把习老调到绥德地委。土地改革的时候，也是"左"得厉害。贫下中农是团结的，是咱们的人，但当时对中农也收拾。在杨家沟、米脂那边开土地改革会议，习老又提出：中农也是咱们一家的，都讲贫下中农嘛，如果中农家的东西也要拿出来分，那是不对的。毛主席听到习老的汇报后，就下达指示：富农地主打倒扫地出门，但中农是我们的团结对象。后来因为习老搞土改搞得好，毛主席还给习老专门写了个条幅，上面写着"执行政策的模范"，交给习老后还是由我带回去的。

工作中的习老特别敬业，他可以一整天坐到那里一动不动地工作，也不活动一下身体。后来我专门弄了乒乓球拍子，到了中午我就说休息休息，他就在外面跟那个秘书打乒乓球。不活动身体不行啊！记得有一次，习老病了，但还要骑马赶路。于是，我就怀里抱个表，不停地看时间。到时间了，我就让习老赶快吃药。他要是不吃，我就硬给他吃（笑）。

收复延安后我想去学习，习老说你不要去。我说，我现在看书有好多字看不懂，我就到延安中学，你啥时需要我，我啥时回来。后来学习了不到一个月，专门给他喂马的马兵，到我那里去叫我。原来是要召开七届二中全会，习老要到西柏坡开会去，要带我一起去。那时我们坐着汽车路过山西平遥时，我激动地说："那就是我的家，就在那个山头上，上去就是我的家。"自从来到部队，这么多年还没回过家。当时和我们在一起的贺龙老总说："那好那好，回来的时候你回家里看看。"我心里既兴奋又感动。在西柏坡开完会，先到石家庄又到了天津，天津市委书记给了一些广播用的大喇叭，还派了一辆大卡车。因为要送这批货物回西北局，我家就回不去了，说是要等这批物资送回延安后再回家。没想到，回到延安以后的第二天，人家就叫我回家看看，还派了马兵送我回家。我骑着人家的骡子从延安一直到了山西平遥，走了两天多。快到家时我和送我的马兵说："你不要再送了，翻过那座山就到了。"我就那样回到了家。到家后，家里人给我在老家找了个对象，说是因为我出去后十几年，甚至几十年都不回家，在家里找了对象，就能经常回家了。于是我就和老伴在家结了婚，结完婚后,1949年6月西安已经解放了,我没有再去延安,直接就到了西安雍村。有一次,我碰到了彭老总,他说:"你不要在这里,到兰州去,那里有部队,你到那里学习去。"我说,我家里人在这里,还有娃。他说,那就算了。

习老的教导伴随我一生

习老对下属无论是工作上还是生活上都很关心,但熟人想走后门找他办事情就不行。习老对群众也是一视同仁。在西安建国路雍村的时候,西北文工团的一些娃到西北局看他,他站起来说"我给群众倒水",他自己拿着暖瓶一杯一杯地倒,真的没有一点领导架子,特别平易近人,这也给我留下了深刻的印象。

平时人家问有啥事情需要帮助解决没有,我都说没有,能过去就行了,从来没有第二句话。那时我脑子里面只有一句话:不为名,不为利,全心全意为人民。这是刘少奇同志写的《论共产党员的修养》里面提到的,这个一直在我脑子里记着,所以一直到现在想让我为自己、为名利,那不可能。1952年西北局撤销后,当时主管人事的李万春问我给我定多少级的工资,我说你看吧。后来我了解了一下,像我们这样的最低是定为18级,我就问18级是多少钱?李万春告诉我说是92元。我说那你就给我定成18级就行了。后来知道我参加工作早,特殊给了100块钱照顾家里,那100块钱我也没要。从铜川到

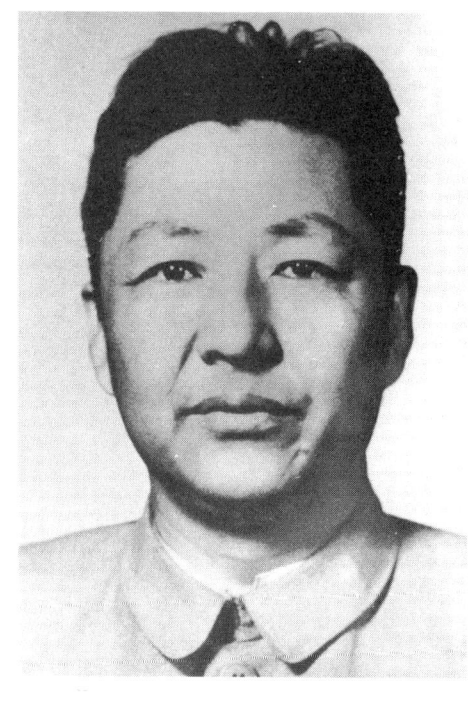

1949年6月,新的中共中央西北局组成,习仲勋同志任第三书记

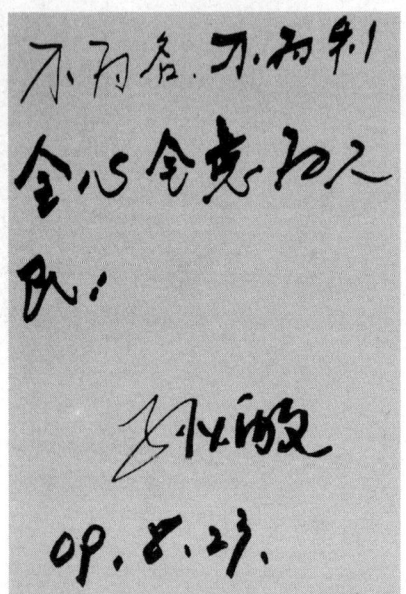

2009年8月23日，孙炳文同志为本书题词

西安一直都是18级，我就是靠一月90多块钱的工资养活了9口人，我有3个老人，4个孩子。

1954年西北局撤销，原来是供给制嘛，后来实行新政策，老伴一个人的工资养活不了这些娃，我就到宝鸡工作了两年，在宝鸡就是搞劳改一直到现在，又到铜川工作了20多年，1981年马文瑞把我调回西安来了，一直到现在退休在家。

西北局这段日子给我留下的印象一辈子都忘不了，尤其是跟随习老这8年的时间更是我最为自豪的经历。

西北局——我一生美好的记忆
邵继尧

> 邵继尧，1927年生，辽宁省西丰市人。1947年至1949年初参加辽吉军区一分区、北岳军区三分区城工部地下组织工作，其间加入中国共产党。北京解放初进入华北大学学习，结业后由中央组织部成立"西北干部大队"派往西安参加西北五省区的民主改革及建设。之后，被派到西北局政策研究室做研究工作。1954年12月西北局撤销后一直在西北大学任教，并被日本京都大学等国外高校聘为客座教授。

编者按 在西安采访过程中，邵继尧教授及其爱人陪着我们亲自去采访每一位老同志，甚至不怕麻烦提前探好路，为的只是让我们的采访更顺利一些。面对老人的无私奉献，我们无法懈怠，只有尽力把这本书做好，以此，也仅以此才能对得起他们的一片热心。

回想我的人生道路，是十分曲折的，有过幸福也受过苦难，但总体感觉还是很满足，尤其在西北局工作的那段时期，可以说是我人生中最快乐、最充实的几年，领导的关怀、同事的帮助令我难忘，以至于现在回想起来，我还是沉浸在那段美好回忆之中。

紧张压抑的学生时代

我祖籍山东，父辈把全家迁到了东北，我先后在东北上的小学、中学和大学，那都是在日本统治时期。后来抗日战争胜利，国民党接收了东北地区，派了大量的人去管理东北。当时国民党把派去东北的人称为接收大员，但我给他改成"劫收大员"，原因就是他们到了之后就开始抢劫，一抢洋楼，二抢美女，三抢金条。所以我就说，"劫收大员"搞"三抢"。

当时对他们这样的举动我非常不理解，心想，你怎么能这样对待老百姓呢？他们已经受了日本 14 年的苦了，你来了以后搞这个，大家都非常反感。国民党的军队刚到沈阳时，我们都拿着自己的棉毯、棉衣给伤病员盖上，那时真是感觉国家强盛了、解放了。但最后却让我感觉，刚赶走了一群狼，又来了一只虎。这样的经历也促使我后来义无反顾地加入了共产党。1947 年，我开始从事党的地下工作。

到了 1948 年，张学良建起来的东北大学，要迁到北平。当时国民党采取高压统治，在大学里搞了个冬令营，要求全校的学生都得参加，其实就是用来教育学生要听国民党话的组织。后来有学生就想要逃出去，结果被国民党的一个叫楚溪春的官员知道了，他咬牙切齿地说：我把你们连根除掉。他宣布，第一步抓，第二步关，第三步杀，这就是所谓的连根除掉。因为这个连根带的原因，学生们都反对迁校运动。得知这一情况，我马上给我的直接上级负责同志，辽吉军区第一军分区城工部部长倪学员汇报。

我给城工部长汇报后，他让我马上回沈阳，回去之后传达他的指示，指示内容就一句话：他们迁校迁到哪里，你们就跟着斗到哪里。传达之后，我就到了北平。到北平后，我的新任领导是三分区城工部部长冯培之，那个时候我白天在学校看书，晚上搞地下活动，整个人的状态都非常紧张。

最近电视上演的电视剧《战北平》，不知你们看了没有，我看了以后非常感动，看到一些场景都会掉眼泪，因为斗争确实很激烈，其中一条战线就是地下人员的工作，其实当时地下党的力量已经很强了。

总之，说起在日本统治时期和后来的国民党统治时期，给我留下的感觉就是非常压抑，也正因为之前压抑的人生经历，才有了我后来的和敌人的斗争。

西北局工作的愉快时光

记得1949年2月3日,北平解放后,东北大学迁回了沈阳,本来沈阳非常希望我回去,但因为北京这边还有一些事情要处理,后来我就到了华北大学,给学生讲讲课。这时候,西北局来动员学生去西北工作,就到华北大学要人,最后把从三个学校要来的2100多人组成一个西北干部大队,1949年夏天离开北平,开始往西安走。

这支队伍共分为三个大队,第一大队大队长是何载同志,第二大队大队长是崔光同志,第三大队大队长是蒋锡白同志,当时我担任第三大队第二中队的指导员,就这样作为一个学校干部护送学生到西北局来了。到西安以后组织不让我走,当时我也想:反正这里有事情让我干就行。后来正好成立一个回民大队,就让我和他们说说话、一起生活,也顺便指导他们一下。再后来分配工作,我被分到西北局政策研究室,当时政策研究室分三块,一个是农村组,这块比较大;我在城市组,比较小一些;再一个是资料室。黄植同志担任政策研究室主任。说实话,那时还不知道什么叫西北局,后来才听他们讲这是领导机关。

自从到西北局之后,我就感觉像变了一个人。前面那段紧张压抑的日子过去了,在西北局工作的这段时间,真是欢天喜地。到了西北局以后,好像是天也亮了、宽了,心情也舒畅了。可能原因就在

1949年邵继尧在雍村坡下

于周围的同事还有领导都特别好，无论习仲勋书记、黄植主任这些领导也好，还是其他的同事也好，大家都非常和善，都有一个共同的理想，就是努力工作，为祖国作贡献。那段日子很单纯，因此我也过得很愉快。在这样的环境下，你说我心情能不舒畅吗？累死也行啊，士为知己者死嘛。

回忆敬爱的习老

习老这个人非常实在，对部下非常关爱，对他的警卫员还有勤务员也特别关心，对普通老百姓那就更不用说了。我记得曾经有这么一件事情。

习老有早上听广播的习惯。有一次他在广播里听到一个17岁的孩子要被枪毙的新闻，就马上告诉他的秘书张志功，说：去，把马锡五给我请来。马锡五时任西北五省最高人民法院院长。马被叫来后，习老问刚听的广播是怎么回事，然后对马锡五说，他犯的什么法啊？17岁你们就枪毙，这个情况要落实，这不是小事，是人命啊！最后查清事实后这孩子得救了。通过这件事情不难看出，习老非常敏锐，他对事件总是非常关注，面对一个孩子，该不该被绳之以法，甚至于杀头，他都必须搞清楚。

习老对民情一直都非常关心。有一次，习老没带警卫员，自己出来想到周围转一转，因为他住在雍村，所以就走到了雍村南面的城墙下。河南逃荒来的难民在城墙根底下挖了一些洞，他看到这些难民之后心情非常难受。当时警卫员着急了，书记不见了，这还了得，结果找到他的时候，他正蹲在那里了解难民的情况呢。

所以我说，习老是个民官，这个民官也有人叫作"服务员"，服务员也好，民官也好，总之习老是一个非常可敬的领导。

在西北局的时候，每个礼拜六会组织舞会，或看一场电影，这就是我们那个时候的文化生活的全部内容。组织舞会的时候，每次习老都很热情，当时我还有点想不明白，书记怎么那么爱跳舞呢？有几次我就到那舞会现场去了，发现习老是男女老少一律都跳，而且来者不拒，一边跳舞一边讲。这时我才明白，原来看上去是跳舞,实际是了解下情、微服私访啊,这种以跳舞的形式来进行私访,也使我很受感动和教育。

习老对干部一方面要求很严,一方面也很尊重下面干部的想法。有一次派我到工厂进行调研,我到现在宝鸡附近的蔡家坡纺织厂。纺织厂的党委书记、厂长都出面接待,问我有什么要求。我说要求就是:第一,我是到这里学习来了;第二,不要说我是西北局的。就这两条,请你们协助。他们说那没问题,我就跑到底下去了,各个车间、科室都去。我跟工人交朋友,了解他们的情况,同时也是在向他们学习。后来我就根据了解到的一些基本情况写了调研报告。报告出来后,黄植主任说这个报告很好,要送到习书记那里去。习书记看完后,就叫来秘书张志功说,你找一下,看这报告是谁写的。当时我跟黄植主任还有另外两个同志正打克郎球呢,那在当时是我们最喜欢的娱乐了,因为我们不会跳舞。这时张志功就找来了,问谁写的那篇报告,黄植主任拿着杆子指着我说,找老邵。到习老那里去之后,习老指着报告中一处

1949年2月19日,西北局政策研究室同志合影

地方问我，这个地方好像有点没太讲清楚啊。我看了后就说：还可以啊，是不是不要动了吧。结果习书记又看了几遍后就采纳了我的意见，后来这篇调研报告还上报中共中央，又由中央发到全国各地，报告名字就是《西北局关于工业企业民主改革的意见》。当时报告正式发出后，我就有很大的满足感，倒不是因为这个报告发到了中央，而是我感觉这么小的事情，习老都认认真真地看，看出来有点含糊的地方，就马上找我核实。按常理说他那么大的领导，反正是西北局下边写的，应该不会关心这么点小事。结果让我非常感动，在这样的领导下面工作确实很快乐，对我而言，那是一个极大的鼓励。

我觉得西北局包括习老在内的这些领导同志，一个最大的特点就是稳，稳不稳是第一位的事情，毛毛躁躁确实不行。因为当时西北的情况特别的复杂，民族问题、工商业企业、资本家等等各种问题，特别是民族问题，习老做了大量的工作，也取得了显著的成绩。

刚开始的时候，我对习老在民族问题上的一些做法还不是很理解。记得班禅额尔德尼到北京去开会，途经西安要停下，习老就让西北局有关部门去迎接班禅额尔德尼，而且就住在西北局的院子里头。我当时就想，习老为啥这么重视呢？后来我才明白，习老认为民族团结工作问题十分重要，这民族问题是上层的统战工作，需要区别对待，不是所有的民族问题都一样。像马鸿逵、马步芳，这些一再争取做工作都不行的顽固分子，极端反动的对象，习老从来不含糊，也不手软，但对于有争取过来希望的，他总是尽力争取。青海有个部落头目，叫项谦，习老对他是抓了放，放了抓，好几次，但还是要争取他，最终成功争取过来，影响面非常大。后来习老在中央分管过统战工作，功绩很大，能正确地理解和认识整个大局，使我非常受教育。

习老关爱干部，深入群众。张治中是国民党的干部，最后和习老成为了好朋友。习老受冤枉的时候，张治中每年都要去看他，给他拜年。不光有张治中，还有好多人，国民党的上层人物都和他交流。所以我觉得习老的胸怀很宽广。

怀念西北局其他领导同志

我在西北局政策研究室城市组工作的时候,工作还是非常繁重的,基本上与城市相关的内容都在我们工作范围之内,像税收问题呀、工商业企业改造问题呀等等,工作压力很大,作息时间也不规律,再加上生活条件有限,所以我就得了胃病,其他时间还好些,一到夏天就特别厉害。我记得有一次开会的时候,人多天热,因为那会儿也没有空调,就拿风扇吹,但根本就不管用,结果不到二十分钟,我就觉得胃特别不舒服,想吐。那时候,浦安修同志,就是彭德怀彭总的夫人,在我们这边临时负责组织调查组的工作,她看到我的情况后马上找人送我去医院。但那时要车不

彭德怀和夫人浦安修在延安枣园

方便，正好彭总到桃园打仗去了，于是她就安排了一下，把彭总的车开来了，把我送到中心医院，现在叫二院，后来就把胃病治好了。

浦安修同志人好，对我们小年轻非常关爱，她对彭总也特别关心。我记得有这么一件事，习老到国务院当副总理不久，刚好彭总从朝鲜战场回来向毛主席汇报工作，习老利用休息时间就把浦安修叫去了，让她马上顺便搭乘去北京的飞机。习老安排的时候我们当然知道，我当时还在想这恐怕有什么急事吧。后来才知道这是习老专门安排的，想让彭总和浦安修尽快见面。结果去了后，彭总一见面就问："你怎么来了？"浦安修说："习书记说有要事我就过来了。"彭总说："你给我回去。"就这样浦安修就马上又回到了西安。当时我还纳闷：这刚去怎么就又回来了。后来知道这件事的过程后，我就觉得，一是习老对同事很关心，想得很细；再一个就是浦安修作为一个大学的高材生，人特别善良，特别优秀，特别善解人意。

在西北局期间，还有一个人对我影响很大，帮助也很大，那就是政策研究室主任黄植。黄老是用工作、用压力促进我成长，我确实应该感谢他。有时我对小伍（黄植同志儿子）说：你爸这个人特别重情，对待下属就跟自己的亲人一样，我有好多导师，但影响最深的导师是你爸，他对我是全面的教育，不仅是给我这点本事，而且教育我如何做人。

这些老干部确实很关爱下属，让我深受感动。西北局撤销之前，黄老他们要回北京，这时因为我被打成敌对势力在中国的特务而正接受审查，黄老就找我，对我说："老邵，大区撤销了你也知道，我们先回北京了，你呢，还有点事，配合他们弄清楚，也回北京，我们等你。"这是原话，这在当时是对我很大的信任，他不相信我是大特务，不相信才说这种话呀！他说让我配合他们。当然，那个时候我还不知道究竟是怎么回事呢，只知道干工作。

我到现在还始终认为，黄老在西北局政策研究室这个岗位上贡献很大，我个人对他的评价就是：他是西北局的眼睛！

"文革"期间的坎坷和收获

习老很坚强，"文革"期间，习老是受了很大冤屈的，但他十分注意锻炼身体。

他说：一个人如果没有好的身体，就难以做好工作，生活也不幸福。下放洛阳拖拉机厂期间，他每天早晚两次坚持徒步走几十里路。后来，西安造反派把习书记从洛阳揪到西安批斗，当时习老被关在一个不到十平方米的小房子里，那时他也没什么事情可做，就在房间里散步，正着走一万步，退着再走一万步，每天如此。习老被抓到西北大学的时候，我还被关在牛棚里头，凡是习老在的地方我都躲得远远的，为什么呢？我生怕有人把我是"外国的大特务"这个大帽子再牵涉到习老身上。因为我曾经在习老手下做事，我心里很单纯的想法就是：要因为我，再让习老受难……哎呀，当时真是不敢再往下想。所以那个时候，把我怎么样我倒无所谓了，关键习老怎么办？那时非常紧张，就跟过去搞地下工作一样，非常紧张，最后习老很坚强，挺过来了，被彻底平反了。

我当时的处境非常艰难，可我也有收获：当时大区撤销后成立了一个审查班子，先后有西北五省200多人接受审查。当时在政法干校接受审查，让我们学习，说你们自己成立个组织吧，你们有西北局的，我们也不好给你们讲课。后来成立理论研究组，还让我当组长，先自己交代问题，但确实没有什么问题可交代的。后来他们就硬给你安一个罪名，当时给我扣了个大帽子，说我是日本籍的美国大特务，我的上级就是陆克楠。后来这个"美国大特务"的帽子一直戴了26年。

审查快结束的时候，他们就随便整理了个结果上报。因为我属于"问题很大的人"，就报到赵守一同志那里，他是西北局宣传部的处长，后来到中共中央宣传部当常务副部长，也当过省委书记。结果他看了材料后觉得不对路，材料不充分，就让他们再复查。复查以后，我就挂在西北大学，当时给的理由还说得很好听："你到西北大学去，老干部很多都在那里，把你捎上就行了。"我听后觉得也有道理，就这样去了西北大学。

我是经历了些坎坷，但这20多年里我也得到了一些东西，我已经很满足了。审查我20多年，我应该难过，但难过只是一方面，在这期间我也不是什么都没做，也得到了很多。

在接受审查期间，我什么都干过。磨过豆腐，还自己酿造过酱油。那时候属于困难时期，就让我磨豆腐，结果磨出来的豆腐是西安市评比第一名。原来的西北大学豆腐房水平不行，西安交大是第一，但最后我还是超过交大了。当时我有好多办法，都是自己想出来的。豆子磨了以后有下脚料，我就自己尝试着做酱油，结果做成功了。当时西北大学一个处长尝了我生产出来的酱油觉得很香，还叫我赶紧多生产。在这期间，我还做了一个豆腐制品的快速鉴定仪，当时不懂技术，也没钱，我就找西北大学化验室的几个懂技术的人，向他们说了一下我的想法，然后他们就用旧的设备给我做了一个快速鉴定仪，鉴定的时候往豆腐里一放，含水量就出来了。此外，下脚料里面有些东西养猪很好，我就搞起了养猪场，成了养猪倌。豆腐渣、下脚料出来之后喂猪，猪吃得也蛮香，都很肥。那时候买肉，不是买瘦肉而是要买肥肉，所以那时西北大学生产的猪肉大家都很欢迎。

刚接受审查的头两年，心里确实想不明白，很苦恼，但后面这 24 年就其乐无穷了，现在我也没有什么怨言，那些老领导、老同志、领袖们都受过那种冤枉，咱算个啥。所以我很满足。这是 26 年的审查给我的最大财富。

我是 1956 年到西北大学，一直到 1980 年 5 月 14 日，给我彻底平反。平反后，暑假就到北京去了，一见到冯培之部长，他就对我说："啊呀，你来，你来得正好，我这里两个部合到一起了，需要干部呢，缺几个部门的人选，你考虑一下。"当时我就蒙了，这是怎么回事啊，丈二和尚摸不着头脑。冯部长说，你的那些事我都清楚，你回来，你爱人、孩子，全家都回北京，我这里确实急需干部，你尽快考虑告诉我，我马上发调令。我说，冯部长，我很感激您对我的信任，可我来京找您不是这个意思，我就是想看看您，您当年也对我很关照，我爱人还在西安，我和她商量一下。回来后，跟老伴商量，虽然从内心来讲，我是多么愿意到我的老领导身边工作呀！可后来考虑到孩子的学业问题，而且当时我又准备去日本进行校际之间学术讲学工作，最后的结论是两个字：东渡。所以我就到日本去了，开始去做客座教授。后来在学校校长的帮助下，没到两个礼拜，老伴也到日本了。再后来孩子也都到日本留学，也就都出去了。

1. 2009年4月10日，邵继尧同志和夫人艾力平合影
2. 邵继尧和艾力平同志为本书题词

离休后的日子

我65岁离休，离休以后稍微轻松一点。1985年到日本做客座教授，然后又回来，后来又去日本，做京都大学的外籍研究员。西北大学第一个日语专

业就是我设置的，费了很大的功夫。在大家的协助之下，总算是把这个事情完成了。带出了一批学生，他们也都很努力。我对青年人很喜欢，留日的学生中，有人做了日本大学的校长助理，都很优秀，我也很满足。

我在日本工作了十几年，主要是通过日本的学术环境和条件搞我们的事情，我的主要课题是围绕中国宏观和微观经济的需要搞一些课题，还有一个就是"和谐社会"。"和谐社会"是一个真正好的理念，这个符合中国文化的传统。

这次回来，我觉得咱们做这个事非常好，所以我就希望能在有限的时间里，把西北局的老领导、老同事联系一下，讲一讲，留下一些纪念，因为在世的西北局老同志也不多了，所以这件事情非常有意义。

忆习仲勋书记

马淑芳

马淑芳,原西北局速记处速记员,跟随习仲勋等领导同志参加过多次重要会议,主要负责记录和整理领导的讲话。

编者按 马淑芳同志是我们此次采访中一直想找却迟迟没有找到的一位西北局老同志,后经张克、张玉英夫妇介绍,我们才有幸采访到马老。马淑芳同志作为西北局速记室的一员,主要负责记录和整理领导的讲话,因此她给我们讲述了那个时期习老的主要工作。

西北局在上世纪40年代和50年代初曾设有速记室,有十几名速记员专门为领导讲话作记录,我也是其中一员。当时领导讲话没有成文的稿子,只是简单的提纲,要成文全靠速记员记录整理,因此我也得以经常接触到习仲勋书记等西北局的领导。

习书记擅做统战工作

当时习仲勋同志是西北局第三书记,彭总是负责全面工作的,但侧重西北军政委员会的工作,西北局的主要工作是习书记抓,担子很重。习书记的讲话通俗易懂,生动、实际,大家都爱听,开会时会场很安静,就连受批评的人也心服口服,从县级到省级不管哪一级领导都很信任他,有事都想找他谈,有问题、有困难也找他,他善解人意。那时,西北五省刚刚相继解放,百废待兴。西北地区又是一个多民族地区,宗教、民族问题特别突出,稍有不慎,就会出

问题。习书记善于从实际出发，把中央的方针政策与西北的实际相结合，在土改问题上他提出了许多新观点和建议，比如区别老区、半老区、新区不同情况制定政策和纠正"左"的偏向的意见，得到中央和毛主席的肯定，并转发全国各解放区。

在处理民族问题和团结党外人士问题上，习书记是有特殊贡献的。他强调对民主党派和宗教界的上层人物应坦诚相见，实事求是做深入细致的工作。他把班禅、喜饶嘉措（藏传佛教大师）及民主人士团结得很好。为了班禅工作方便，还在西安建国路五巷给他修了一幢小楼。解放初期青海发生了昂拉叛乱，为了争取有个叫项谦的千户，经过两年七个月的工作，反反复复先后谈判了17次之多，最后项谦终于和平投诚。毛主席赞赏说："仲勋你真厉害，诸葛亮七擒孟获，你比诸葛亮还厉害。"当时传为佳话。刚解放的西北地区能有稳定的局面，与他的工作是分不开的。

1952年9月他调中央宣传部工作，西北五省主要负责人为他送行时，他仍然再三强调一定要注意民族问题，要尊重民主人士，爱护他们，多听取他们的意见。他自己身体力行，正体现了党的统一战线不是有名无实，对张治中就是如此。张治中是西北军政委员会副主席,彭总赴朝后,西北军政委员会的工作由习仲勋同志主持,为了让张有职有权地工作,习经常征求张治中的意见,发挥他的作用,有些重要报告让张去讲,张对习的为人、处事、作风心悦诚服。

工作要求严,生活关心多

另有一个印象就是习书记很会工作,有劳有逸。休息时爱和同志们打克朗球,散步时总和同志们并肩而行,经常能听到他爽朗的笑声。他的工作虽很忙,但仍能把一些小事放在心上。因为工作,我们经常坐他的车去开会作记录。有一次开完会他另有活动,把我

1. 速记员马淑芳(右)和张士英1948年在西北局的合影
2. 西北局第一次发棉衣时,马淑芳(右一)与同事着棉衣合影留念

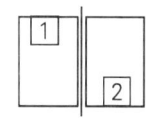

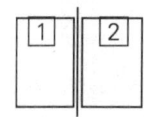

1. 1993年，四代速记员在大雁塔聚会
2. 2003年9月，与齐心同志合影（左起依次为：马淑芳、齐心、马松林）

和另一位速记员随车拉到西五路交际处，为了不影响他工作，我们就步行回机关整理记录去了。我们的工作性质就是白天记录，晚上整理，这样才不影响次日的工作。第二天习书记见到我老远就喊："小马！"我连忙上前问习书记什么事。他说："你们昨晚怎么回来的？"我把情况说了后，他说："我忘了你们记完后还要翻译，实在对不起。"真没想到习书记这点小事都放在心上，他这种关心下级的作风使我久久不能忘怀。

别看习书记言谈中没有一点架子，对工作却很严谨，不允许有一点马虎。我爱人马松林是给西北局常委会作记录的，有一次常委会开会没记录，习书记生

气了,把他叫去狠狠地批评了一顿,会后了解是办公厅工作没安排好,又对马松林说对不起。

1989年习书记来西安时,我和老伴及省委办公厅张秘书长、宣传部周部长去人民大厦看他时,他很热情,谈了很多过去的事,彼此真情难舍,也谈到那次批评的事,他回头对秘书说,你看我也批评他们啦,希望能谅解。最后我们和习书记、齐心同志分别照了相,留下了永久的纪念。

我走过的路
张 克

> 张克，1928年生，陕西延安人。1941年参加革命工作，1941年至1945年在延长县六区合作社边区建设厅会计训练班工作、学习，1945年至1950年调中共中央西北局任生产科、审计科会计，1947年9月加入中国共产党。后历任西北石油管理局财务科科长，西北工程管理总局（军级建制）副处长（副地师级），西安市科协主席，西安市政协第七届、第八届委员会常委，1994年离休。

编者按 对张克同志接近两个半小时的采访，是我们此次西安之行采访时间最长的一次，即便如此，张克同志似乎还是意犹未尽，自始至终兴致很高。谈及西北局时的兴奋与激动，将张克同志对西北局的怀念之情展现无遗。

这次组织编写《在西北局的日子里》是一件好事情，我看其他大区在这方面可能比我们西北局做的都要好一点。西北的老干部好多都已经不在了，像习仲勋、刘志丹、马文瑞、蒋锡白，所以现在就是赶紧通过你们这样的抢救性活动保存下这段历史，这件事很有意义。因为我们不能忘记历史。

现在回忆我在西北局的这段日子，应该说西北局对我的成长有着很大的帮助，我到了西北局才算真正成长起来，因为在这里，我懂得了革命的道理，学习了很多知识，了解了社会，西北局就是我的家！

走上革命道路

我小学毕业后正值党中央在延安发动整风与大生产两大运动，一方面动员干部学习马列主义、整顿党的作风；另一方面发动边区的党、政、军、民、学开展各种生产劳动，解决各自的吃饭穿衣问题。那时我13岁，虽然只是小学毕业，但在当地已经算是有文化的人了。当时延长六区合作社刚成立，急需要人，陕北红军、合作社主任郭玉奎介绍我到六区合作社工作。我刚去时，先做勤杂活，担水扫地、帮着做饭，后来过了几个月，调来一个伤残红军名叫赵生财，由他负责担水做饭，让我帮副主任收钱记账。

1943年，边区政府建设厅在延安宝塔山南边的山沟为各县合作社开办会计训练班，主任派我去学习，学习的内容是改良记账法和珠算。和我一起学习并一直联系较多的同学有王应元（原陕西省物资局局长）、石子珠（原陕西省税务局局长）等。学习班结束后，同学们到东关延属分区办手续，各回原单位。我回到六区合作社担任了总会计。这时边区政府发动群众集资入股，成立了供销社、运盐的骡子队，开了饭铺、农场和粉条作坊。六区合作社还新修了总社门面房，收购棉花，经销土布，年终给群众分红利，一片繁荣景象。王震司令员还亲自视察了我社棉花换棉线的工作。

边区党、政、军、学各单位经过几年的艰苦奋斗，吃饭穿衣问题基本得到解决，逐步实现了"自己动手，丰衣足食"的目标，群众生活有了很大的改善，我也在这个过程中以一个学生身份走上了革命的道路。

调到西北局做会计

1945年日本投降，边区军民欢欣鼓舞，庆祝胜利。同时，大批军政干部被派到东北、华北等地工作，当时我也想往外走，正好中共中央西北局在甘谷驿开商店的赵福民说西北局生产科征调会计，并推荐我去。西北局生产科科长赵新民亲自到合作社了解了我的情况后，发函调我到延安，分配到七里铺运输站当会计。不久，生产科会计张戈调到叶剑英代表我党参加的北平军事调停处执行部去工作，于是我被调到花石砭生产科帮助邵郑兴（原兰空后勤部部长）做会计工作。

那时生产科的主要任务是经营商贸，为机关提供经费及统战费。在延安、三边（编者注：陕西省榆林地区的靖边、安边、定边统称三边）、绥德、山西柳林等地设有商店，定边还有运盐的骆驼队。除此之外，生产科还经常执行一些特殊任务。张家口解放时，组织派梁瑞英队长带运输队去运毛呢布、海产品、长短枪等战利品，还派刘献瑞护送领导干部到邯郸等地。

我们那时出去搞运输，有骡子队、马队甚至是骆驼队，数量很多，经费也比较充足，当时形势很好、发展也很快。边区主要资源就是食盐，在三边那里有个盐池，除了盐也没有别的资源，另外三边还有三大宝：羊皮、羊毛和甘草（中药）。

那时所谓的贸易，就靠自己想办法找人交易，我带着东西到陵丘边界上，不知道该怎么和别人做交易，就问别人是怎么搞的。他们说，你就到山坡底下，把马拴到一边，半山坡上有两个土窑洞，到那里和国民党地方官员做交易。当时国民党那些人都是亡命之徒，他们便衣一穿，拿着枪、子弹就来了，到了半山坡上的窑洞里面，约定好，一手给他所需货物，一手给我枪和子弹，交易完了赶快跑。不然他拿了货物，不给我枪，打我怎么办。当时我也怕，他们也怕，互相都怕。还有好多人跑到黄河边上和国民党的士兵做交易，特别是夏天更方便，手里抱着两个白葫芦，就这样游过黄河去做交易。你们可能说，当时为什么这么干？因为咱们缺乏物资，没有"票子"，自己印一点别人又不认，可仗不能不打，武器等物资不能没有，所以这也是没有办法的办法。

后来生产科各项任务完成得好，1945年春节，秘书长曹力如代表西北局领导在首长餐厅请生产科干部吃饭，给大家敬酒，鼓励我们再接再厉搞好工作，我们深受鼓舞。

在西北局的时候，延安的物质条件很差，但人们精神饱满，朝气蓬勃，文娱体育等各种活动搞得很活跃。各机关都在周末组织篮球赛、排球赛、舞会等活动。西北局小礼堂每周六举办交谊舞会，习仲勋书记、马文瑞部长带头跳舞，刘少奇、朱老总等中央领导也来参加。那时还没有电灯，跳舞时，点的是汽灯，照得也特别亮。机关男女不论年龄大小、职务高低、舞跳得好坏，都积极参加，人很多，也特别热闹。那时，我看到习仲勋书记非常活跃，和这个说说，和那个逗逗，非常平易近人。

撤离延安，转战陕北

1947年初，蒋介石把他的人员收拢起来，分别进攻延安和山东，其中胡宗南23万人进攻延安，时局一下变得非常紧张。3月8日，在南关召开了保卫边区万人动员大会。朱德总司令、周恩来副主席、林伯渠同志都讲了话，并传达了毛主席的指示：抛弃和平观念，准备迎接战争，坚壁清野，不给敌人留下一粒粮食。当时我们主动放弃延安，有好多干部想不通，但后来的结果证明党中央的这个决策是十分英明的。

这个时候习书记就调到前线总指挥部开始组织西北野战军了，当时彭老总是西北野战军的司令员，习书记是政委，他俩配合得很好。虽然叫野战军，但其实没有多少军队，在延安就是一个教导旅，一个新四旅，一个三五八旅，其他的就是警旅，延安有警一旅、警二旅、警三旅，所有这些部队合起来不到2万人。而国民党军队有的说23万，有的说25万，总之最少也是我们的10倍还要多。

3月11日，国民党军董钊、刘戡所部分左右两路同时向延安进攻，教导旅指战员奋起阻击，浴血战斗七天七夜完成了掩护延安机关群众顺利转移的任务。我和薛馥先等几个人在敌人大轰炸后的一个夜晚离开延安，到安塞真武洞去照看那里的物资，到真武洞后停了两天，后面来的人说敌人追得很紧，我们只好又立即动身继续向西走。一天晚上要过一条河，河虽然不大，但陕北的三月，夜晚又黑又冷，小河里结了一层冰，河上也没有桥，靠踩着石头过河，前面的人掉下河了，把水带到石头上，结成了冰，后面的人踩上去又滑到水里。我的鞋袜、裤子全湿透了，结了一层冰，走起路来呼啦呼啦地响。走了一天一夜才撤出来。

这个时候,西北局大部分人都撤到后方的黄河沿岸去了,西北局机关当时撤到了哪里我也不清楚。我跟着陕甘宁边区的一个指挥机构,负责给前线送物资。那时把机关的物资先埋到农村里,打了两次胜仗后又去挖出来,弄点钱买菜、盐和油。

彭老总和习政委直接指挥了保卫陕甘宁边区的三战三捷。第一战,青化砭是一场大的伏击战,当时把王震的三五九旅调过来了,三五九旅打得很漂亮,速战速决;第二战是羊马河战役;第三战是蟠龙,蟠龙是国民党的"大仓库",里面存放着西安面粉厂的"洋面",还有西安纺织厂的"洋布",当时咱们的部队正愁冬天没有棉衣穿呢,结果打下蟠龙后就都有了。

三战三捷迅速扭转了形势,从内线作战转到外线,到敌占区作战。三大战役胜利以后,在真武洞开了庆祝胜利大会。国民党当时还占领着延安,咱

1947年3月,彭德怀(左二)、徐立清(左一)、习仲勋(左三)、张文舟(左四)在青化砭察看作战地形

们就在延安西边八九十里远的真武洞开祝捷大会，周恩来副主席亲自参加会议并讲话，那时毛主席还在陕北。这一年多的游击战，四个野战军里面第一野战军最苦，因为经济落后，交通不便，前线就靠小毛驴搞运输，一个毛驴驮上两箱迫击炮弹，人要背着干粮，还要给毛驴拿点饲料，而且都是晚上走，白天走就会被敌人飞机空袭，当时打一个胜仗很难啊。彭老总和习书记在敌强我弱的情况下很快以三大战役扭转了陕北的形势，这是很大的贡献。

那个时候，三战三捷以及后来的攻打榆林，都非常鼓舞人心，但我们清楚部队是在什么条件下打下胜仗的。当时最大的问题是没有粮食，部队的伙食供应很成问题。我记得我们第一次攻打榆林的时候还能吃点东西，第二次再打就没有吃的了，什么南瓜蔓子、荞麦秆子都吃。我亲眼看到往榆林走的人，走着走着就跌倒，饿死了。那时西北局机关伙食也好不到哪儿去，大家都吃黑豆，那本来是老百姓喂牲口吃的东西，结果把粮食供应给前线部队后就只能煮黑豆吃，煮完之后锅里都是黑水，吃完了肚子胀得不得了，一夜都睡不着啊！

光复延安

由于我军在1948年攻打宝鸡，迫使敌人自动逃离延安、洛川。1948年4月22日，延安光复，这具有重大的政治历史意义。在敌人十倍于我的形势下，仅用一年一个月零三天，消灭敌人十多万，敌人不打自退，延安重新回到人民手中，敌我力量已经发生了改变。

延安光复，西北局、边区政府很快从绥德义合一带回到延安。当时习书记带着秘书和司机、警卫员早早回到延安。那时我们缴获了一辆美国提供给国民党的小吉普车，于是习老就坐车回来。一回到延安，习老就着急地说："不行，我要去看杨家岭，看枣园，看毛主席住过的地方怎么样了。"曹力如就说，你不能去，现在还有埋伏的敌人，等清理一下。后来派出游击队把敌人都清理了，习书记才去的。

西北解放的形势很快，最后关键是扶眉战役，这一仗把胡宗南打垮了。

1949年7月，华北兵团入陕后归属西野，总兵力达12个军，34万人，而胡宗南的机动部队只有7万余人集结在渭河两岸，青宁二马（马步芳、马鸿逵）共8万余人集结在礼泉、乾县一带。因此我军决战条件已经成熟，决定把胡马分割歼灭。1949年7月12日，我军发起总攻，经过两昼夜激烈战斗，歼敌4个军共计4.3万余人，解放了8座县城，同时占领宝鸡，结束了胡宗南在西北12年的统治。接着我军乘胜追击，在兰州沈家岭摧毁了青海马步芳苦心经营40多年的主力军，8月26日解放兰州，9月5日解放西宁，9月19日解放银川，在我军强大攻势下，不久新疆也和平解放。在彭总直接指挥下，经过两年半的战斗，终于解放了大西北，其丰功伟绩，永存史册。

随西北局迁入西安

1949年5月20日西安解放，西北局机关迁入西安，同时进行了机构调整，彭德怀、贺龙、习仲勋任西北局的书记。后来贺龙调去西南，彭总调去抗美援朝，这个时候习书记任西北局第二书记，实际上主持全面工作。

当时城市解放得很快，同样问题也很多。社会治安非常不好，民族问题也很复杂，特别是西北地区是一个多民族的地区，回族、藏族等少数民族众多，此外还有被冲散了的国民党部队潜伏下来，不时搞破坏活动，因此社会治安问题相当严重。当时习书记为了维护社会治安，就把一批批干部往外派，当时我们就说这些干部跟割韭菜一样，一茬一茬往外调。通过大量外派干部，社会治安才慢慢稳定下来。

我随西北局进入西安之后，大部分时间都是在外面跑。1950年初，为了适应大西北发展汽车运输业的需要，准备筹办汽车运输局。当时苏联援助了一些汽车，派我们去东北联系接收，于是我们由行政处赵新民处长带队去东北。除了接收汽车之外，我们还到上海、天津搞采购，基本都是一些办公用品，比如铅笔、钢笔什么的，那时上海的金星钢笔非常有名，我们就采购了一些回来给西北局科长、处长用。那时给习书记买了一支派克笔。当时我给习书记送去了，问他要什么颜色的，习书记就让他的爱人齐心同志挑了一支，非常满意。

陕北救了中央，中央也救了陕北

中央救了陕北有道理，陕北救了中央也是事实，为什么这么说呢？毛主席当时带领红军长征，一直走到甘肃，靠近陕西这里了，还不知道往哪里走，当时只知道要到北方去抗日，但具体去哪儿谁也不知道。后来有人捡了一张国民党的报纸，上面说陕北有个刘志丹，还有根据地，结果就去给毛主席汇报说：我们在陕北还有一块根据地，有个刘志丹是领袖。因为贾拓夫是陕北人，一直跟着毛主席长征，后来就把贾拓夫等人叫去了解情况，问了之后这才知道陕北还有块根据地。但当时是两股力量，一个是中央派来的，一个是地方的，也就是刘志丹、习仲勋他们。了解后毛主席他们就往陕北走。那个时候全国其他地方的根据地都没有了，红军长征时有10万人，在湘江一战就损失了4万人，留下了四五万人，毛主席进陕甘宁边区的时候，有人说带了7000人，有的说带

1936年，关中特委成立，机关设在马栏（马家堡村）。贾拓夫、习仲勋先后任特委书记

了 3000 人，但总之就是剩下的人已经不多了。毛主席当时还讲话，说虽然我们只有几千人了，但我们都是红军的种子，是最精干的。毛主席刚到陕北，就听见有群众反映说有人把刘志丹、习仲勋他们都抓起来了，那时一共关了 103 个干部，也挖了 103 个坑，要活埋他们。于是毛主席马上就派贾拓夫、王首道等四五个人，去和抓人的人谈，意思是刀下留人，停止逮捕、停止逼供刑讯，后来又派张闻天带着人到瓦窑堡去，才彻底解救了刘志丹、习仲勋他们。所以说中央救了陕北是有道理的，但同时陕北根据地也成了长征的落脚点和抗战的出发点，因为长征不知道该到哪里去了，最后到陕北才落了脚，才生根发芽，最后全国的胜利也是毛主席在延安指挥的，所以说陕北救了中央也是事实。1948 年，毛主席过黄河的时候，还说不能忘记陕北，不能忘记陕北的小米饭，陕北的小米洋芋蛋。

记忆中的习书记

习书记是我们西北局的老领导，也是革命的老前辈，是陕甘边根据地和西北工农红军的创始人之一。

习书记 1945 年 10 月前后来西北局，我是 1945 年 9、10 月份调来的。习书记刚来的时候，我们住在延安南关花石砭，那里有条山路坑洼不平。习书记到中央开会时，坐一辆汽车，我们叫双排座。那时根本不用看到汽车，一听声音就知道是习书记，因为路况实在不好，车况也不是很好，所以哗啦哗啦地响得厉害，声音大得很。

现在回过头来看，我认为习书记在土地革命、抗日战争、解放战争，包括在全国解放以后搞土改，搞民主改革，都是正确地贯彻了党中央的方针路线政策。

后来习书记到了国务院，这段的工作贡献也很大，当时他是周恩来总理的得力助手。我们都知道，在中央领导里面，习书记是最年轻的，而且是年轻有为的，年轻活泼，平易近人，团结群众，有好多好的地方都给我们留下了深刻印象。我认为习书记在几个不同的历史阶段，都是作出了突出的贡献，勤勤恳恳，鞠躬尽瘁。在西北这段时期，我认为他最大的贡献还是保卫了南大门和北大门。

所谓保卫南大门，是指习书记担任了关中地委书记，这个地方当时情况复杂，主要和国民党进行斗争，军事、政治、统一战线、群众工作、建立政权，需要做的工作非常多。当时国民党在江西"清剿"了五次，陕甘宁边区起码是三四次以上，所以说边区的对敌斗争相当激烈。这期间比较典型的就是1945年7月，这一次是国民党反共高潮，又派了部队把马栏专区给抢占了，咱们守了7天没守住，马栏专区被占后毛主席亲自对习仲勋授命：你们要把它收回来。当时习书记和延安联防司令部的张宗逊副司令员，还有王世泰副司令员，就组织陕甘宁边区的部队把那里夺回来，这个战役胜利以后毛主席很高兴，因为这保卫了革命圣地延安的南大门。

所谓保卫北大门，是指1943年习老调绥德任地委书记。为什么调去？因为国民党第二十二军长期占领绥德，配合胡宗南随时进犯边区。当时国民党在榆林地区派的专员是何绍南，这个人非常反共，整天找咱们的麻烦。而绥德这个地方当时是共产党和国民党的政权同时存在，有国民党的县政府，也有共产党的县政府，国民党的县政府都在县城里边，共产党的县政府就在乡镇里。那时从横山一直到绥德西边全让国民党占领了，经常有摩擦。这个背景下，毛主席亲自找习仲勋谈话，说你到绥德地委去，那个地方很复杂，有国民党，有阎锡山这些反共势力，还有地方反共势力。一方面是反"围剿"，一方面主要还是搞统战工作。习书记去了之后工作做得非常好。比较典型的是1946年策划胡景铎起义，榆林地区保安副司令叫胡景铎，他哥哥是国民党二十二军的副军长，二十二军是国民党驻榆林地区的重要部队。

当时在毛主席指示下，习书记在夏天就开始做工作。那时绥德地委统战部部长是张思远，这人我不太认识，习书记通过地下党做胡景铎的工作，当时派范明化装后和胡景铎见面，回忆同乡的生活，讲解现在的形势，回来后就把情

我在中共中央西北局从延安到西安的日子里受到良好的教育和培养，可以说西北局是我成长的家。尤其难忘的日日夜夜，有着深重的情感。

张克 09年明四日

1
2

1. 2009年4月4日，本书主编与张克同志在一起

2. 张克同志为本书题词

况汇报给习仲勋。习仲勋请示中央后再派范明去，化装成国民党的军官，和胡景铎商议什么地点什么时间起义。后来胡景铎在我们的策动下起义，为保卫延安北大门奠定了坚实的基础。胡景铎起义后，他哥也就是国民党第二十二军副军长，带兵从榆林追击过来，结果被咱们早就布置好的队伍打垮了。他哥最后连马都没骑，大衣也丢了，只是带着枪就跑了。后来我们就看见国民党的军官到西北局来，习仲勋书记还亲自接待了，我们都不知道这是干啥来了，后来才知道这是国民

党的人起义后,来西北局要求加入共产党。大家感觉像听神话一样,都夸习书记本事大,把国民党保安司令都给拉过来了。

西北局到西安以后,我经常见到习书记,但不是直接接触,就知道他到西安之后特别忙。那时西北局经常召开会议,比如培养青年干部问题的会议,给机关干部职工解释统战工作的重要性和意义的会议,统战部召开的统战工作会议,此外还有青年代表会、妇女代表会,等等,总之会议特别多,习书记特别忙。我们有时看见他在办公室外的台边上走来走去,刚开始不知道干嘛,后来才知道这是休息脑子呢。

我对西北局感情很深,13岁参加工作,16岁到西北局,当时什么也不懂,后来在西北局的教育下学习理论,懂得革命的道理,可以说西北局就像一个大家庭一样,我在这里得到了锻炼,也成长为一名国家干部,我永远都不会忘记西北局的这段时光,这是我一生最宝贵的岁月年华。

关于生产科的历史作用

中共中央西北局是党的领导机关,为什么设置一个"生产科"名称的部门呢?有许多同志不太了解,现就我记忆的情况简述如下。

抗日战争时期,国民党对陕甘宁边区实行军事包围、经济封锁,使边区军民生活极度困难,缺吃少穿,没菜、没油,战士没鞋穿。1942年困难到难以生存的地步。为了不让敌人把我们困死,毛主席在边区高干会议上提出"发展经济,保障供给"的方针,指出边区的财政经济工作,就是几万军队和党政工作人员的生活费和事业经费供给的问题。为减轻边区人民群众过重的负担,必须开展大生产运动,各单位都要自己动手,自力更生,自给自足,做到"丰衣足食"的要求。

在党中央的号召下,党政军机关、学校都热烈响应,边区政府立即按照"公私兼顾、军民兼顾"的办法,开办各种工厂和作坊,如肥皂厂、被服厂、纺织厂、制鞋厂、马兰草造纸厂、火柴厂,生产各种生活必须用品。各单位都成立了生产经营机构，作计划、定任务、分指标、搞竞赛，组织单位全体人员投入生产运动，开荒种菜、养猪磨豆腐、做粉条，千方百计克服困难，完成任务。此外，还要求机关每个人要自己想办法每年上缴一定数额的小米。年终各系统召开总结表彰和奖励劳动英雄大会，涌现出著名的工人英雄赵占奎，农民英雄吴满有，树立起学习的榜样。

西北局机关在大生产运动中率先组建了自己的经营机构"生产科"，先后在秘书长和行政处的领导下单独生活，单独活动。主要从事商贸经营业务，为机关提供生活和事业经费。

1. 生产科人员组成和下属经营单位

领导非常重视生产科的人员配备，选调了一批素质好的同志为骨干，大多数是老红军、老党员干部。科长赵新民同志是和刘志丹同在榆林中学入党的老干部，科内先后进来有张戈、正兴、李汉斗、张辉、畅俊卿、詹生贤、梁瑞英、刘献瑞、贾忠武、任瑞亭、高仲怀、范子英、肖生、张克共十几个干部以及通讯员、炊事员、勤务员等。生产科内设了会计、出纳、保管、采购、营业等岗位，均由以上同志分别担任。生产科的干部不论职务高低，资历深浅，分配啥就干啥，认真负责没有二话，团结一心竭尽全力努力工作。

在延安时代，生产科下属经营单位有：新市场消费合作社，南关大生产客栈，七里铺骡马店和运输队，安塞真武洞百货店，绥德贸易站，山西碛口、柳林镇两个商店，靖边贸易站和运盐的骆驼大队。在当时的特殊环境下，经营方式以民间贸易为主，到山西、内蒙古等国共两党边界地区进行交易，也去各地参加物资交流大会。由于经营方式灵活，活动战线比较宽广，事业发展很快，每年各经营单位上交的盈利，作为西北局的经济来源，对机关的供给起到自给自足的保障作用。

2. 生产科给局机关提供的主要办公及生活用品

办公方面，纸张、铅笔、油印机及蜡纸、油墨等都从敌占区购买。

生活方面，毛巾、牙刷、肥皂、火柴、煤油灯等都是延安紧缺的东西。

还有机关个人生产，如纺棉线、捻毛线、织毛手套、毛袜子等。1948年冬天特别寒冷，生产科到三边购回毛毡鞋发给了工作人员，每人一双。

另外，有些特殊情况下的开支，也都由生产科解决。如入驻东北及其他地方派送干部所需的经费、物品，从敌占区运回服装用品等。

此外，值得一提的是日本投降后，干部大批向外调动，生产科派运输队往东北送干部家属时，遇到张家口市第一次解放，运输队返回来时，得到了大批战利品，其中的鱿鱼、海参等交给食堂给大家开了洋荤，还有许多粗呢子与纺织品及十几只长短枪，给生产科增添了许多物品，给机关改善了生活。

西北局党费也由生产科提供与代管，主要是黄金等。因边区的货币对外不能使用，这些特殊费主要用于统战费（后改为城市工作费），属于机密。其使用时凭习仲勋书记的亲笔签字条支付。

总之，延安生产科的事业发展到1945年，已经积累了不少财物，成为保障机关供给的支柱，帮助西北局度过了最困难的阶段，为西北局机关"自给自足，丰衣足食"提供了保障，对搞好各项工作起到了积极的作用，大家比较满意。每周小礼堂的跳舞晚会上听到大家的欢声笑语，我都很高兴。

上述成绩的取得主要得益于领导的重视和支持，特别是给生产科选派了好干部，他们不计名利、辛勤工作、艰苦奋斗、无私奉献，努力完成任务。

3. 生产科在转战时期仍坚守职责

1947年国民党大举进攻延安，为了诱敌深入，党中央决定主动撤离。在撤离时西北局的许多干部分别跟习书记、马明方、马文瑞等首长随军去了，后勤人员及家属陆续向山西碛口防线转移，机关只有曹力如秘书长带电台及少数工作人员留在陕北。此时生产科的业务全部停止了，留下十来个运输队跟随机关的队伍在陕北辗转。在紧急疏散的情况下，我们先把物资连夜抢运到安塞真武洞。敌人进入延安紧接着向西追击，我们又在转移行军的途中把物资掩埋在一个村子里，随后追赶上机关的队伍到白庙岔停了下来。在此期间西北局走散的人员先后都找来了。有一天，秘书长在一个山窝里召开边区大会，突然周总理和陆定一同志骑马来参加会议。总理给大家讲了战争的形势，并要求"边区各级政府，区不离区，县不离县，组织游击队带领群众开展游击战争"。据此西北局留下了这支队伍，又组建成一级战时边区党的工作的指挥机构。生产科领导决定肖生同志和我带领运输队留下，跟随指挥机关转移，任务是边行军边处理物资，边为机关提供经费。我和肖生尽职尽责立即行动，每天抬着纸烟箱子在白庙岔的大路口摆地摊卖纸烟。

白庙岔停留月余，有天晚上通知大家立即动身，连夜转移。因与前面失去联系，在羊肠小道上翻山下沟，又逢大雨，穿着湿透的衣服两天两夜急行军，大家筋疲力尽。白天敌机还尾随扫射轰炸。有次一匹骡子受惊吓跑了，我去追赶差点被子弹击中。还有位运输员头部被敌人扔下的弹匣子砸伤了。人困马乏，操心受累，直到和前总取得联系后，向东走到马蹄沟停下。此后队伍一旦停下，我和肖生就把能处理的物资抬到村口集镇上出卖，收到的钱交机关急用。

沙家店战役前上级紧急通知向绥德以东转移，到了义合附近的薛家渠刚停下，又通知我和肖生立即过黄河。我俩带着运输队，驮着物资，翻山越岭到了黄河岸边，因过河的人多船少，我和运输队的人员骡马只好留下来等待。后因天黑下大雨船不能再开，只好在石岩下躲了一夜。第二天早上过了河，回到碛口西湾村生产科的驻地，交清了物资，办完了一切手续。这一路虽然炮火连天，非常艰辛，但我们人马未伤，物资全在，总算尽职尽责胜利完成了任务。

在碛口西湾村，邵正兴、李汉斗、肖生等同志被调去随军了，生产科的会计由我接管。沙家店战役胜利结束后，习仲勋书记等领导人都回到了西北局机关，很快返回义合薛家渠。10月份召开义合会议，传达了中央土改会议的精神。生产科的人员去为会议服务，碛口只留下了我和贾忠武同志两边跑。

1948年延安光复后，西北局立即返回进驻原中央军委的驻地王家坪，此时机关首长和组织、宣传、统战三部，秘书、机要、行政三处很快完善起来。机关经费供给临时由联防司令部供给部提供。西北局及其所属党民系统的群众团体、文艺团体的供给改由西北局归口负责，而后专门成立了审计科。这时生产科什么都没有了，只留下三个人帮助审计科工作，它的历史使命已经完成。西北局此时的工作主要是忙于准备解放大西北，特别是筹备接管西安这个大城市的任务。5月开始迁往西安。

西北局在延安时机关的生产、后勤部门有很多工农红军干部，他们在平凡的岗位上默默无闻，不怕脏、不怕累，勤勤恳恳、千方百计地做好工作。例如，长征红军林凤春同志是福建人，在花石砭山根下的河边石岸洞里负责杀猪，给灶上供肉。他在转战陕北途中介绍我入了党。1947年，西北局在义合召开大会。当时陕北到了快断口粮的程度，机关吃的是清水煮高粱，煮黑豆。他为会议跑到山西苟岚、五寨山区购买生猪，数百里路程，不畏艰险赶回义合。1949年西北局进西安，他在小灶当管理员，年岁大没结婚，找了个生活艰难的孤身女子成了婚，婚后不久他便因病去世了，结果身后无儿无女。

中共中央西北局在延安花石砭旧址

还有长征红军向大明同志，进西安初期仍在城外给机关养猪，天天担食堂的泔水来回跑，组织部批准他吃中灶，他怕别人嫌脏，始终不坐食堂的桌凳，总是端着碗蹲在食堂门外吃。他一直都没有结婚，两年后离开了我们。

类似这样的同志在西北局有很多，他们很早就去世了，他们为党的事业千辛万苦，积劳成疾，奉献终身。每当想起他们，我都很难过。新中国成立六十周年，为了纪念他们的功绩，在这里简述几句，不要忘记他们！

延安大生产运动中生产科的那些同志，现在绝大多数都已去世了。

在新中国成立六十周年之时，为怀念在那个非常艰苦的特殊年代作出过贡献的人们，特以此文表示纪念！

永远的怀念
张玉英

> 张玉英，1932年生，陕西佳县人。1946年考入米脂中学，后调入延大，1948年调入中共中央西北局秘书处速记组，后曾任陕西省建筑设计院党委办公室主任等职。

编者按 张玉英同志在中共中央西北局秘书处速记组工作期间，多次跟随西北局领导同志参加会议，对这些领导同志怀有深厚的感情，《永远的怀念》一文就是张玉英同志纪念习仲勋书记的真情流露。

习仲勋书记是我最崇敬的革命老前辈、老领导、好书记！他是陕甘边区苏维埃的创始人，也是开创陕甘宁根据地和工农武装的领导人之一。他从延安到西安担任中共中央西北局书记八年，调中央后职务升到国务院副总理，是周总理的得力助手。但不论他的职务如何变动，都是我心中的好书记。至今老同志谈起他总是称习书记，这样称呼感到十分亲切。

在新中国成立六十周年纪念之际，我更加怀念习书记。习书记对党无限忠诚，为人光明磊落，实事求是，谦虚谨慎，团结爱护同志，坚持原则，顾全大局，清正廉洁，无私奉献，不搞极左，从不整人，正确执行党的路线、方针、政策，革命利益高于一切的高尚品德，都深深烙刻在我的心中。习书记的一生是革命的一生，战斗的一生，为中国革命、社会主义建设以及改革开放事业呕心沥血、鞠躬尽瘁，他的功绩将永载史册，传承后世，是子孙后代学习的榜样。

习书记特别关心重视干部的培养教育和党的建设工作。1948年延安光复后，解放西安、解放西北五省的接管准备工作紧锣密鼓地展开，扩充干部队伍、加紧培训工作尤为重要。习书记亲自到党校为学生讲课，并对在职干部的学习抓得很紧。西北局机关回到延安不久，也着手筹办起了"速记人员训练班"和"机要人员训练大队"，调来一大批青年。非常幸运的是不满17岁的我当年也从延大附中被选调上来，进入了"速记人员训练班"。当时培训工作安排得很紧，把早晚的业余时间都用上了。既学专业技术又学政治理论，我们这批年轻人在较短的时间里很快掌握了所学的专业技术，提高了思想政治理论水平，很快被分到了急需用人的岗位上，并在各自的岗位上发挥了很好的作用。因为工作的特殊性，机关对党团组织的发展工作抓得很紧。速记人员训练班新来的十几位同志中尚有我们四位团员还未入党，领导和同志们对我们的进步非常关心，重点培养，从严要求，指定学习文件限期读完，每周末开会汇报工作学习情况，同志间开展真诚的批评与自我批评，有进步肯定，有不足之处指出。发展党员有严格的程序，必须按党章办事，不到18岁即使具备了条件也不能接收。所以我们四人因为年龄都不够，直到1949年1月至3月期间才先后办理了入党手续。记得当时还由于出身不同，预备期也不同，贫雇农出身预备期为半年，其他都为一年。新党员要举行入党仪式，我和郭恩来同志同时入党，同期入党的还有其他部门的四位同志。1949年3月9日晚，组织为六位新党员举行了庄严的入党宣誓仪式。蔡子伟处长主持会议，组织部也来人参加。会议室坐满了人，有的还蹲在地上。除新党员面对党旗宣读誓词外，还有领导讲话、老党员代表讲话，对新入党的同志给予鼓励，并指出继续努力的方向和要求。在宣誓仪式上新党员们还推荐我代表大家表了态。这次会对我教育很深，对其他与会同志而言也是一次生动的党课教育。3月10日我参加了陕甘宁边区第一届团代会，在代表登记表上第　次填写了"共产党员"四个字，心情格外激动，一生不忘。

西安解放后形势发展得很快，西北五省相继解放，百业待兴，工作头绪很多：接管西北五省城市、建立新政权、医治战争创伤、发展生产、剿匪反霸、建立稳定的社会新秩序等等。习书记的担子很重，而各方面的干部都很缺乏。他要求尽快培训干部，提高在职干部的工作能力，适应发展的需要。有关部门很快办起了工农速成中学、业余文化补习学校及各类专业技术培训班等等。西北局机关也开设俄语学习班、文化补习班，利用早晚时间学习。习书记在百忙之中还抽查批改身边工作同志的作业。机关学习的气氛很浓，一派朝气蓬勃积极向上的景象。习书记特别关心青年的成长，青年队（负责机关首长勤务工作）的同志大部分是延安来的十几岁小娃娃，没上过什么学，文化程度很低。为了把这批青年培养成才，机关分批送他们到速成中学上学，为他们创造了好的学习条件，大家学习都很努力，学有成就。这些娃娃中，有些人上了大学当了大学教授，有的成了国防尖端技术的工程师，有的担任了一方的领导工作，没有辜负领导的期望。

当时机关工作十分繁忙，人不够用，为了尽快提高干部的理论、文化、专业知识和工作能力，西北局领导还是决定调出十多位骨干和科、处级干部到北京人民大学学习，还把年纪大、文化程度低的工农老干部送到西北党校补习文化。各单位均积极选送干部参加各类文化、专业技术的学习。这对恢复发展生产、促进经济建设大有好处，对新开辟地区干部的配备补充了各方面的力量。我和丈夫张克也是直接受培养者。张克1950年调北京人民大学学习，后来再次上大学学习科技知识。我则参加了机关俄语班的学习。我学习的俄语知识，在后来苏联援建陕西的22项国防绝密工程中，为苏联专家管理原版俄文设计图纸、资料中还真派上了用场。组织还选送我到西北党校学习，比较系统地学习了党史、哲学、政治经济学三门课程，提高了思想理论和认识水平。在人生起步的时候，能在西北局这个革命大家庭里工作七年，接受习书记和各位领导的言传身教、培养教育，以及同志们的真诚帮助、团结友爱，为我的成长奠定了基石，也是我一生难忘的幸福。

1950年,彭德怀(右一)、习仲勋(右四)参加西北军政委员会第二次会议

解放初由于我们的工作还不到位,人民群众中不少人对党的政策还不了解,心怀疑虑也就在所难免。这需要动员组织各方面的力量去做大量的宣传和发动、组织群众的工作。为此,习书记主持部署召开了一系列规模很大的会议,比如:西北地区青年代表大会(我作为代表参加了这次会议),西北文艺代表大会,西北妇女代表大会,西北宗教、民族事务大会,统战工作会议以及党政工作会议,等等。这么多会议的目的是共同的,讲形势、讲政策,根据不同的战线布置任务、提出要求、武装思想、统一认识,团结一致、深入群众做好各项工作。习书记参加会议时,每次都认真听代表们的发言,做笔记,广泛接见代表,听各方面的意见和反映。他在大会上所作的报告非常生动、实在,逻辑性很强,极富鼓动性,人们听了后心明眼亮,形势任务、方针政策明确,方法步骤具体可行,有很强的推动力。会议使每个代表都提高了思想认识,充满信心去完

成各项任务。

西北是多民族的地区，宗教、民族问题突出，做好统战工作十分重要。每次召开宗教、民族、统战会议时，参加的人员总是方方面面俱到，和尚、道士、喇嘛、少数民族的头人、民主人士、原国民党的要员等统战人物都有。习书记对他们十分尊重，真诚相待，向他们耐心细致地说明党的政策。他的人格魅力赢得了大家的充分信任，与会者总是表示心悦诚服，愿意接受党的领导，合作共事。这对当时稳定社会局面，顺利开展各项工作起了很大的作用。但当时对于统战工作的重要性，有的同志还是认识不清的，他们看到昔日的敌人今日成了座上客，受到高规格的礼遇，心里不是滋味。甚至个别人还发牢骚，说什么"早革命不如迟革命，迟革命不如反革命"。习书记为此在不同的会议上反复强调统战工作的重要性，组织大家学习党的统战工作方针、政策，使同志们认识到，落实好党的统战政策就可以调动一切积极因素，团结一切可以团结的力量，组成浩浩荡荡的队伍，完成我们在新的历史时期的伟大任务。习书记在这个时期的大量工作，充分体现了他胸怀宽广、坦诚对人、广泛联系群众、善于团结和调动各方面积极因素的大家风范和领导能力。

习书记统战工作做得好，是受到毛主席的肯定和表扬的。在1946年解放战争中他按照毛主席的指示，争取驻榆林国民党陕北保安部队副司令胡景铎的起义。他知人善任，组织了强有力的人员，经过艰苦细致的工作，胡景铎于同年10月13日率国民党第二十二军第八十六师新编十一旅及保安第九团官兵5000余人高举义旗举行起义，后改编为民主联军骑六师。这次大规模的起义震动了西北和全国，打乱了敌军的部署，削弱了敌军的力量，扩大了解放区的范围，使边区的军队能集中主力对付南来之敌，为收复延安创造了有利的条件，其影响是极其深远的。西北五省解放后，青海马步芳残匪拉拢昂拉部落千户项谦叛乱，如何处理昂拉部落叛乱问题，习书记主持西北局常委会多次进行研究。民族问题和宗教问题混交在一起，处理起来很复杂，习书记费尽心思，最后决定在作好军事准备的同时，采取以政治争取为主的方针。历时两年多，反反复复，不厌其烦，经过十几轮的谈判和耐心的工作，终于使项谦相信了共产党的真诚投诚了。这不仅使青海社会得以稳定，而且对甘、川、青、藏地区的工作产生了极好的影响。对此毛主席表扬说："仲勋你真厉害，诸葛亮七擒孟获，你比诸葛亮还厉害。"

统一战线是党的三大法宝之一，习书记用自己的亲身实践体现了它的威力，这在当时被传为佳话。事实启迪和教育了我们的同志，大家从不理解、发牢骚的消极情绪转化为积极的行动，从实际到理论的高度认识到了统战工作的重要性。

新中国成立后各级政府机关的领导班子里都配备有民主人士和非党同志，这不是摆花架子，而是实实在在地要他们有职有权地工作。这方面习书记身体力行又为我们做出了榜样。西北军政委员会副主席有张治中、韩兆鹗、喜饶嘉措等人，习书记在代理西北军政委员会主席工作时十分尊重、支持、关心他们，虚心听取他们的意见，让他们有职有权并创造条件让他们出头露面大胆工作，充分发挥他们的作用，这些名人影响是很大的。在习书记的影响教育下，

1950年10月，彭德怀去朝鲜指挥作战，习仲勋代理西北军政委员会主席，全面主持西北党政军工作

同志们认识到做好统战工作人人有责，不只是领导的事。认识提高了，行动自觉了，我们这些党员干部对直接领导自己的非党民主人士，真正从内心里尊敬，努力做好他们布置的工作，有问题请示报告，用积极的态度支持他们的工作。

习书记直爽坦诚、平易近人、说话幽默，让人感到非常亲切。1950年寒假，张克从北京回来，春节过后我俩结了婚。婚后第三天，行政处李秉荣副处长告知张克，习书记有专机去北京开会，可和他一起走。能和书记同机张克非常高兴，立即收拾好行李和一起学习的李加芳同志搭上了书记的专机。这是一架军用飞机，座椅在机舱两侧，人是面对面坐着，机上还坐有甘肃省霍维德副省长和夫人。他们虽是上下级，但却像老朋友般随意交谈，习书记不时发出爽朗的笑声。看到张克和李加芳同志有点拘束、不自在的样子，习书记就主动跟他们拉起家常，问他们在学校的学习生活情况，他俩很快就放松自如了，感谢了领导的关心和组织的培养，表示一定努力刻苦学习，不辜负领导的希望。

由于当时没有录音工具，因此所有重要会议，首长的讲话、指示，都要靠速记员记录来完成。那时会议的讲话都没有成文的讲稿，有的列个提纲，更多的人连提纲也没有，要求一字不落地记原话，以保持历史的真实性。因此，速记工作十分重要也十分辛苦。那时，西北局搞速记工作的只有十多人，我们因工作关系坐习书记的车去开会作记录是常事，每次在习书记身边他总是问这问那的，毫无架子，遇雨雪天气习书记乘的车在路上碰到就会停车带我们一程。初到习书记身边工作的年轻人，拘谨不自然，书记几句幽默的话或开个小玩笑就把情绪调动起来，距离感就没有了，心情放松，工作也大胆自如了。

习书记把自己的全部身心都投入到革命事业上，工作没有上下班之说，白天工作，晚上还要干到深夜，勤勤恳恳，任劳任怨。对此我们深有体会。速记工作的特点是白天开会记录，当晚翻译整理，有些内容第二天就可能作为重要文件或重要指示下发。因此，当天的事必须当天完成，所以晚上一般睡得都很

晚。夜深人静时经常看到习书记办公室的灯亮着,知道书记还在工作,他这种忘我工作的精神永远激励着我们。

　　为活跃机关文化生活,西北局俱乐部每周六晚上都组织舞会。机关男女老少都会踊跃参加,乐队也是由机关爱好音乐的同志组成,张克也是其中之一。舞会具有很强的团结凝聚作用,只要有时间,习书记和其他领导都会来到群众中与民同乐,甚至其他单位的领导也来参加,法院马锡五院长就是常客。习书记爽直活跃,舞跳得好,他没有专门的舞伴,会跳舞的女同志都会和他跳上一曲。舞场上没有上下级,说说笑笑,高高兴兴,领导、群众相互之间的关系显得格外融洽。其实大家都很清楚书记跳舞不只是为了放松身心,更主要的是利用娱乐的形式深入群众了解情况,体察民情,改进工作。

　　习书记很重情义,对革命有过贡献、做过好事的人和牺牲的战友、烈士他都记在心上,给予关照。解放初西北局招待所住了一位姓李的孤寡老人,据说是习书记请来的,不知道他干过什么,只听说他为革命做过好事。后来李老还找了个老伴在招待所结了婚,还在招待所挂了个副所长的名,得到适当安排,安度晚年。对革命有过重大贡献的黄子文烈士的子女在农村，习书记得知后把他们接到西安，儿子黄小平被安排到保育小学上学，后来成了一名人民教师；女儿黄健珍战争年代不得已送了人，十几岁还没能上学，就留住在招待所，到附近小学补习，她十分珍惜这难得的学习机会，刻苦努力尽快赶上了其他同学，后来也成了一名国家干部。习书记调北京中央宣传部工作后，当听说西北局行政处李秉荣副处长（地下工作时两当起义的老战友）病重，他就叫李到北京大医院检查治疗，李带秘书、医生、公务员四人在习书记家吃住了一个多月，这件事十分令人感动。

习书记处处把党的利益放在第一位，为人公正，坚持原则，顾全大局，实事求是，有错必纠，执行党的政策稳而准，反"左"纠偏从不整人。这对我的教育是极其深刻的。

1. 习仲勋向西北局和陕西省、西安市干部作学习报告
2. 习仲勋在工作

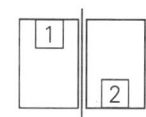

1947年晋绥边区土改运动中出现了"左"的错误，提出了"群众说怎么办就怎么办"的错误口号。那时我正随延大在山西辗转并参加了当地的土改，我目睹了土改中不按党的政策办事的情况。不只捆绑吊打地主，还把不是地主的人也批斗吊打了，甚至刚过门的新媳妇都被捆绑起来，拉倒在地，拖来拖去。此后在陕甘宁边区开展的土改运动的初期也出现了不按政策办事的情况，比如，在重新评定成分中不是按占地多少、剥削量大小，而是以当时家庭生活好坏作为重新划定成分的标准，结果把一些中农或富裕中农划为富农、地主，进行批斗，在干部农民中造成了极大的混乱。当时康生一伙还提出了要在肉体上"消灭地主""打击中农"的要求。他们认为中农是中间派，"中间派最反动"，甚至提出"血染中农""逼上梁山"等极端的错误口号。习书记极其严肃认真地对待出现的问题，组织干部深入调查研究，而且亲自到农村进行调查，掌握第一手材料。他从实际出发，实事求是提出了土改应区别对待的政策，区别老区、半老区、新区不同情况制定政策和纠正"左"的偏向的意见。习书记的意见得到了党中央和毛主席的肯定，并转发全国各解放区。先搞试点，总结经验，并派西北局得力的干部下去亲自抓，纠正了"左"的错误，有力地抵制了康生一伙的极左思想，使陕甘宁以及后来西北地区的土改运动得以健康、稳妥地圆满完成。

1952年，"三反""五反"运动轰轰烈烈开展起来，声势很大，震慑人心。西北局机关在增产节约委员会领导下也开展了"三反"运动。"三反"指的是反贪污、反浪费、反官僚主义。运动初期学习文件，提高认识，大家认为"三反"运动很有必要，再次给我们敲响了警钟，使每个同志在和平环境下保持清醒的头脑不犯错误，其意义深远。因此，都自觉进行检查，找问题，堵漏洞，定制度。但后来运动的发展变了样，变成了打"老虎"运动。领导运动的某些人头脑发热，凭主观臆断，怀疑西北局有一个以行政处处长赵新民为首的大贪污集团，关联的人在招待所关了十多位。张克在西北局当过会计，虽于1950年已调离，此时也被调回隔离起来，开始说服动员他揭发检举别人，继而对他批判斗争，刑讯逼供，搞车轮战。张克始终坚持党的原则，实事求是，不胡编乱说，最后以"态度不好、抗拒运动"的罪名在机关召开的公审大会上被捆绑押送监察署侦讯。因只是怀疑，没有任何事实，被羁押在监狱。大会的前一天，组织部派人找我谈话，要我动员张克检举揭发交代问题，否则将身败名裂。我的态度是"相信组织会把问题调查清楚，愿接受组织的任何审查和考验"。但三个月过去了，再无一人过问张克。这不是个人的小事，关乎对同志对党的政策负责的问题。我去找习书记反映此事，习书记听了我的汇报，当即电话问秘书长武开章，并指示"没有问题就让他们马上放人"。第二天秘书处派人把张克接了回来，赵新民处长和被关在招待所的同志都恢复了自由。习书记实事求是，坚持原则，公正果断地纠正错误，大得人心，受到同志们的拥戴。此后有一天，习书记问到张克的情况，我说组织上已恢复了他科长的职务和"吃中灶"的待遇，补发了工资，

1
2

1.2009年4月4日，张克与夫人张玉英合影
2.张玉英同志为本书题词

现住招待所待分配。习书记真诚地说："不要背包袱，好好工作。"书记如此关心爱护同志，我非常感动，决心要更加努力地工作回报书记的期望。

假案得以彻底纠正，对大家的教育是很深刻的，被审查的同志不失共产党员的品德，坚持原则，实事求是，经受住了考验，受到好评，这正是西北局习书记多年教育的结果。同时，"凭主观想象，不实事求是，伤害同志造成党内混乱"的深刻教育，为日后的工作起到了很好的借鉴作用。

习书记高尚的人格形象深深印在人们的心中，谁想抹也抹不掉。所谓"彭、高、习反党集团"问题出来后，曾在西北局工作过的同志被分批叫到西安市委开会，我也被叫去。之前无人知晓会议内容，主持人直入主题，宣布要肃清"彭、高、习反党集团"的影响，揭发习仲勋的反党言行，与其划清界限。这一闷棍打得同志们低头久坐，无人吭声，会场的气氛很沉闷。终于有人开口了，他说："习仲勋在西北局工作期间我只看到他不分昼夜、勤勤恳恳地为革命事业操劳，至于反党言行我们没有看出，也不知道。"这位同志的发言代表了与会同志的心声，接着同志们一一列举事例说明习书记是个好人。揭发会变成了摆好会，会议没有达到预期的目的就匆匆结束了。后来在1966年"文化大革命"中，曾在西北局工作过的不少同志又因此事受到不同程度的株连，有的被批斗，有的游行时挂着"彭、高、习黑干将"的牌子，但事实终归是事实，习书记崇高的人格形象在人们心目中是永远抹不掉的。

直到1980年1月5日，中央批复同意中共陕西省委《关于为所谓"彭、高、习反党集团"问题彻底平反的请示报告》，并指出所谓"彭、高、习反党集团"的提法是极其荒谬的，纯系污蔑不实之词，应一并推倒，因所谓"彭、高、习反党集团"问题而受株连的干部群众应尽快给予平反。此报告传达到党内外群众，洗清了习书记十几年的冤屈，恢复了历史的本来面目，大快人心。

历史是一面镜子。习书记给后人留下了宝贵的精神财富，是我们永远学习的榜样，我将永远怀念他。

西北局的繁华往事与我的陕西情怀
吉世霖

> 吉世霖,1929年12月1日出生,韩城独泉乡人。1947年参加革命,先后担任乡政府文书兼小学教员,后任独泉、院子两个乡的党支部书记。1949年初,调任干峰区政府秘书,代理区宣传委员。曾任谢觉哉同志的秘书。负责整理和编写了《谢觉哉传》《谢觉哉日记》《谢觉哉文集》等著作。

编者按 虽然在西北军政委员会的工作时间只有两年,但吉世霖老人对西北局的主要领导彭德怀同志和习仲勋同志的印象还是非常深刻的,以至于时至今日,再次谈起过去的老领导,仍恍如昨日一般。

西安解放,西北军政委员会成立

西安解放后,西北局也就迁到西安了。

我是1947年从学校毕业后,第二年的2月份到乡政府工作的,1949年我被选派到中央西北局党校(后来叫中共西北局党校),当时西北局党校的主要任务就是培训南下干部。

1950年3月,西北军政委员会成立,彭德怀担任西北军政委员会主席。委员会干部成员就从西北党校选拔,我也因此次干部选拔,被派送到西北军政委员会。一开始我被分配到西北军政委员会民政部干部处,随后西北军政委员会民政部又成立了人事部,我又被调去了人事部办公室。当时民政部部长是王子宜,同时兼任人事部部长。在民政部干部处和人事部的主要任务就是分管西北五省县级以上的干部，递送干部名单。

此时的西北局就位于建国路，而西北军政委员会在省政府大院，也叫新城大院，彭德怀住在新城大院的黄楼，在黄楼的西部办公，习仲勋（时任西北局书记）在建国路的西北局办公。那个时候要去给习仲勋、彭德怀送干部名单，基本上一个礼拜去一次，刚开始和习仲勋只是偶尔见一下，后来去的次数多了，也就经常见了。那时候街上还没有汽车，起初连自行车都没有，我也就只好走路去西北局了。

对习仲勋印象深刻

王子宜和习仲勋早年在延安的时候就在一起，所以王子宜就经常跟我介绍一些关于习仲勋的情况。1951年，我被派去"土改工作小组"担任组长，组织实施关于土改的各项事宜。土改回来以后（当时"三反""五反"运动刚刚结束），王子宜就带上我奔赴延安，并带我到习仲勋在延安工作过的地方了解情况。

王子宜和刘志丹是同一个县的人，"左"倾路线时就和刘景范（刘志丹的弟弟）等人一起被关在监狱。红军到延安以后，毛主席才派人把他们解救出来。王子宜与刘志丹就和习仲勋一起搞革命，因为在延安时期，王子宜、刘景范都是陕北人，工作又常在一起，而习仲勋、谢觉哉都是当时西北局的领导人，因此他们就成了天然的战友、朋友。习仲勋深得毛主席的信任，原来看守南大门（当时的根据地是马栏），后来就被调到绥德地委当地委书记，转看北大门，对付国民党，那个时候习仲勋30岁。

我对习仲勋的第一次深入了解是在西北军政委员会的干部会议上，当时习仲勋与彭德怀跟西北军政委员会的干部谈话，习仲勋给我们的第一印象就是很有魄力，非常精干，什么事情都敢去讲。

1952年，我调到北京，当时在中央人民政府内务部，担任了谢觉哉同志的秘书，后又兼任党组秘书（经中组部决定）。之后跟随谢老到上海参加了我国

1. 关中分区在马栏时的旧址
2. 习仲勋在马栏时居住的窑洞
3. 谢觉哉秘书吉世霖先生与本书主编合影

新政权第一部宪法起草的调查研究，当时谢老是中央人民政府内务部党组书记、部长，王子宜是党组副书记、常务副部长。那段时期，习仲勋也到了北京，在这期间，我就经常和王子宜副部长一起去见习书记。当时见到习仲勋时候的印象是非常深刻的，习仲勋用非常亲切的陕西话对我说，都是陕西老乡，你说陕西话，不要说普通话，说陕西话我觉得亲切，说普通话不亲切。习仲勋到北京后也不说普通话，始终说陕西话。

回忆谢老的西北往事

1935年，红军长征到达陕北后，成立了中央政府西北办事处，谢觉哉任内务部长、秘书长、司法部长、代理最高人民法院院长，后任审计委员会主席。在这个时期里，他协助和指导陕甘宁根据地健全基层政权组织，实行普遍、直接、平等、无记名的选举制度，充分发挥人民群众的民主权利，调动人民群众的积极性，对巩固和发展陕甘宁革命根据地起了重要的作用。

就在这一年，谢老与夫人王定国相识。那是6月份，红一、四方面军在懋功胜利会师。在卓克基，两个方面军都在为过雪山做准备工作。有一天，王定国和几个战友正在山坡下聊天，一位老同志走过来说："小同志，请你帮帮忙。要过雪山了，请你帮我把两件单衣合起来装上羊毛，缝成一件羊毛衣。"王定国答应第二天缝好后给他送去。老同志自我介绍说："我叫谢觉哉，就住在山坡上，是一方面军干部休养连的。"第二天，王定国去送衣服时，谢老远远地招呼她，接过羊毛衣说："谢谢你，缝得很好。"告别时还特地嘱咐她要多准备些辣椒，说这可以御寒。再次相逢，时任兰州八路军办事处党代表的谢老，只记得起这个姑娘姓王，而王定国对这位长征中的最年长者，倒是记得清清楚楚。

抗日战争时期在兰州八路军办事处的朝夕相处中，王定国和谢觉哉结成了革命伴侣。从此以后，从兰州、延安到北京，王定国几乎一直在谢老身边工作，在她心目中，比她年长30多岁的谢老，是同志，是爱人，更是导师。

1939年，谢老任中央党校副校长，为了克服经济困难，他在发动员工开荒种地的同时，还亲自动手参加修建大礼堂。大礼堂落成时，毛泽东亲笔题写了"实事求是"的大幅匾额。从此，"实事求是"这句名言通过党校学员传遍各抗日根据地，并作为中共的思想路线和优良传统代代相传，发扬光大。

1941年5月，经中共中央批准，将中共西北工作委员会与陕甘宁边区中央局合并成立中共中央西北局，谢觉哉同志任西北局常委、副书记，并担任边区政府秘书长和党团书记。这时，林老伯渠同志任边区政府副主席，决定由谢老主持制订陕甘宁边区选举法。1941年11月，在边区参议会二届一次会议上，谢老被选为副议长。

1942年中共西北局和边区政府召开党外人士座谈会，讨论政府工作和财政经济问题。为充分听取党外人士的意见和建议，1943年1月，由边区政府党团书记、边区政府主席林伯渠和西北局秘书长贾拓夫主持召开了第一次陕甘宁边区政府非党人士座谈会。1943年2月，毛泽东在谢觉哉、贾拓夫关于座谈会情况的报告上批示："以后西北局可每两月召集座谈会一次。"任弼时批示："以后要经政府通过执行的重要政策是可以先与他们交换意见，然后提出。"

谢老在中共西北工委、边区中央局、中央西北局和边区政府、边区参议会工作了整整六年，为建设"三三制"政权呕心沥血，使陕甘宁边区成为各抗日根据地建设"三三制"政权的模范，并向中央建议把参议会改为人民代表会议，得到党中央和毛主席的赞同。他上书毛泽东，提出发展边区生产、增加边区财政收入的建议；还根据毛泽东的提议，提出一份改善边区经济的具体计划。而这一时期，正是边区经济最困难的时期。

跟彭德怀、习仲勋、常黎夫在一起

当时除了彭德怀、习仲勋，在西北军政委员会给我印象比较深的就是常黎夫了。和常黎夫相处的时间是最长的，常黎夫给人的感觉就是非常亲切，他当时担任西北局秘书处处长。跟彭德怀、习仲勋、常黎夫这些人在一起，给人的感觉就是跟自己的家人一样，亲切、随意。工作上非常有朝气，没有上下班的观念，从早到晚干到啥时候就啥时候，经常写材料弄到三更半夜。记得在"三反""五反"参加工作小组的时候，就整夜地写材料，发展到后来的土改工作，接连工作18个日夜不休息，即使这样，只要和他们在一起工作，就从来都不知道苦、不知道累。

彭德怀给人的感觉就是非常直爽，说是啥就是啥，非常果断，对人很客气，很亲切，偶尔还跟王子宜、常黎夫在新城大院一起打乒乓球，一起打一起闹。当时就觉得很有意思，很新鲜，跟他在一起从来没有什么压力，也感觉不出他是上层领导。

我的"陕西情怀"

1982年马文瑞（时任陕西省委书记兼人大常委会主任）找到常黎夫（时任陕西省委秘书长），把我从北京调回西安，把我的组织关系转到陕西省人大。同年，我就调回了陕西省人大常委会，先在办公厅编辑室，后到法制委员会，参与起草和修改了一些全国性的法律草案和地方法规草案，直至1992年底才离休。

我在西北局工作30余载，回想起这段繁华往事，激情的岁月中透露着沉痛，欢笑中伴随着泪水，令我难以忘却。

在西北局的快乐时光

郝树华

> 郝树华,北京人,1949年分配到西北局党校工作,其爱人蒋锡白同志曾任西北局党校秘书长、代校长,中共西安市委常委,西安市副市长兼市政府秘书长。

编者按 在我们的采访过程中,"笑声"是郝树华同志对西北局那段日子最好的注解,她在西北局工作、学习期间的快乐和她对这段日子的留恋,给我们留下了深刻的印象,也让我们有些意外:在那个艰难的年代、在物质极其匮乏的环境下,一个从北京来到大西北的年轻学生,她的快乐足以给我们一些启示。

到2009年,我来西安已经60年了,原来在北京朝阳门东四拐角那儿的老家居址,现在全都拆了。家里一共有7个孩子,一直都在西安,都在我身边,所以现在对西安已经有很深的感情了。

从北京到西北

记得我考上中国人民大学(前身为革命大学)后,时间不长,为了迎接全国解放和建立新中国,华北大学应运而生。再后来就把我分到华北大学,那个时候校长是吴玉章,我在那里主要学习了社会发展史和政治经济学。

我印象中大概是1949年7月31日,华北大学举行了5000人的毕业典礼。我很清楚地记得朱德总司令在毕业典礼上叮嘱说:"同学们毕业后,多数要分派到南方和西北去,很好,这是最光荣的任务……"

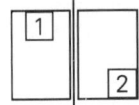

1. 1949年6月，习仲勋在保卫西安的大会上作战前的动员报告
2. 西安解放后的钟楼

因为当时西北局缺人，所以就从华北大学选了一批学生到西安。就这样，华大1800名同学汇聚在一起，组成了西北干部大队，唱着"去！去！去！到西北去，到西北，到西北去！……大踏步向前进，西北的人民期待我们……"然后由北京东下天津，折转山东德州，又奔向山西榆次，沿汾河南下，过风陵渡西拐，至西安。然后继续奔走，秦岭南北、渭河平原、河西走廊、贺兰山下、戈壁草原……这些学生后来支援到陕、甘、宁、青的无数城镇。

我是1949年9月从北京来到西安，到了西北局。当时一共分了3个队，我来的时候只有19岁，那时候还不知道什么叫西干大队。随着大部队从北京出发，过山西到陕西来。走到山西过了风陵渡，才坐上火车。因为山西那时候是阎锡山的势力范围，他把山西的铁轨建得特别窄，所以别的火车进不来，必须得过了风陵渡，然后到榆次，坐上火车才能到西安。那个时候，我第一次经历了渡黄河，当时也不会水，就觉得坐到船上挺好玩的，都是木船，一条船上坐一二十个人，都不觉得害怕。路上一共走了3个月。

记得快到西安的时候，许多学生都背着背包，徒步行走，浑身上下甚至眉毛上都沾满了黄土。为数不多的几辆卡车上爬上来的人也越来越多，大家挤在一起，在车上摇摇晃晃地颠簸着，但情绪却随着目的地的临近而愈加兴奋，最后大家索性扯开嗓子唱起革命歌曲来。

西北局的快乐生活

我一来西安，就被分到西北局党校图书馆工作，那时党校就在小雁塔附近。"电话不灵、电灯不亮、马路不平"，这就是我们到的时候西安的真实写照，一点都不夸张，电灯都发红，只有东大街一条柏油马路，其余都是石子路。这是当时到了西安，西北局的领导跟我们说的"三大样"。

那时西安最好的商店是西京百货商店，在东大街。再一个最好的旅馆是西北大旅社，也在东大街那边。那个时候的西安和现在比起来，简直不可想象。你们可以到柳青纪念馆去看看，那里有过去西安的照片，西大街、北大街的样子都可以看得到。即便这样，我们的生活还是比较快乐的：一是因为一种新鲜感，再就是当时那种为了新中国而努力的精神。

那个时候，我们每天早上起来吃饭学习1个小时，然后就开始工作，生活也没觉得艰苦。当然，条件跟现在是没法比。吃饭是大灶，每个礼拜开一次浴室，不能天天开，因为缺煤。但大家都挺高兴，上下班都能在一起。还有图书室，愿意看书的就看书去，不愿看书就去俱乐部，那会儿党校有俱乐部，在里

面可以下棋,可以打克郎球,现在的孩子们应该都不会玩克郎球了吧?那个时候我们还经常打四方牌,非常有意思。

那时党校学员里面年龄大的学员多,中青年少。有些教师是革命大学来的,主要讲社会发展史。那个时候同事之间、上下级之间有什么说什么,不像现在可能都喜欢搁在心里头。我当时没有跟谁闹过磕磕绊绊,也从来没有给谁使个绊子或者向领导打小报告这样的想法,那个时候大家都很知足,一门心思为新中国的建设作贡献。

其实,一直到今天,我还非常向往那时的生活,想起那时的事情,心情总是特别舒畅。大家都是集体生活,都住在一块儿,也从来没有因为你是处长、校长就有隔阂,每个人都很高兴,好像就没有什么让你心烦的事情。你看多快,60年了,可是现在一想起在西北局的那段日子就像发生在昨天一样清晰。

回忆习仲勋书记

我在西北局党校工作的时候,习仲勋书记兼任我们的校长,另外一个校长是高仰云。当时党校的主要工作是办学习班,西北五省区各地的、县上的书记和县长都到这里培训,一般一期3个月。习仲勋书记在党校开学典礼、毕业典礼、党的生日这些时候,都会来党校参加活动,所以那个时候能经常见到他。

习仲勋书记非常平易近人,他要来我们党校,也没有什么特殊保卫,说来就来。我们见到他就爱说、想说,不管说什么都行。那时习书记一来就问我们:"你们最近的伙食好不好?"非常关心我们的生活。因为我们都是从外地来的,就问吃得惯吃不惯这里的饭啊?我们也实事求是,就说"都是辣的,吃不惯"。确实一来的时候好多人都吃不惯这里的饭菜,西安的辣椒真是辣(笑)。

像彭德怀、王世泰这些领导也经常到党校来,他们那时在建国路雍村住,现在都改成省委家属院了。我觉得那时的老干部,像彭德怀、习仲勋、王世泰,都特别好,我们到他们家去很随便,当然那时也小,都不懂事,所以也不知道害怕,不像现在要见个首长肯定就不是那么容易了,也会有拘束。不过一段时期有一段时期的历史情况，不能说现在就不好了，像温总理这样的人就挺像他们的，那会儿他们都跟温总理似的，到哪儿都可随便，反正让人家不觉得是领导，你在他们面前有话想说，也敢说。

习仲勋书记特别实事求是，每次讲话，我们都特别喜欢听，就因为他不说套话、大话，说的全都是实实在在的道理。那个时候习仲勋书记也很忙，因为西北那会儿挺乱的，民族问题特别突出。像回民街闹事，晚上还有特务袭击小雁塔党校，但党校里有警卫排，就把这些特务抓住了，慢慢地到1952年前后情况才变好了。

后来时间不长，也就一年多吧，大区就撤销了，党校移交到省里，就改成省委党校了，习仲勋书记也调走了，交接工作咱们也不知道有什么环节，但时间很长，有三四年时间。我爱人蒋锡白在西北局时期就一直在党校工作，大区撤销后就调到省委工作了。他和习仲勋书记关系不错，以前经常去习书记家。

习仲勋书记漂亮处理青海叛乱

习仲勋书记在解决民族问题上特别有一套，当时在西北局的时候，我们都知道他在处理青海项谦投诚时做了大量工作，虽然只是听说，但我们都觉得习仲勋书记确实厉害。

那个时候，西北的形势比较复杂，因为经济、政治和历史、宗教等各方面的原因，新中国成立前后，青海、新疆的大小叛乱很多，土匪横行，破坏和扰乱了西北的和平与稳定。习书记作了好多调查研究，他当时解决民族矛盾的主要做法就是：争取各民族上层人士和宗教方面人士，然后去发动，不可颠倒过来。其中，争取青海省昂拉部落第十二代千户项谦投诚，是习书记在西北地区解决众多民族问题中的一个范例。

当时项谦和马步芳第一〇〇师师长谭呈祥、骑兵第十四旅旅长马成贤等反革命武装，组织所谓"反共救国军"第二军，发动叛乱。争取项谦的投诚工作，自1949年底开始一直到1952年7月才成功，而且在这过程中，习仲勋书记先后指示青海统战部部长、爱国宗教人士等和项谦和平谈判有17次之多。

这场斗争是习仲勋书记亲自领导的，他高瞻远瞩，多次向青海领导指出：正确解决昂拉叛乱，不仅对解决昂拉藏族同胞关系极大，而且对于我党在青海其他藏区和少数民族地区站稳脚跟，建立人民政权，开展工作关系极大，甚至对于甘、川、康藏区乃至西藏也有重大影响。他说，必须坚持在充分军事准备基础上以政治争取为主的方针，要十分慎重，对于项谦必须采取反复争取、特别宽大政策。

针对有些人急于军事进剿的情绪，习仲勋书记电告青海省委书记张仲良："决不能打，万万不可擅自兴兵，只有在政治瓦解无效以后，才能考虑军事进剿。"

1950年8月，项谦投诚，来到西宁，向政府深表悔悟，但是，回到昂拉却又背信食言。1951年9月，对项谦第八次政治争取失败后，人们义愤填膺，青海省各族各界代表会议上，代表们提议，坚决要求政府出兵昂拉进剿。

习仲勋书记当时马上给青海领导打电话说：争取和平解决昂拉问题，对于我们政治上有利，要仔细向喜饶嘉措、班禅行辕的工作人员等藏族人士征求如何能争取昂拉千户。过去做的好多次争取工作是否都完全合适，也可以总结一下，才能把政治争取工作做得更好。我们当时顾虑的是对广大藏区的影响问题，如果我们功夫还不到，不说那个时候军事上打不好，让他们流窜了造成麻烦；即使打好了，对其他藏区工作还会有许多不好的影响，给以后增加许多困难。如果我们政治方面工作还没有做周到，那政治上和军事上两方面都要准备。

这场平叛战斗大概是1952年5月份发起的，三天结束时，项谦隐藏在同仁县南乎加该森林。有些人当时就说争取项谦可能性不大，没有什么价值。习仲勋书记还是打电话给青海省委书记张仲良说：只要将昂拉地区工作做好，不犯错误，争取项谦归来的可能性是很大的；尽快派出项谦信任的汉藏人员向项谦诚恳表示，只要他投诚政府，则对他负责到底；项谦若回来试探，不管真诚与否，我们均应以诚相待，以恩感化。

后来大概在1952年8月份的一次见面中，项谦在兰州负疚地握着习仲勋书记的手，躬身认罪并向习仲勋书记献上洁白的哈达，热泪盈眶地向习仲勋书记举杯谢恩。

以诚相待、以恩感化，习仲勋书记认真分析研究了少数民族上层人士在本民族本地区的社会地位、社会作用、社会影响等的形成与存在，和在历代政治制度下的政治活动、政治态度以及宗教信仰对他们思想意识和精神品德的教化效应，凭借着远大的眼光，坦荡的襟怀，博大的爱心，与各少数民族上层人士真诚共事，使他们感受到中国共产党真正是他们民族的拯救者，从而顺利解决了青海的民族问题，后来还得到了毛主席的称赞，一时被传为佳话。

令人难忘的业余生活

在西北局的时候，业余时间就是跳舞，没有别的娱乐，电影看得也少，跳舞最高级的地方就是西京招待所，在解放路拐弯处，那是西安最好的娱乐场所，当然去的都是西北局的、市上的领导。像当时西北行政委员会的王世泰还有他的爱人魏乃，柳青以及他爱人马葳，都经常去参加舞会。

习仲勋书记也经常参加周六的舞会，有时到党校来跳舞，跟我们这些学生都挺说得来，跟他说话无拘无束，不像是那么大的首长，他一来，我们十几个人都围着、争着和他跳舞。一场舞，他可以换两三个舞伴，感觉他都要和每一个人跳到了。习仲勋书记舞跳得特别好，我也跟他跳过，就是简单的三步四步，跳舞的时候他就问我"你们伙食好不好啊，你们社会发展史学得怎么样啊"，因为那会儿来了就学社会发展史。习书记当时在西北局里边住着，我们有时到他家里去玩，也挺随便的，经常到他家去胡吃一通（笑）。那会儿党校还有个文工室，用来排话剧，还有几个男同志像葛瑞武、刘国柱、王冰心、文超、高炳成就爱打篮球。

那个年代环境是艰苦的，但人与人之间融洽的关系却又使苦变成乐。舞场的窗户在冬天也经常敞开着，因为大伙儿跳舞时都穿着棉衣。舞会结束时，常

2009年4月4日，郝树华同志为本书题词

常都扭起秧歌来，直到最后尽欢而散。

现在都已经过去半个多世纪了，可再回想起那时的生活还是十分向往，在西北局的这段日子是我这辈子都难以忘却的快乐时光。

怀念在西北局的日子
彭寿仁

> 彭寿仁,1928年生,陕西蒲城人。1949年从延安大学分配至中共中央西北局工作,先后在西北局总务科、办公厅行政处工作,1954年4月大区撤销后,曾任西北建筑设计院党委副书记等职。

编者按 彭寿仁同志是我们此次西安采访的最后一位老同志,为人谦虚、平易近人是他给我们留下的深刻印象。回忆起在西北局工作的日子,老人一直在强调能够进入西北局感到很荣幸,非常珍惜在西北局的这段日子,这份真挚的感情让人感动。

我是在陕西蒲城县尧山中学上的学,快毕业的时候参加革命,当时有个延安大学韩城分校,中学毕业后我就到了延大上学。大学毕业时被分配到西北局,当时西安刚刚解放,我从蒲城到了韩城,又从韩城到了西安。我记得是1949年9月进入西北局。那时我还很年轻,刚刚21岁,能到西北局工作非常高兴,因为在我心目中那是个党的机关,是许多年轻人都向往的地方。

在西北局的日子让人怀念

我一开始是在西北局总务科工作,后来又被调到办公厅行政处当秘书,因为我们搞具体工作,所以接触的领导就比较多。当时的书记是习仲勋,组织部

长是马文瑞，宣传部长是张稼夫，秘书长是武开章。在西北局的第一年没怎么见着习书记，到后来因为工作需要，就经常见了。习仲勋书记给我的第一印象是平易近人。

我们那时都特别尊重西北局的这些领导，因为他们都是老一辈的革命家。我们去送文件资料或办理领导交办安排的事情时，他们态度都很平和，一点也没有领导的架子。所以我们这些年轻人在西北局很放得开，过得很开心。那时西北局搞一些大的活动，我们就主要负责联络，比方说西北局要开常委会，习仲勋书记需要接一些人过来开会，接送的工作就是我们来做。当时开比较重要的会议主要在西京招待所和止园饭店，再后来就是在人民大厦。因为工作关系，我和当时的行政委员会秘书长常黎夫接触很多。

除了具体操作一些会务方面的事情外，我们还负责领导出去视察的准备工作，主要是视察前的工作联系。刚开始这些工作是在秘书处，后来划到了行政

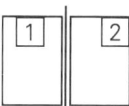

1.1954年秘书室全体同志合影。后排右一为彭寿仁

2.1952年,时任西北局书记的习仲勋与贾拓夫(右)于西安合影

处,因此我跟着领导出去的机会也很多。记得王震同志到新疆去当书记,就是我先打前站,联系好后,又把他送到新疆,再坐飞机回来,那是我第一次乘飞机。曹力如同志出事故牺牲后开追悼会也是行政处具体负责的。曹力如同志本来是要到新疆去当主席,在这之前和马文瑞一起到临潼去参观,结果回来的时候出了事故,被送到广仁医院,后来因为伤势过重不幸去世,之后的追悼会也都是西北局行政处具体安排的,当然我就是具体跑跑腿。

在西北局的时候,业余生活比较丰富。西北局有个俱乐部,索克金、王化一这些人都是俱乐部的骨干,这俩人是华北大学来的,他们具体负责西北局的娱乐活动,组织我们看电影、办晚会。电影几乎都是国内的,但也有少量苏联的电影。另外,每星期都有舞会,我也去跳,习仲勋书记他们也都跳,并且他们是跳得比较好的,有时在机关俱乐部,有时就在市政府大礼堂,有时还在西京招待所,那是西安事变曾经关押蒋介石的地方(笑)。

那个时候每到周末，西北局就人来人往，贾拓夫、李启明都属于当时的活跃分子。

虽然在西北局工作的时间并不长，但这段日子我一辈子都难以忘记，现在回想起来，还特别怀念西北局，特别怀念那些老领导。

"三反""五反"调查了很多人

进行"三反""五反"时，西北局当时也开展了，领导让我们配合调查。当时"三反""五反"工作主要针对的就是行政处的同志，因为我们是年轻干部，领导就说你们根据实事求是的原则要把这些事情讲清楚。在此期间行政处生产科的张克，还有包括我在内的其他一些人都受到了审查，甚至把张克爱人也都一起审查，因为行政处是管财务的，所以审查得很严格。审你有无贪污，查你其他的问题，最后都一点一点落实了，结果是没有问题。

"文革"的时候还把我打成"彭、高、习"的"黑干将"。彭德怀老总我见过，但从来都没有接触过，高岗我是见都没见过，习仲勋书记算是接触得比较多了，结果就把我关到牛棚里，当时我已经调离西北局到西北设计院工作了，后来才被平反。

其实当时的"三反""五反"对我们影响不大，因为我们年轻，刚参加革命。像工作时间长一点的行政处处长赵新民就被审查了很长时间，最后也都没查出什么问题。

在我看来，"三反""五反"出发点是好的，但当时也确实走了一些弯路，对一些同志造成了伤害。后来到了六几年，全国六个大区又都恢复了，张天放同志还让我再回到西北局工作，但因为身体不好也就再没回去。

习仲勋书记对土改工作贡献大

我记得1950年，快到年底时，我到陕西蓝田县参加了两期土改，一期三个月。

土改从当时情况看基本正常，但的确也出现过扩大化的偏差，在这个过程中，习仲勋书记对土改纠偏是起了很大作用的。

土改的背景是这样的，从1947年冬季开始，我们的解放军节节胜利，于是各个解放区都兴起了轰轰烈烈的土地改革运动。运动中，苏维埃时期的老区、抗日战争时期的半老区，均出现了与新区土改不加区别的现象和过激行为。我当时就听说为了纠正土改中的偏差，习仲勋书记曾经在一个月内三次就"老解放区的土地改革问题"、"要注意克服土地改革中'左'的情绪"和"按三类地区有区别地进行土地改革"等重大问题向党中央和毛主席致信，直言不讳地提出反对"左"倾行为。

在给中央的信中，习仲勋书记说：要按一般情况进行老区土改，就会犯原则错误。他举了许多陕甘宁边区绥德分区发生的违反政策的现象。比如在辛店贺家石村，边区文化协会的工作团发生民兵捆吊地主、殴打干部的现象。许多群众斗争会上，总有几名打人者，专门捆、打、吊、铐，弄得人心惶惶。他指出："这种'左'的情绪，不是群众原来就有的，而是干部带去的。"

毛泽东阅后当时就批示说，完全同意仲勋同志提出的各项意见，让按照这些意见密切指导各分区、各县的土改工作，一定要使边区土改工作循正轨进行，少犯错误。还提出华北各老根据地也应当注意。

过了不久，习仲勋书记就"义合会议"问题又一次写报告给毛泽东。所谓义合会议，就是1947年冬在陕北绥德义合镇举行的陕甘宁晋绥边区土改三查会议，会上刮起一股极左旋风。在所谓坚持"贫雇农路线"、反对"中农路线"的口号下，发生少数人起来乱斗、乱扣、乱打、乱铐、乱没收财产、乱扫地出门的极端混乱情况。更厉害的是，提出什么"志丹四大家族"，将陕甘宁苏区创建者、群众领袖刘志丹和他的战友马锡五、王子宜、曹力如等的家属，搞成土改对象。还有部队司令员张达志的弟弟被吊打，索银洋，还有烈士家属被扫地出门，有的劳动英雄因有余粮被当成斗争对象。

1. 2009年4月6日，本书主编（左一）与邵继尧（左二）、彭寿仁夫妇在一起
2. 彭寿仁同志及其夫人黄健珍为本书题词

习仲勋书记非常严肃地说："义合会议有一种'左'的情绪，由于受到这种情绪的影响，土改一到农村，就发生极左偏向。"他又说："我看一有'左'的偏向，不要半月，就可以把一切破坏得精光。"

毛泽东很快作出批示："完全同意习仲勋同志这些意见。华北、华中的老解放区有同样情形者，一定要密切注意改正'左'的错误。凡犯有'左'的错误的地方，只要领导机关处理得法，几个星期即可纠正过来，不要拖延好长时间了才去纠正。同时注意，不要使下面因为纠正'左'而误解为不要动。"

不久，中央由周恩来起草的《关于老区半老区土改问题的决定》颁发各个解放区。

后来，我还听说过这样一个故事。1952年初的一天，薄一波同志去毛主席那里汇报工作，毛主席正在阅读习仲勋从西安发来的报告《关于中共中央西北局委员会全体会议情况》。这个报告内容主要是讲西北地区的土地改革、统一战线和民族工作等等，内容丰富，论述精辟。这个报告为中央领导针对地域辽阔、民族众多、社会复杂的大西北政治改革各项工作提供了一个蓝本。毛泽东欣喜异常，于是问薄一波："你讲讲，习仲勋这个同志怎么样？""年轻有为。"薄一波回答。在延安时，薄一波就听到过毛泽东以此语赞誉习仲勋。毛主席说："如今已经'炉火纯青'。"从这就不难看出，习仲勋书记确实在土改中作出了很大的贡献。在解放战争和新中国成立后恢复国民经济时期的西北局工作中，习书记也很好地阐释了实事求是的涵义。

陪领导看病就住在习书记家里

我记得大概是1953年，习书记刚调到北京。西北局行政处处长李秉荣生了重病以后，在西安看不了，当时组织就派我和一个医生还有一个同事，陪他到北京去看病。因为在北京人生地不熟，最先安排的住处又离医院比较远，来回很不方便，习书记知道后就执意把我们一行四人接到他们家。这期间，我们得到了习书记和他夫人齐心同志的悉心照料，前后一共住了差不多有一个月，这才回到西安。现在想来，习书记对干部非常关心、爱护，齐心同志人也非常好。那时她刚生近平不久，还有两个女儿桥桥和安安，桥桥是在陕北生的，安安是在西安生的。在这样的情况下，习书记一家人还专门照顾我们几个，让我们非常感动。

我在西北局从 1949 年 9 月一直工作到 1954 年 4 月大区撤销才调到了西北设计院。现在想想已经离开西北局 50 多年了,但这份感情始终都在,听到你们要写写西北局,我也非常高兴,很愿意和你们讲讲那个时候的事情,希望这段宝贵的历史能够留存下来,对后人也会是一种很好的教育。

我陪德生同志在西北局的日日夜夜
王志强

  王志强，1931年4月生，河北深县人。1947年2月加入中国共产党；1948年1月参加中国人民解放军；1948年1月至1949年9月在独立五旅第二十二团三营十连任警卫员、排长；1949年10月至1953年3月在甘肃省委、西北局任警卫员；1953年4月至1965年10月在陕西省委任警卫员、行政秘书、司机，干部招待所任人事管理员；1965年10月至1991年9月在陕西宾馆先后任行政科副科长、副处级协管员、正处级调研员；1991年9月离休。

  编者按 本文是王志强同志在得知我们正在组织《在西北局的日子里》一书后，专门给我们送来的稿件，主要回忆了他和张德生同志在西北局期间的点点滴滴。

  解放战争时期，张德生同志先后在西北野战兵团、西北野战军、中国人民解放军第一野战军政治部当副主任。他的任务主要是做地方工作。
  1948年出击西府时，张德生同志随彭德怀司令员一起行动，部队一到驻地他就忙着找地下党的同志了解情况，布置工作，指示我们的地下同志尽可能利用国民党的合法组织做工作，发动群众支援我们的部队。
  1948年秋至1949年春，我军在渭北先后发动了澄合战役、荔北战役、蒲城的永丰战役及春季攻势，基本攻占了渭北地区。在此期间，张德生同志亲自主持群众大会，站在旷地里宣传我们党的政策，有时找农民个别谈话。

1949年5月20日西安解放，张德生同志住在西华门原国民党的省粮赋处的院子里。德生同志直接领导随军工作团，工作团里的干部大都是从老区调来的地方干部，是到新区担任地方领导工作的。

1949年7月打罢扶眉战役，一野主力继续西进。到平凉，一野政治部孙作宾同志常同张德生一起活动。到了兰州我才知道他俩是新成立的中共甘肃省委的主要负责人，张为书记，孙为副书记。张德生还是兰州市军事管制委员会的第一副主任，甘肃省人民政府成立后他又是第二副主席，还是甘肃军区的政委，工作头绪很多。他很辛苦，在机关，几乎每天都熬到半夜两三点才睡。一天他刚刚睡下，我看到电铃的牌子掉下来了，就赶忙跑到他的房子里，见他抱着肚子坐在床上。我先请了孟服南同志，后去请医生。医生来了，他说胃疼得实在受不了。给吃药治疗后，他第二天照常主持召开省委会议。他常到下边去调查，陇南的大山区、甘南的高寒游牧区、河西走廊的戈壁滩、甘肃新疆交界的沙漠都去过，到藏民、回民、蒙古族牧民家里问寒问暖。有一次去夏河，德生同志和省人民政府第三副主席马鸿宾同坐一辆车，马是回族，起义将领，俩人坐在车上共商如何做好临夏的回族工作。到了夏河，黄正清在那里等着，黄是藏族，也是起义将领，他们一起去拉卜楞寺，一起召开各界座谈会，做藏族和藏区的工作。

1954年上半年，张德生同志调任中共中央西北局统战部部长，下半年接潘自力任中共陕西省委第一书记。德生同志到陕西工作，正是对农业实行社会主义改造的时期。他常对我们说，农民几千年来是私有者，现在自觉自愿地带着土地、牲口、农具参加农业生产合作社，这是很了不起的一件大事，是中国共产党和毛主席长期坚持对农民进行教育的结果，应当爱护和保护农民的社会主义积极性，处理好农业社的各种问题特别是经济问题。他多次深入到农业社具体调查，召集区乡干部座谈，召集地县领导干部座谈，回到省上又同有关部门的领导同志一起探讨，制定具体办法，有的发了文件，有的登了报。对那些具体政策我不大懂，但德生同志执行政策的严肃认真作风我是懂得的，留下了深刻的印象。

习仲勋(右二)与张德生(右三)等在西安骊山合影

张德生同志是个老实人,说话办事实在。1958年,一位先进农业合作社的主任去北京开会,行前德生同志对他说:你们社的小麦亩产已经上千了,实在地说不低了,到北京后要实事求是,不要放大炮,说那些办不到的话、办不到的事。那位同志到京后,顶不住会上的"高产风"的压力,说了大话,登在报纸上,德生同志看后很不满意,待那位同志回省后又去人民大厦看他,在问明情况后,一再告诫,已经说了就算了,今后不能再冒说了。

张德生同志很尊敬在生产第一线的工农群众。纺织女工赵梦桃同志因病住在陆军医院治疗,一天,德生同志去医院探望,握着赵梦桃的手,弯着腰,轻声地说:"您是纺织工人的光辉榜样,我代表省委和省政府来看望您,向您表示亲切的慰问,同志们希望您早日康复，重回生产第一线。"这时赵梦桃同志的病已经不轻了，她半起身子，紧紧握住德生同志的手，满眼泪花，说她感谢党和毛主席，感谢省委和省政府的关怀，配合医生治病。在回来的路上，德生同志说，赵梦桃同志是用毛泽东思想武装起来的新型工人，具有高尚的共产主义精神，大家都应该向赵梦桃同志学习。后来德生同志还为此专门写了文章，登在《陕西日报》上，号召全省人民向赵梦桃同志学习。

张德生同志也很关心烈士的遗属。一次他到汉中下乡，由县委统战部部长陪着登门拜访一位烈士的遗孀。这位大嫂不在家，去了城固。德生同志到城固后没有忘记这件事，登门慰问了这位烈士夫人。德生同志对我们说，这位大嫂的丈夫是红军的重要干部，她的家里实际上是我们地下党的一个秘密机关，包括他在内，在汉中做地下工作的同志，大都在这位大嫂的家里住过，受到过她的关照和掩护。德生同志对我们说，革命的胜利是无数的先烈用鲜血换来的，我们活着的人不能忘了烈士，不能忘了烈士的亲属，我们应该帮助他们安排好生产、生活和学习。

张德生同志还有很高的革命警觉性。1955年1月初的一天下午，德生同志去拜访即将到民盟中央工作的原西北行政委员会副主席杨明轩同志，我和段明发同志也跟了去。我们到时，杨老正在会客室接待一位来访者，他见德生同志来了，介绍说来访者叫李万铭，安康人。我和段明发见他们三人闲谈起来，就退出来到杨老的警卫员王天民同志处聊天。过了一会儿，李万铭先出来，他穿一件旧军棉服，走路有点跛，王天民同志指着给我们说，这个人来时介绍他是军参谋长兼师长。又过了一会儿，德生同志从杨老的会客室出来了，一回到雍村，就让我给他挂兰州的电话，找军区廖汉生政委。电话接通了，德生同志说："有个叫李万铭的人，自称是第十二军参谋长兼第三十五师师长，奉中央军委命令去兰州商谈重要军务，现在西安，他自报家门去拜访杨明轩副主席，我刚从杨老那里回来，杨老说他不认识此人，我和杨老都觉得这个人的说话多有矛盾，军区近期是否要开重要会议？"廖政委在电话上作了完全否定的回答，还说此人可能是骗子。德生同志心里初步有了个底，便立即请来几个同志商量，将此事交公安厅，经审查，揭露了这个大政治骗子。这就是50年代轰动全国的"李万铭案件"。著名剧作家老舍写了《西望长安》话剧，无情地鞭挞了李万铭这个政治骗子，也无情地揭露了那些在胜利面前丧失警惕和忙忙碌碌的官僚主义者。

张德生同志的廉洁作风对我的影响和教育更深。德生同志初到甘肃那个时候，一些藏族头人来见他，常赠送一些鹿茸、麝香等名贵中药材，甚至还有赠银元的。他先是宣传我们党的政策，婉言拒收，实在不收不行的，他就让我和他的司机高志诚一起，送交办公厅行政处，上缴充公。西安玻璃厂有个干部来看德生同志，德生同志外出不在，那位同志走时留了一点从家乡带来的土蜂蜜。德生同志回来批评了收下蜂蜜的公务员，让我拿着退给人家。大约在生活仍很困难的1963年初，由于德生同志是中共中央西北局第二书记兼中共陕西省委第一书记，西北局办公厅行政处从机关农场的生产粮中，给他分了两袋面，但他自己没用，全交给机关食堂公用了。有一年从澳门来了一位客人，本当由公家宴请，由于德生同志青年时期同这位客人有过来往，便请到他的家里吃了一顿陕北的家常便饭，给公家节省了开支。

张德生同志对在他身边的人员要求很严格，首先从政治上关心同志们。我的文化程度低，在他的安排下，我在省文化干部学校学习了三年。毕业回来，德生同志又让我到省委行政处学开汽车，学修理汽车，干了一年多，才又回到他的身边做行政秘书。

1964年7月，德生同志住进了北京医院进行检查，由中央保健局负责组织专家会诊。傅连暲局长和各位专家商定，剖腹探查，结果打开一看，里面长满了大大小小的肿瘤，取出了一个核桃大小的切片检查，是腺癌。腹内有许多水，抽出200毫升，又放进些抗癌药，对心、肺、肝、胆都进行了手摸检查，胆上有个10公分大的疙瘩，直肠两边也有10公分大的两个疙瘩，专家说已到晚期了，多则能活两个月，少就很难说了。我听了这话，真是晴天霹雳，十分难受，止不住泪水流了下来。关腹后，德生同志苏醒过来，他说："请将真实病情告诉我。请报告中央,我要回陕西去,不能将时间消磨在病床上","请报告中央派人接替我的工作"。

当时中共中央西北局第一书记刘澜涛同志正在北京开会,他向中央报告了德生同志的病情和请求。刘澜涛书记到医院来看望德生同志,说:"毛主席、刘主席、周恩来同志、邓小平同志都很关心你的病,请你好好养病,中央同意你的请求。"

手术后两周,德生同志乘飞机回到西安,住在省人民医院。当天他就提出要开省委常委会议,在同志们的劝阻下没有开。他才休息了几天,就在省医院南院会议室连续召开了两个会议。先是省委常委会议,他在会上说:"我们这个班子,有外地来的同志,也有在本地工作多年的同志,外地来的同志有外地的工作经验,本地的同志有本地的工作经验,请同志们互相学习,取长补短,互相团结,共同奋斗,把陕西的工作做好。"医护人员都很爱戴他、敬重他,洪护士长去请他休息,他说"时间不多了",这样一直讲了三个半小时。第二天召开地委书记会议,他又讲了三个小时的话。后来德生同志搬到西安医学院第一附属医院治疗,大约过了20天左右,他给大夫说:"肚子疼啊!难以忍受。"大夫开会研究,再次做了手术。他的病情一天天恶化,已经不能进食了,一直睡在床上,靠输液、输血维持生命。1965年过春节时,给他包了六个小小的饺子,他只是在嘴边嚼了嚼又吐了出来。他的爱人王文同志到他的身边,他说:"我死后,医学上需要全部尸体给全部,需要部分给部分,谁都不能阻挡。不要给组织提任何要求。"这些话他给来看望的亲属不知讲了多少遍。在德生同志病重期间,许多同志要来看望他,我怕影响他的治疗,想婉言拒绝,他说:"叫来吧,我的时间不多了。"刘国声同志来看他,他握着刘国声同志的手说:"我对不起你。"刘说:"不怪你……"

在德生同志病重期间,医护人员辛辛苦苦想尽了办法,终于抢救无效,1965年3月4日下午6时,病魔夺去了他的生命,陕西失去了一个好省委书记,我失去了一个好老师。他和我们永别了,但是他的革命精神永远活在我的心里。

我随父母跟西北局转战陕北

王效民

> 王效民，张德生的女儿。1939年出生于陕西省泾阳县云阳镇八路军第一一五师后方留守处。1946年随中共中央西北局家属队撤出延安在陕北转移，又东渡黄河到山西。1967年毕业于第四军医大学，曾赴援老（挝）抗美前线工作两年。1989年、1994年分别任副主任医师、主任医师。2000年退休，时为军队文职干部技术五级（副军级）。

编者按 作为一个当时只有七八岁的小姑娘，她眼里的西北局是什么样子的？她接触过的那些领导们又给她留下了怎样的印象？在文中，张德生同志的女儿王效民将从另外一个独特视角为我们介绍西北局的那些日子。

提起西北局，许多老前辈对它有很深的感情，作为我——当时只有七八岁的孩子，照样有同感，甚至更深。

我的父亲张德生，陕西榆林人，早年参加革命，奔走于陕甘宁青各省，从事党的地下工作，并从川北参加了长征。1941年起先后任中共陕西省委书记、关中地委书记，1945年起历任中共中央西北局秘书长、统战部部长。我出生在八路军第一一五师后方留守处——陕西省泾阳县云阳镇。三四岁起我就跟随父母亲（母亲王文，30年代就参加革命）无数次往返于延安、照金、马栏、云阳等革命根据地。有时白天，有时黑夜，爸爸妈妈抱着我坐在马背上。1942年冬季后，上级安排母亲到中央党校二部学习并留在延安工作，我就上了延安洛杉矶幼儿园，和习正宁（小名富平，习仲勋叔叔之子）、马晓文（马文瑞叔

习仲勋与马明方在一起

叔之子）、王建凯（汪锋叔叔之子）成为幼年的小伙伴，长大后是好朋友。我生来就胆小，记得有一次我母亲到幼儿园接我时，阿姨说我不会说话，妈妈吓了一跳。三岁多了还不会说话，千万别是哑巴！到了家里，不多时间什么话都会说了。过年时，父亲母亲带着我去毛主席家给主席拜年，见了习叔叔和齐心阿姨我都主动问好，因此他们都很喜欢我。我还记得在王家坪窑洞门前的院子里，习仲勋、李卓然、马明方等叔叔还有一些老同志晚饭后常在一起聊天，有时开玩笑，互相从后腰将对方抱起然后撂倒，大家哈哈大笑。那场景，那团结友爱的氛围，那革命的乐观主义精神，半个多世纪过去了，仍在我眼前浮现。

我快七岁时，上了延安新市场附近的小学。没多久我就病了，治好后又去上学时，突然胡宗南派兵34个旅约25万人进攻陕甘宁边区,中央决定先撤离延安。我父亲是西北局秘书长,又接到命令,被任命为西北野战兵团政治部副主任,因此,上了前线。剩下我和母亲(母亲当时是西北局城工部干部,那几天她在发高烧)随西北局和西北局家属队转移。我们小孩被放在骆驼背两边的筐子里,大人坐在骆驼背上。辗转行军几天后,先到了一个村子,在打麦场上停了下来。大人们进村吃饭去了,我随母亲,还有几位叔叔留下来看东西(当时还带了不少西北局的文件箱)。一会儿,敌人的飞机突然来了,又是机枪扫射又是狂轰滥炸,情况非常危急,这批骆驼没有一个乱跑,没有一个站起来。第二次轰炸才站起来几个,第三次轰炸才全部站起来。当时我被一个叔叔摁在一个土坑里保护起来。母亲一直守在比自己生命还重要的文件箱跟前。这次轰炸没有伤着我们一根毫毛,文件也是完好无损。

不知什么原因,有几天我没有筐子坐了,我一个七岁的小女孩跟着大人们跑。一次队伍拐到一个山弯弯去了,我们看不见了,就跑到山下去,还是找不到,再又折回来上山,往前一看,队伍已经走到山弯弯的那一头了,我们马上赶过去这才上了路。还有一次在晚上行军,和队伍走散了,有几个路口不知他们走了哪条路,晚上黑灯瞎火,又不能点火把,只能瞎碰。正在无路可走时,我看到一个未熄灭的烟头,马上说:"叔叔,快看!"当时据此判断,队伍是从这条路走了,而且走得并不远。我们循此路往前走,很快赶上了队伍。还有一次,正在上一个很陡峭的山坡,突然队伍前面一个阿姨跳下牲口高喊:山上有敌人。这时,我母亲和几个阿姨、叔叔商量后说:我们走的这条路线是西北局定的,不会有问题的,坚持上山。后来听说返回山下的家属队,有的走到了敌人的窝里,中了特务的奸计。

随后家属队基本分散在保安县(现志丹县)的西北局农场附近。我母亲带着我,陈因阿姨带着女儿沟沟(杨延武)——杨拯民叔叔的女儿,住在安条岭附近的白令庄。还有孙铭阿姨带着晓文兄妹三人,李卓然叔叔的夫人带着一个男孩住在不远的另一个村子。两位阿姨装扮成当地老百姓的样子梳着发髻,但她们皮肤白皙，别人一眼就能看出不是当地农妇。为防敌人突然袭来，母亲想到对面山上找个地方好躲藏，因此带着我下到山底下。沟下是清澈的泉水，四周绿树成荫，美丽极了。我们想上对面的山却找不着路，到处是杂草和多刺的灌木，山上野猪野狼到处都是，我们不敢上山，只能返回。

　　不久，听说解放军大部队过来了，我们孩子欢呼雀跃，大人们奔走相告，喜在眉梢。我和晓文、沟沟站在大路边看到大部队浩浩荡荡，战士们背着背包，扛着枪，牵着骡子拉着马，驮着重武器拉着大炮整整过了好几天。我们看到了胜利的希望，晚上兴奋得睡不着觉。没过几天，母亲和陈因阿姨带我们去西北局总部。路上遇到敌机扫射，我们躲在路边，好不容易到了目的地，正赶上吃饭。林伯渠爷爷给我们几个孩子盛了白米饭，我们也顾不上吃菜，白米饭太香了，我们狼吞虎咽地吃完了。这顿饭，至今还让我记忆犹新。

　　我军从榆林撤围后，按中央军委的要求，西北野战军在绥米一带休整待机。为了保障后方机关安全，进一步迷惑敌人，使胡宗南在指挥上再犯错误，彭总命令中央西北局和各后方机关从佳县移至黄河以东，带一些电台过河，同时派出一部分兵力佯动。因此我们辗转到了吴堡县宋家川附近，孩子们又可以上学了，有人编了识字课本，可学了没几天，敌机突然来袭击。第二天下午按照组织安排，我们家属队所有人员上了几条大船，在我幼年的记忆里，当时人很多，繁忙，但大家很有秩序地上船，牲口驮着箱子也上了船，船向着对岸开了过去，顺流而下走到黄河中段时，川口这边枪声四起，敌机也在低空飞行扔炸弹，船周围激起几米高的浪花（以后才知道，敌人误认为西北局和后方机关家属队等是我军主力）。大人们说，敌人追过来不要惊慌。说话间，对面山上灯亮了。到了山西，我们才暂时安定下来。不久，我母亲和几个阿姨参加土改去了，我们小孩集中到一起睡在一个大炕上。富平小时候很调皮，钻到被子底下抠小朋友的脚丫子，让大家都不要睡觉和他一起玩。

　　这一时期，我们也看到了斗地主的场景。地主上身被脱光，农民用鞭子沾上水使劲地抽打地主，皮肤上马上显出一道道血印。我们小孩害怕，站得远远地看，不敢到跟前去。以后才知道，这是党内的极左思潮作怪。这件事被习仲勋叔叔发现上报中央并予以纠正。

不久，我们几个孩子被送到山下的保育小学上学。从此，我和富平、晓文又成了要好的同学。1948年4月21日传来了延安光复的振奋人心的消息。同学们异常兴奋，奔走相告，这下可以回家了。不久，父亲派了马夫吴伯伯牵着一匹骡子一匹马接我回延安（因当时在西北局上学的孩子里，我年龄偏小，若随学校回延安，父亲不放心）。经两天的辗转、惊吓，在一个月明星稀的晚上，我回到了阔别一年一月零三天的延安。两边山上灯火辉煌，这场景、这愉悦的心情我终生难忘。

还有一件事让我记忆深刻。1948年，习仲勋叔叔上前线去开会，他非常喜欢孩子，要带我去看我爸爸。我母亲担心战争环境下习叔叔工作繁忙，再带个孩子，给他添麻烦，因此不让我去。我非常想见到分别一年的父亲，习叔叔也坚持要带我去，我非常高兴地跟他坐上吉普车上了路。一路上习叔叔和我说话，问寒问暖，问我快见到爸爸高兴吗……这使我放松了，不再紧张和害怕。沿途经过黄龙，那个地方刚打过仗，一个山包包上还插着红旗，空气中散发着浓浓的硝烟味。我们很快到了目的地，见到了我昼思夜想的父亲，这时他是第一野战军政治部副主任，父亲紧紧地搂着我，双眼闪着泪花……晚上，战斗文工团演节目，第一个节目是《刘胡兰》，听说是刘胡兰的妹妹演的。第二个节目是《瓦子街战斗》。当时用的是真枪（取了子弹头），声音很大，父亲带我坐在第一排枪声更大，我害怕，直往他怀里钻。他没办法，只好将我带出会场。回到住所，他狠狠地训了我一顿，并说无数先烈用鲜血和生命换来的幸福，你应该珍惜，好好向他们学习。第二天，我壮着胆子看完节目，受到很大教育。爸爸夸奖我，这才是好孩子。就在那次，一位战地记者叔叔主动要给我和爸爸照相，爸爸欣然同意了，他蹲在地上，右手搂着我。在那特定的战争环境中，在我军正开始全面大反攻，革命即将胜利的前夜，我与爸爸留下了极为珍贵的一瞬间，这是永远值得珍藏的照片。

从山西回到延安后，一切才稳定下来，我才安安稳稳地上了延安第一保小二年级。父亲这时仍身兼二职，西北局统战部部长、第一野战军政治部副主任。他仍在前方参与主持西北野战军在宜川、瓦子街战役中的地方工作和政治工作。之后又参与指挥西府战役、澄合战役、荔北战役，以后解放西安等。西安解放后，父亲随部队西进，解放了兰州，1949年7月26日被任命为中共甘肃省委书记（孙作宾为副书记）。1954年又回西北局任统战部部长。1960年西北局再次成立，他又任西北局第二书记，在这个岗位上殚精竭虑，坚持走完人生最后的征途，告别了他一生为之奋斗的事业，为他革命的一生画上了完满的句号！

在战争年代里，我出生在陕甘边区，童年时期又随着西北局转战秦、晋两省，延安胜利光复后，直到西安解放，这一切都离不开西北局，我们全家和西北局结下了不解之缘。

与习老一家情深意浓
王秋英

> 王秋英,宝鸡眉县人,太白酒厂职工,其祖父一家在革命战争时期曾与时任陕甘边区特委委员的习仲勋结下深厚的友谊。

编者按 王秋英,宝鸡眉县一个再普通不过的人,当我们赶到她家时,她还在当地的工厂上班,得知我们到了之后才从厂里急匆匆地赶回来,就在那简陋的家中,她为我们讲述了和习老一家的情深意浓。

结缘

我爷爷的母亲,也就是我的老奶奶,曾经救过习老,也就是从那之后,我们和习老一家结下了不解之缘。

这个事情都是我从爷爷那里听来的。大概是1933年的10月,地下情报传来敌人派大军围攻照金的消息。习老当时是陕甘边区特委委员、军委书记,当时边区特委就位于耀县照金,习老拿着情报,找刘志丹、高岗商量后,立即召开了高级军事会议,商量如何渡过此次难关。

会议最终得出的结论是:不能单纯地守土建政,而要开展游击运动战,扩大边区,扩大队伍。因为这么多军队和干部,都挤在这方圆不到百里的狭小地区,群众难以养活不说,敌人若四面包围过来,就很难突出重围。因此,要把一支部队拉出去扩大队伍和根据地,在游击运动战中消灭敌人,重建红二十六军。最后习老提议让刘志丹同志担任副总指挥兼参谋长,和王泰吉率红军北上,

1933年,习仲勋在陈家坡参与主持召开陕甘边特委和红军联席会议。图为陈家坡会议旧址

边区这块地盘由习老带领边区特委来守,采用"敌退我进、敌进我退、敌疲我打、敌逃我追"的策略和敌人周旋。

习老作出这样的决定其实是把他自己留在了最危险的地方。

会议后不久,部队离开照金北上。队伍沿子午岭山麓,过马栏川,经正宁湫头,宁县九岘、盘克,日夜兼程。一路上,秋高气爽,满山霜叶红彤彤一片,景色非常壮观,可是大家无心观赏,一心想着奇袭敌巢合水县城。10月10日,国民党旬邑县驻军团长孙友仁接到西安电报,国民党已经知道有部分红军从照金北上,因此命令该团向照金围攻,活捉习仲勋、张秀山、吴岱峰、周冬至等人。

随即,孙友仁命令部队于10月13日,会同九县民团共1000余人,向照金发起进攻。

习老得报,急和张秀山、吴岱峰等人商量对策,最后决定张秀山等带兵突围，习老断后。10月15日，敌人离照金薛家寨只有15里了，炮火连天，敌人发动猛烈进攻，我们的阵地淹没在一片火海之中。张秀山占住险要地形，打得敌人连滚带爬，死伤无数。但是敌人越打越多，包围圈越来越小。

10月16日，红军开始突围。习老经过观察地形，把突围口选在寨子东边三丈高的悬崖上。红军用麻绳把战士一个个从悬崖上送下去，然后顺沟逃出三里路就进入密林之中。最后，留在悬崖边上的只有习老一个人，他是坚持把自己放在最后的。敌人万万没有想到红军会从这里突出重围。他们进到寨子扑了个空，便四处搜寻。习老站在崖边望了一下崇山峻岭，然后把麻绳拴在崖边一棵小树上，双手抓住麻绳溜下了悬崖。但就在这时，耀县民团的一个团丁来到崖边，因他认识习老，大喊："习仲勋，快抓习仲勋！"并且向习老打了一枪。这一枪恰好打在习老腿上，伤了一点肉。当时习老还没觉得自己受伤，一下子跑下沟渠。当一伙敌人来到崖边时，习仲勋已进入梢林中。忽然他腿一发软，倒下了。他觉得腿肚子痛，用手一摸，原来自己受伤了。他听见崖畔上的敌人在喊叫："下去捉拿习仲勋！"忽然有人从身后扶了他一把。他扭头一看，原来是革委会主席周冬至。周冬至一把拉起习老，背上就走。周冬至力气大，背上习老一口气跑了五里山路，来到一户农民家。农民一见是习老，立刻将他扶进窑洞里。薛家寨暂时被敌人占领，而这户人家就是我的老奶奶家。

习老刚在老奶奶家住下，就有人慌慌张张地跑进来说："首长，刚才听人说周冬至主席被敌人杀害了，同时遇害的还有王满堂、王万亮。"

"哎呀！"习仲勋立刻陷入痛苦之中，他流着泪说："周冬至是一个好同志。他的入党申请还放在我跟前，还没来得及批下去呢！"

来人继续说："敌人赖在村子里不走，到处抓人，拷问谁是共产党员，谁是红军游击队，烧、杀、抢，无恶不作，连咱们丢下的吃饭锅都砸了。"

这时我老爷爷回来说："前沟上来几个国民党民团，正向这边过来。他们喊着要一家一户地搜。"老奶奶连忙说："你赶快转移。"习老一听，立刻跳下炕，消失在村后一片梢林里。

习老躲出去后，老奶奶就把习老脱下来的军装塞到炕里去，后来当国民党军队找到屋里来时，老奶奶有两个儿子，其中有个儿子有病卧床不起，国民党军队就把她另外一个儿子三根肋骨都打断了，但老奶奶最后也没说见过习老，就这样把习老救了下来。国民党走了之后也不敢马上让习老回家，就把习老藏在一个山洞里，大概有几个月的时间，晚上偷着给他送饭吃，给他吃饼汤。习老挺和蔼的，那时去送饭都得用暗语，一般是我老爷爷在附近确定没人后，学一声猫叫"咪唔"，然后习老就知道是老爷爷送饭来了，也学一声，这样老爷爷才把饭送进去。当时经常给习老送的是蒸馍和鸡蛋汤，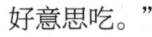习老多次十分感激地对我老爷爷说："这年月，你们生活那么困难，还给我做蒸馍和鸡蛋汤，真叫我不好意思吃。"

其实，躲藏的这三个月很不容易，那国民党军还不停地搜查呢。后来，习老在老奶奶家养伤的时候，特别喜欢吃老奶奶做的面条。

等习老的伤养好的时候，还把我爷爷的弟

1932年，习仲勋领导两当兵变失败后，一直隐蔽在长武县西门外的药王洞。图中的窑洞就是习仲勋当年藏身的地方

弟，也就是老奶奶的小儿子带走一起参军，当时在骑兵团，不久也在战场上牺牲了，被追认为烈士。后来习老来看老奶奶，就和老奶奶说，您的儿子跟着我参加革命，光荣牺牲了，以后我就是您的儿子，我认您做我干妈。

后来有次习老到陕西来的时候，说要来看看他干妈，当时路不好，都是土路，刚好又下了雨，车子通不过，走了一半也没到家，因为有其他事情就回去了。后来习老把我老奶奶接到北京去养老送终，结果我老奶奶住不惯，就回来了。

去北京看望习老一家

我爷爷比习老还大几岁，已不在了。他还在世的时候，就到习老那里，让习老帮忙办了一件事情，还是为别人办的。当时村里有个王老五，过去参过军，但是战争后期了也没怎么打过仗，因为家里很困难，我爷爷就找习老说能不能给他办个军属，享受国家待遇，最后习老给协调解决了。

"文化大革命"的时候，过去的那个工作组、翻案组把我爷爷叫去，说彭德怀、高岗、习仲勋反党，非让我爷爷检举习老的反党行为，派了好几批的人轮流找我爷爷谈话，结果我爷爷就和他们辩驳说，既然国家都让他当国务院副总理，那我当初救他的时候也不知道他是不是反党，我说的都是实话，不可能给你编出他反党的证据来。

后来习老被平反了，我爷爷还去过习老那里，习老赠送了他一个正宗的牛皮箱。

我小的时候爷爷领我去过习老家。我只记得1982年或1983年，电视上经常听到万里下来就是习老，就是那时我爷爷把我领去的。

到北京习老家后，习老对我们特别好，见到后大家都很高兴。那时他正在上班，就让警卫员给我们买门票，到名胜古迹游览。那一次我和爷爷住了有20天，感到和习老一家非常亲热。

1982年时我还很小，习老爱吃臭豆腐、豆腐乳，我爷爷过一段时间就给他邮过去。习老有个外孙女叫楠楠，刚上初二，我那年到北京，习老就叫我陪楠楠上学去，我骑个自行车，人一多还不敢走，不敢带人。

到了1989年我爷爷不在了，我到北京出差时去了一次习老家，那次习老赠送我一把扇子，因为我爷爷叫王治洲，习老就在扇子上写：赠给王治洲的孙女实英（我以前叫王实英，因为人家都说我很实在，就叫我实英）留念，好好学习，努力工作，为国家多做贡献。下面习老没留名，齐心奶奶留的名。1991年的时候，我正上班，写过一封信，我齐奶奶就说你过来住几天吧，就这样又到北京习老家去待了一段时间。

2008年地震的时候，习近平还到宝鸡来过，去的是太白县。当时陪同习近平一起视察工作的一个宝鸡市领导正好就是我们眉县人，在席上吃饭的时候习近平就问他："你是哪的人？"那人回答说："我是眉县人。"习近平说："哦，在眉县还有个比较好的朋友呢。"

现在我在酒厂上班，上头领导，下头工人，都评价我实在（笑）。齐心奶奶也会经常打电话给我问有啥事没，我就说："没事，都好着呢。"去年习近平当选国家副主席了，我还写了封信祝贺他。刚地震完时我还给齐心奶奶打过电话，给她报了个平安，电话里齐奶奶说过一段时间就到西安来，来了就到你家。但后来因为年龄也大了，来一趟也特别不容易，就一直没来。

现在想起和习老还有齐奶奶在一起的日子，都特别开心，习老那么大的领导但从来没有架子，对待我们就跟对待自己的孩子一样，特别关心，特别爱护，我会永远怀念习老，也会想念齐心奶奶的。

2009年4月9日，王秋英同志为本书题词

第二部分 笔底春秋

在西北军政委员会一年[1]
——纪念彭德怀同志 90 诞辰
常黎夫　姬也力

> 常黎夫，1912 年 5 月出生，陕西米脂人。1926 年加入中国共产主义青年团。1928 年转入中国共产党。曾任中共米脂县委书记、共青团陕北特委书记、陕甘宁边区粮食局副局长。新中国成立后，历任西北军政委员会秘书长、国务院副秘书长、中共中央西北局委员、统战部部长，中共陕西省委常委、秘书长、统战部部长，陕西省第四届政协副主席和第五届人大常委会副主任等职。
>
> 姬也力，1917 年 2 月出生，陕西米脂人。曾名姬野藜。1937 年 2 月加入中国共产党。曾先后出任中央党校党委常委、党校政治部副主任，东北局财委副主任，西北军政委员会办公厅副主任，西北行政委员会办公厅主任等职。

1947 年 3 月 16 日，彭德怀同志受命于危难之际，统率西北人民解放军，抗击蒋胡匪军向陕甘宁边区的侵犯，转战西北战场三年之久，艰苦卓绝，歼敌制胜。1949 年 11 月 12 日解放军进入新疆，解放西北的大功告成，彭总于 12 月 25 日凯旋西安，出任西北军政委员会主席。彭总下飞机后发表谈话，号召全体军民节衣缩食，艰苦奋斗，使西北面貌焕然一新。他的话在西北军民中影响极为深远。

彭总在西北军政委员会工作的一年期间，西北各族人民在各级党和政府的领导下，团结一致，艰苦奋斗，在各条战线上都取得了重大成绩。人民解放军

---

[1] 本文原载于 1988 年 10 月 27 日《人民日报》。

彭德怀指挥攻打宜川城

在群众配合下，消灭土匪5.8万余人，使社会秩序基本安定。为了减轻人民负担，军队开展了大生产运动，当年开荒种地160多万亩。近10万军队参加了修筑天宝、天兰铁路工程，当年完成土石方工程的40%和50%，创造了历史奇迹。彭总亲自察看青藏公路线路，组织军队施工，具体解决施工中的困难问题，保证工程顺利进行。在经济战线上，贯彻执行了中央关于统一领导和统一管理财政经济工作的方针，稳步恢复、发展生产，稳定物价。工商业开始好转，市场交易益见活跃。煤炭、电力、石油等能源工业已全部恢复并略有发展。彭总特别重视玉门油矿的恢复，几次听取康世恩同志的汇报，解决恢复生产中的问题，广泛发动群众生产自救。彭总提出党政

1950年西北军政委员会的成立大会。彭德怀（左四）任主席，习仲勋、张治中任副主席

军干部和战士每人每日节约一两粮运动，救济灾区群众，帮助许多发生严重灾荒的地区平稳渡过。在农村推行了减租减息、谁种谁收、自由借贷、鼓励生产发家的政策，稳定和提高了广大农民的生产情绪，粮食播种面积已恢复到战前水平，夏秋粮食比上年增加了9.5%，棉花面积较战前有所扩大，畜牧业稳住原有水平。老区和半老区26县、170多万人口的地区完成土地改革，彻底消灭了封建剥削制度，建立和健全了各级人民民主政权。在广大新区，首先自上而下建立了县以上各级人民政府，在普遍发动群众进行剿匪、反霸、组织农会、摧毁保甲、打倒地主阶级当权派、树立农民优势力量的基础上，自下而上地改造了区、乡政权。1950年冬，在陕、甘、宁三省51个县、760万人口的地区开始进行土地改革。西北是一个多民族地区，少数民族地区开始实行民族区域自治，一年之内培养了近万名少数民族干部，各民族之间团结

互助、支援合作的新关系开始建立，为建设新西北打下了良好的基础。短短一年时间内，在辽阔的西北地区所取得的重大成就，倾注了彭总的大量心血。

彭总特别注意要求所有干部树立全心全意为人民服务的思想，发扬廉洁作风，反对一切不良倾向。进城以来，在一部分干部中开始滋长骄傲居功和贪图享受的情绪，铺张浪费的现象有所抬头，少数人开始走上贪污腐化的邪路。针对这种情况，彭总及时敲起警钟。他首先提出，政府机关的机构设置和人员编制必须以精简和效能为原则；反对滥设机构、增加编制，大区党政系统原计划编制4000多人要砍掉一半。他接着提出：一切政府机关必须厉行廉洁的、朴素的、为人民服务的革命工作作风；严惩贪污，禁止浪费，反对脱离群众的官僚主义；每个政府工作人员都必须把这一条作为格言、作为座右铭，忠实地执行。他深刻地指出：铺张浪费就是抵抗勤俭建国，本位主义就是抵抗统一领导，游击习气就是抵抗法制法令；一切政府工作人员，都必须无条件地、坚决地、彻底地执行中央的决定、指示和方针政策，绝不许有令不行、有禁不止、各行其是、自立王国的现象发生；如果有人胆敢铺张浪费、贪污腐化、违法乱纪，那就必须受到党纪国法的严厉制裁，绝不能姑息养奸、心慈手软，损害人民的利益，败坏党的声誉和威望。他号召一切机关立即展开一个反不良倾向的运动，每个机关都要彻底地进行检查，每个工作人员都要把开展批评和自我检查当作自己的权利和义务。1950年3月到5月，西北大区一级党、政、军、民各机关、团体普遍展开反不良倾向运动，各省市各地方也积极响应，铺张浪费、贪污腐化、违法乱纪等现象显著减少，收到了教育干部、改进作风、推动各项工作发展的明显效果。

彭总在实践中体察到：各种不良倾向之所以能够滋长和发展，其根源在于领导工作中的官僚主义。因此，从5月下旬开始，在反不良倾向的基础上，转入集中反对官僚主义，揭露和解决工作中发生的重大问题和事件。其中发放棉籽事件，是突出的一例。1950年，西北军政委员会农业部在陕西关中地区发放了200余万斤棉籽，可播种棉花17万亩，但这个工作没有做好，从收购到储存、试验、发放，存在着一连串的官僚主义作风。在收购时检验不认真，将新、陈、好、坏的棉籽都收了进来，储存又不注意，致使棉籽受潮发霉。各推广站试验时，有的出苗率只有30％，却不上报；有的假报出苗率为50％，未经检查便信以为真，作为一般标准采取加倍播种方法，向下发放。播种时也不向有经验的棉农请教，采取补救办法，以致后果严重，棉花出苗率只有一成左右。国家损失投资30亿元（当时货币折人民币30万元），群众的损失更大。产棉计划落空，直接影响纺织工业生产。彭总对于这起事件，作了十分严厉的批评和认真处理。他抓住这一典型事例深刻指出官僚主义是我们工作的最大危险，要求各部门、各单位以棉籽事件为训，认真地而不是敷衍地、彻底地而不是表面地检查领导机关和领导干部的官僚主义。9月6日，彭总在西北一级整风座谈会上的发言中严肃地指出，官僚主义的产生，除了有它的深远的社会根源外，从领导作风来说，首先和最重要的是：工作布置多而检查少；一般号召多而具体指导少；工作拖拉，互相扯皮。他列举了许多事例，如：修筑铁路这件工作，是发展西北经济最重要的事情，西北局为此发了不少指示。但在实行中，与此有关的部门相互工作不协调，掣肘之处很多，又没有及时检查和解决，致使领导意图贯彻不下去，影响了工程进度。西北局给临夏军分区关于剿匪的指示是：政治争取为主，而传达下去却变成"军事清剿为主"。对于组织民兵问题，确定临夏分区不要急于进行，而临夏军分区却传达为"有重点地发动群众"，以致被坏分子利用历史上遗留下来的民族隔阂，相互仇杀，而领导又没有及时发现，造成很大的损失。有些领导干部整日缠在办公室里发指示、发决议，而不深入检查，以致做对了的不能及时推广，做错了的不能及时纠正。有的部写总结，写了几个月，写不出来，就失去及时指导工作的作用。凡此种种，归根到底，是革命事业心和责任心不强，又没有相应的自上而下的检查和自下而上的监督制度，问题出来了，才手忙脚乱地去补救。彭总严肃地指出这些错误后，主动承担了领导责任，在西北局处级以上的干部会上，他作了严格的自我批评，同时联系检讨了第二次榆林战役和西府战役的某些失误，声泪俱下，铮铮之言，一语千钧，发人深省。此后，他在西北军政委员会的一次行政会议上再次着重谈到克服官僚主义的办法：第一，要有为人民高度负责的思想；第二，要经常深入实际，深入群众，调查研究，掌握情况，及时指导工作。切不可老是坐在办公室里发号施令。重要文件、报告，领导同志要亲自动手，要有自己的观点、自己的语言、自己的风格，决不可全靠秘书起草，自己念稿，当甩手掌柜。要坚决反对懒汉思想，反对华而不实的飘浮作风。他的历次讲话，对干部思想和整个工作起了强大的指导作用。

彭总对人严对己更严。他任西北军政委员会主席期间，一直住在机关内新城大楼会议室东侧的由一个过道连接起来的两间休息室内。办公、会客、用餐、寝室都在其中。西北局领导同志要给他调换个较大的住房，他坚决不肯。我们想在室内改装一个抽水马桶，他严词拒绝。他当时已是50多岁的人了，长期艰苦的战争生活，使他患有肠胃病。病重期间用饭很少，医生开给水煎蛋白粉和果子露水冲服。是否购买果子露这样的小事，他的夫人浦安修同志也不好轻易做主，要由秘书长买，并说明是医生嘱咐的他才接受服用。那时，实行的是供给制，他经常找总务处长计算伙食，不许超过标准。他一年四季穿着军服，夏单冬棉，和普通战士差不多，谁也看不出他是一个带兵数十万叱咤风云的统帅。

可是，庐山会议后，竟然有人说"彭德怀生活俭朴是伪装的"，这种昧心之言传出后，连张治中先生也大不以为然，慨叹地说："怎能伪装一生呢？"

彭总在西北军政委员会还不到一年时间，就奉中央命令，统率中国人民志愿军跨过鸭绿江，肩负起抗美援朝保卫祖国的光荣艰巨的历史重任。彭总在朝鲜战火连天的岁月里，仍然对西北地区的工作很关心，遇有机会就带信捎话回来。他的指示和希望，对西北地区的领导干部和工作，都起着鼓舞和促进作用。

记习仲勋在西北局工作①

马文瑞

> 马文瑞，1912年11月出生，陕西子洲人。1926年加入中国共产主义青年团，1928年转为中共党员。新中国成立前，曾先后担任共青团绥德县委书记、中共安定县委书记、共青团陕北特委委员、中共陕北省委秘书长、陇东地委书记、中共中央西北局常委、组织部部长等职务。新中国成立后，先后担任西北局副书记、国家劳动部部长、陕西省委第一书记、第六届、第七届全国政协副主席等职务。2004年在北京逝世。

我和仲勋同志相识，最初是在1934年冬的陕甘边根据地。那时他担任陕甘边区苏维埃政府主席，我是由陕北特委派出搞兵运工作，返回时途经南梁被留了下来。翌年，我任东部地区工委书记兼革命委员会主席。1935年陕北发生了错误的肃反，我们和刘志丹等同志被逮捕，同在一个监狱，幸蒙中央红军和毛主席到达陕北，我们才得以释放。抗战开始后，习仲勋任关中分委书记，我任陇东地委书记。我们真正在一起工作，是1945年秋，他任中共中央西北局书记的好几年中。

当年我们在西北局的工作，基本上可分为两个时期，即第三次国内革命战争时期和新中国建立后恢复国民经济时期。尽管这两个时期形势和任务不同，但仲勋同志重视马克思列宁主义、毛泽东思想的学习，善于从实际出发把中央的路线、方针和政策与西北实际结合。西北局从成立到1948年3月，一直在中央和毛主席身边。在自卫战争中，毛泽东、周恩来、任弼时

---

① 本文原载《习仲勋革命生涯》，中共党史出版社、中国文史出版社2002年版。

坚持转战陕北指挥全国军事斗争，处处关心着西北地方工作，我们能就近直接获得中央和毛主席指示，是一个很有利的条件。

当回忆习仲勋同志和西北局工作的时候，不禁缅怀彭德怀在很长一段时期里作为西北局第一书记对全局工作所作出的特有的贡献。从军事到政治，从经济建设到文化教育，从方针政策到工作方法，他无不向我们提示和建议；在西北具有特殊意义的民族问题、团结党外人士问题上，他不厌其烦地开导我们。他对习仲勋同志充分信任和支持，仲勋同志对他也十分尊重，这是西北局能做好工作的另一个十分重要的原因。当年在西北局的领导班子中，贺龙和马明方在工作上也给仲勋同志以大力支持，还有主持边区政府工作的林老（伯渠）、谢老（觉哉），以及分管各方面工作的贾拓夫、李卓然、张稼夫、张德生、汪锋、赵伯平等同志。我们一班人密切合作，团结一致，都很讲党性原则，具有顾全大局和无私奉献的精神，才在工作中取得了应有的成绩。

1

2

1. 1948年1月，在米脂杨家沟的合影，左起：贾拓夫、高岗、高长久、甘泗淇、师哲、贺龙、林伯渠、马明方、杨明轩、李卓然、李景林、习仲勋、赵寿山

2. 1937年，时任关中分区地委书记的习仲勋

毛主席要求陕甘宁边区"作一个样子给全国看,成为全国的一个样板",由此来"推动全国民主化",西北局照此进行民主政权建设

党中央和毛主席十分重视西北局和陕甘宁边区政府的统一战线工作。这主要指加强抗日民主政权建设和巩固扩大民族统一战线。

毛主席重视边区政权建设是有历史背景的。远在抗战开始,我党为了反对蒋介石的"一党专政",提出抗日战争要与民主政治相结合。毛主席亲自拟定了陕甘宁边区施政纲领。为了把边区建设成民主模范根据地,还制定了共产党员在政权中占1/3、党外左派进步分子占1/3、中间分子及其他分子占1/3的"三三制"政策。

习仲勋同志和我都参加了边区参议会,他先后当过驻会议员和议长,这是一种新型的民主制。共产党员应与党外人士实行真诚合作,重要事情必须同党

外人士商量。按毛主席的话来说，边区是民主抗日根据地，要"提高自己，帮助别人"，"作一个样子给全国看，成为全国的一个样板"，由此来"推动全国民主化"。根据中央这个精神，我们先在绥德、陇东、富县三个地方试行"三三制"，共选出了乡县两级参议员3万多人（其中乡参议员29460人，县参议员2624人），在此基础上普遍改选了乡县两级政府，同时选举出边区参议会议员242人（其中候补31人）。1941年11月，陕甘宁边区召开第二届参议会，"三三制"得到了普遍实行，著名的李鼎铭先生被选为陕甘宁边区政府副主席，安文钦被选为参议会的副议长（他们均在第三届连任），柳湜、贺连城、霍子乐、毕光斗等被选为边区政府委员，

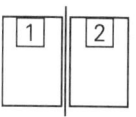

1.1949年，出席陕甘宁边区参议会常驻议员合影。习仲勋为此次会议陕甘边区代议长（第三排右六）

2.1950年，西北军政委员会主席、副主席、委员合影。前排彭德怀（右三）、张治中（右二）、习仲勋（右四）

一大批党外人士在边区政权建设中发挥了积极的作用。

仲勋同志在参议会和民主政权建设中坚决执行中央指示,保证了中央方针的顺利实现。他以身作则,善于与人团结,推心相与,共同合作,受到民主人士的敬服。他以平等谦虚的态度和民主人士讨论问题,以开诚布公的合作方式和他们交朋友。

在解放战争的激烈斗争中,为配合彭德怀指挥西北战场正面作战,西北局大力加强了在国民党军队中的统一战线工作。国民党陕北保安副指挥胡景铎在我们向蒋介石、胡宗南实行战略反攻的前夕率部起义,从背后给敌人以重大打击,这是与习仲勋同志亲自做了大量工作分不开的。

1950年1月19日,西北军政委员会成立,彭德怀任主席,习仲勋、张治中任副主席,我们同民主人士合作出现了更大的规模。要不要扩大统一战线,

右起:彭德怀、张治中、贾拓夫、习仲勋在1950年的西北军政委员会会议上

敢不敢在更大范围内同民主人士合作，成为民主政权建设的关键问题。西北局毅然采取了坚持和扩大统一战线的方针，先后延聘了声望高、有代表性的民主人士如张凤翙、韩兆鹗、邓宝珊、孙蔚如、陶峙岳等参加西北各省市人民政府的领导工作，他们先后都当了西北军政委员会的委员，又任过副省长、省长。在各地区和市县，也都吸收一大批民主人士参加了各级人民政府。当时的班禅大师在入藏前，我们就和他有友好的交往。这些民主人士，有的对地方情况熟悉，有的在一定的阶层有影响、有联系。

西北统一战线工作中另一大问题就是如何加强民族团结的问题。

西北地区是我国地域最辽阔的地区，有339万平方公里土地，在所辖陕甘宁青新5个省（区）中有4个省（区）是民族或多民族地区，有15个少数民族，他们信奉不同的宗教，旧社会的封建统治阶级和国民党反动派对他们实行压迫和屠杀的政策，留下了很深的民族隔阂。这种情况决定了民族统一战线工作在西北人民的革命和解放事业中占有极重要的地位。仲勋同志曾说："民族问题就是西北地区的实际，西北的所有工作，如果脱离了民族问题，就是脱离了实际。"这反映了我们当时的共识。1950年西北刚刚解放，西北局就正式讨论了做好民族地区工作的方针政策，并提出要吸收各民族有代表性的人物参加政府，在一切工作中要照顾民族特点，要正确对待少数民族的宗教信仰，要大批地培养少数民族干部和适当发展党员等五项措施，当仲勋同志代表西北局宣布了这些方针政策时，受到了各族各界的普遍欢迎。

为了促进民族统一战线的巩固和发展，我们既反对了大汉族主义，又反对了地方民族主义。

我们在对少数民族上层人士进行分析后，在政治上广泛地宣传党的政策，在组织上适当地安置在西北各地有影响的马鸿宾、黄正清、马辅臣、喜饶嘉措等人，起用在群众中威望高的包尔汉等同志。他们先后都被延聘参加了各省人民政府的领导工作，做了副省长或省长。各地和各县也都相继安排了一大批民族民主人士和宗教界人士。和他们真诚相见，友好合作，使西北地区的形势很快平稳下来。这时,仲勋同志兼任统战部长,亲自与许多民族民主人士频繁交往,讲形势、谈工作,建立个人间的友谊。

当年少数民族中的分裂分子也十分猖狂,但我们对广大群众采取了帮助恢复发展生产、兴修水利、发展贸易的政策。例如,我们在青海实行了有利于藏民发展生产的收购政策——解放前,150斤羊毛换1块砖茶,现在可换15块。那里的藏民高兴地说:"毛主席来了,羊毛值钱了!"在群众看来,羊毛有销路,价钱高,就是党的政策好。我们在新疆和宁夏帮助维吾尔族和回族群众修水利有很大成绩,也受到群众拥护。我们还扶助民族工商业的发展,如协助马辅臣办电厂。

再次,尊重少数民族传统文化和风俗习惯,受到广大群众的欢迎。大力恢复少数民族地区的文化教育事业,兴办学校,组织少数民族代表人物到内地参观,利用各种形式和机会介绍少数民族的优秀文化艺术,使他们感到我们是真心诚意帮助他们、尊重他们的,使他们感受到了祖国大家庭的温暖。

由于建立了广泛的民族统一战线,采取了切实有效的政策,稳定了西北形势,为土改、剿匪反霸等各项工作创造了能够顺利开展的局面。

西北局根据不同历史条件,因地制宜地开展土地改革,及时发现并纠正"左"的倾向,一直受到党中央和毛主席的肯定

西北地区的土地改革,可分为陕甘宁边区老区的土改和解放后全西北的土改。

陕甘宁边区原来经济比较落后。由于战事连年,加上自然灾害,耕地只有843万亩,仅占可耕面积的五分之一多一点。1937年,粮食产量只有110多万石。抗日民族统一战线实现后,在我党的领导下,陕甘宁边区进入了一个相对稳定发展的时期。为了调动广大人民群众的革命积极性和满足抗战的需要,西北局根据党中央的指示,适时提出了"减租减息"的口号,到1943年后,减租减

息运动在边区各地逐步深入。这一运动减轻了农民受地主剥削的程度，削弱了地主经济，促使边区农村阶级结构发生了新变化：中农成了乡村中的主要成分。这些情况成为后来陕甘宁边区土改中不可忽视的重要问题。

从历史上看，边区在土地革命战争时期，大约有一半的地区已经分配了土地，在另一半未分配过土地的地方，抗战期间由于长期坚持减租减息政策，原来地主占有的土地中有一半左右已经转移到劳动农民手中。在前一类地区，存在的主要问题是一些地权纠纷和个别地主违法收回了分给农民的土地；在后一类地区，最突出的问题是减租减息搞得不够彻底。从这种实际情况出发，西北局决定在以前已经分配过土地的地区，主要解决好地权问题，巩固土地革命的成果；在未实行过土地革命的地区，在发动群众的基础上，深入开展减租保佃斗争，促进生产发展，再逐步采取措施，达到完全实现"耕者有其田"的目标。为了减少对社会的震动，1946年9月开始，仲勋同志去关中，我和马明方先后去陇东，试行征购并分配地主超额土地的工作。这是当时解决土地问题的一个新政策，到1947年底，在陕甘宁边区未分配过土地的370多个乡，经过对地主土地的收购，把120余万亩土地转到农民手中，但后来由于形势变化这个政策未再实行。

应当指出，陕甘宁边区土改能够胜利完成，还由于在中央领导下及时纠正"左"的倾向。陕甘宁边区在土改过程中也出现过"左"的倾向，把财产较多、生活较好的农民当土改对象，把已经转化为农民的旧地富拉出来斗争。这主要是因为受了不加分别地平分一切土地的思想的影响，盲目接受了晋绥的某些经验，以及我们召开了潜伏有"左"的情绪的义合会议。

为了转变干部在长期较稳定的环境中滋生的麻痹思想，增强阶级斗争观念，支持战争的胜利，1947年11月，西北局在绥德义合召开了干部大会（简称义合会议）。这个会在上述方面起了积极作用，但发展了"左"的情绪。直到中央同年12月28日在米脂县杨家沟召开的十二月会议，"左"的思想才得到纠正，西北局同志感到中央对我们教育很大。仲勋同志发觉问题也最早，他提出

1947年，中共西北局移驻绥德县义合镇薛家渠。图为习仲勋在薛家渠居住过的窑洞

了许多观点和建议，受到了中央和毛主席的赞赏。

1948年1月4日，仲勋同志在给西北局和中央写的关于陕甘宁边区老解放区的土地改革的报告中提出，土地革命时期建立的新区基本情况不同，老区中农多，少地无地的贫雇农最多不超过总户数的20%，许多原先的地富的土地多已经被没收，参加劳动最少在7年以上，成分已经转化。

毛主席对习仲勋同志的报告非常重视，1月9日作了如下批示："我完全同意仲勋同志所提各项意见，望照这些意见密切指导各分区及各县的土改工作，务使边区土改工作循正轨进行，少犯错误。""华北各老根据地亦应当注意。"同时，主席还提议仲勋、明方和我，以及其他一些领导同志到各县巡视工作。

根据毛主席的指示，仲勋同志到绥德，马明方到延属分区,我到三边、陇东、关中等地。我们一路上宣传党中央的政策,发现和解决问题,使边区各地土改中的"左"的偏向开始得到纠正。

1月19日,仲勋同志就陕甘宁边区纠正土改中"左"的偏向给毛主席又发一电报,提出由于义合会议潜伏一种"左"的情绪和受晋绥的影响,土改一到农村,就发生极左偏向,强调"贫雇农路线",反对"中农路线",导致少数不是真正的基本群众的人起来,乱斗、乱扣、乱打、乱拷、乱没收财产、乱扫地出门,虽然事不普遍,但影响所及,人心不安,农村极度紧张。习仲勋同志在电报中提出了为贯彻中央十二月会议精神和克服极左情绪的九条措施,主要是:坚持表彰和保护劳动致富;要承认业已变化了的新的阶级成分;不要怕中农当道;不应再算政治老账;除对"投敌分子"外,对其余人都采取感化争取政策;对恶霸应有明确定义,不要搞株连;老区土改应以"调剂"为主;要结合土改发展生产、搞好救灾;等等。第二天(1月20日),毛主席就批示,要求华北、华中各老解放区有相同情形的,一定要密切注意"左"的错误。

2月8日,习仲勋同志还向中央和西北局提出四条建议,即:(一)现在在陕甘宁边区,中农占有土地多,如要平分,必然要动用大部分以至全部中农的土地,故不宜搞平分。(二)在老区不能坚持贫农团领导一切的方针,因为老区的贫农团很复杂,有的是由于地坏、地远,或人口增加,经济困难,有的是遭到灾祸,生活下降,有的是因为不务正业(吃喝嫖赌)而致贫。这种贫农团一组织起来,就必然向中农身上打主意,"左"的偏向也就由此而来。(三)老区的地富一般可不扫地出门,在过去分配土地搞得彻底的地方,有的真正参加劳动、成为中农或新富农者,就不要再动他们的财产的一部或大部;富农者,就不要再动他们的财产的一部或大部。(四)要解决中农负担过重的问题,不然就会有"压倒中农、破坏农村经济之势"。仲勋同志所反映的上述情况和他关于老区土改的意见,进一步受到了毛主席和西北局的重视。

在我们具体落实中央关于老区和半老区土改政策时,十分注意总结和推广典型经验，这是在土改中很重要的工作方法。其中总结了绥德县义合区黄家川村工作组的典型经验：他们从老区实际出发，以抽肥补瘦、填平补齐的调剂土地的方式，满足贫雇农的要求，巩固地团结中农，促进生产发展。中央2月22日发出的关于在老区、半老区推行土改的指示，肯定了黄家川经验的普遍意义。3月12日，毛主席又把黄家川经验同晋察冀区平山县、晋绥区崞县三个典型经验转发全国，以其"生动、具体的经验"，纠正"党内严重地存在着的反马列主义的命令主义和尾巴主义"。

据统计，1948年4月，陕甘宁边区在克服了"左"的倾向后，取得了土改工作的很大胜利：在占老区、半老区总人口一半（近60万人口）的地区中，调剂土地90万亩，彻底消灭了这些地方的封建剥削的土地制度，解放了生产力，发展了边区的经济建设，调动了广大人民支援解放战争的积极性。总结我们的经验，对老区、半老区的土改，走了一个"之"字道路。1947年以前，我们的方针政策是从实际出发的，并有所创造，收到了应有的效果，但到1947年春发生了"左"的倾向，直到杨家沟会议之后，才又走上正道。正是由于仲勋同志和我们一班人发现"左"的倾向较早，使偏差较快地得到纠正，损失较小。

新中国建立后西北新区的土改，我们着重抓了两个问题。

第一个问题是大力教育干部掌握土改的总方针、总政策。

1949年9月底，西北全部解放，整个西北的土改问题突出地提到西北局的工作日程上。这将是一次最大规模、符合最大多数人利益的改革。为了顺利完成这一伟大任务，首先教育干部掌握土改的总方针、总政策。我党1950年前的土改总路线是"依靠贫农，团结中农，有步骤、有分别地消灭封建剥削制度，发展农业生产"。1950年6月，中央提出的土改总路线、总政策是："依靠贫农、雇农，团结中农，中立富农，有步骤地、有分别地消灭封建剥削制度，发展农业生产。"这里有了重要改变，即：要中立富农。

为什么要有这个改变呢？

在政治上中立富农，可以更好地保护中农和小土地出租者，孤立地主阶级。过去，人民的革命力量在与反革命力量的残酷战争中，人民力量还处于相对劣势。一方面富农倾向于地主阶级和蒋介石一边，反对土改；另一方面，人民战争又要求农民出兵、出公粮、出义务劳动，付出很大的代价，来支援战争。现在形势不同了，全国人民的基本任务是进行经济建设，富农的政治态度已经有了改变，一般是能够争取他们中立的，而且还因此能够更好地保护中农，去除农民在发展生产中的顾虑。因此，使成千上万的土改工作组懂得这一点，是非常重要的。

西北土改的第二个问题是，土地占有情况不仅与陕甘宁边区，而且与其他地区很不相同，要按此实情来执行政策和进行工作。

西北广大地区居住着十几个少数民族，其中有些民族是从事畜牧业的，在他们那里，土地问题有着与汉族农耕区根本不同的性质。回族虽然大多以农业为主，但那里的土地问题与民族问题有着复杂的关系。根据这种具体情况，我们决定，在西北地区的土改"分两步走"：第一步，先在汉族集中居住的农耕区进行，等政治条件和社会条件具备时，再在少数民族集中居住的农耕区进行；第二步，根据地方实际和贯彻民族政策情况，在条件成熟后再逐步解决少数民族牧区的改革问题。

由于我们这样谨慎、稳妥地执行土改政策，从1951年冬到1952年5月，在关内4省的106个县、8个市，1600万人口的广大地区完成了土改。从1952年冬到1953年春，又在新疆的62个县，400万人口的地区完成土改。到1953年，大西北的土改全部完成。

从1951年冬到次年春，西北地区土改的特别成就，还在于成功地在少数民族较多的地区进行了土改。其中约有半数土改地区是有少数民族杂居或聚居的地区。我们规定："在这些地区进行土改，必须要以民族团结为基础，以当地民族大多数群众的自觉为前提，要有当地民族干部参加工作，要以少数民族群众为主去向本民族的地主进行斗争。"同时，对各民族、各教派的领袖人物，

1950年12月，习仲勋在青海省视察。中为青海省省长赵寿山，右为青海省省委书记张仲良

要排出名单，在土改中予以适当保护。例如，由于保护了青海的马辅臣和甘肃的马全钦等人，保证了在少数民族多的地区的土改能够稳妥而顺利地进行。

经过土改，各族农民大大提高了政治觉悟和生产积极性，大批农民参加了生产互助组，兴修水利，增加肥料，提高了产量。例如，甘肃省1952年基本完成土改，到1954年底，粮食由267万吨增加到317万吨；财政收入由11100万元增加到14300多万元，明显地展示了土改所取得的成绩，为国家实行经济建设创造了条件。再如陕西从自己的情况出发，分三期完成了土改。不但满足了无地和少地农民的要求，结合土改发展了生产，还收缴了大量的地主的枪支弹药，彻底摧毁了封建政权及其武装力量，为安定局势创造了条件。

在空前规模的土改运动中，个别地方发生粗糙和不彻底的现象是难免的，但不是主流。后来有人说"西北土改不彻底""右倾"，这种看法是不切实际的。

应当说，西北局领导的陕北土改和大西北土改的胜利完成，是西北革命历史上的大事，坚定地贯彻了中央的方针政策，其中也体现了仲勋同志"从实际出发""实事求是"的思想。

富有成效的西北地区剿匪反霸斗争是由于我们在少数民族地区采取了正确的政策和策略

在西北人民解放战争中和解放初期，西北地区的剿匪反霸斗争是积极稳妥而有成效的。大军过后，散匪匿迹，恶霸收敛，一路平靖，人民满意。

全西北解放后，各地流散着数万名土匪和特务，他们是蒋介石反动派和帝国主义在国内的代理人。他们自恃有武装力量，盘踞在一些边远地方，继续与人民为敌。消灭他们，是当时的紧迫任务。

这些土匪主要有两类：（一）政治土匪，是国民党反动派的残余势力；（二）惯匪，实行地盘割据，以抢劫钱财为目的。两类中均有特务把持和操纵，因而其内部矛盾很复杂。

1949年夏天，西北局召开了关中新区地委书记会议。仲勋同志在会上作了《关中新区的工作方向》的报告，论述了大西北的剿匪斗争任务和战略战术。他指出："剿匪是当务之急，但应把追剿股匪和普遍清剿散匪，收缴反动武装两者结合进行。不要打击溃战，而要打歼灭战，要严密侦查，充分准备，长途奔袭，包围聚歼，已击溃者，要追歼搜捕，务求消灭干净。"

1950年6月，西北局经过对匪情的认真分析研究，根据中央的方针，提出了以下七点剿匪的政策和策略：

一、对土匪要坚决消灭，但要采取适当的步骤和方法；要集中力量打击匪首，把其罪恶公布于众；要把一般群众同反革命分子区分开来，坚决保护群众利益。

二、在新区，特别是在少数民族地区，对于土匪事件，都要先防御，后进攻；先分化，后打击；先争取，后进剿，在必要情况下，实行剿抚结合。

三、在肃特问题上，着重宽大以争取、分化、动摇敌人，并把宽大和镇压相结合。

四、对一贯道，要展开全面的群众工作，广泛宣传教育群众，争取广大群众脱离其影响，在此基础上，有准备地打击道首，清查特务，达到摧毁其组织的目的。

五、要善于区分不同问题的性质。有些问题是我们工作中的官僚主义造成的，如固原县强行划分行政区界，引起群众不满；县长不察民情，固执己见，导致群众骚动。这不能同土匪特务问题混为一谈。

六、要提高警惕，及时清理混入革命队伍内部的坏人与匪特勾结的问题。

七、在剿匪斗争中，为孤立敌人，要主动争取团结一切可能同我们合作的人，包括地主、阿訇、喇嘛、王公、千百户等等。甚至应该争取已脱离敌人组织、今天不再反对我们的敌特人员。

按照以上的政策和策略，从1950年1月西北军政委员会成立到西北全部解放，共消灭土匪六七万人。同时顺利地解决了敌特武装，打垮了甘青两省的马家军残部，处理了临夏事件、平凉事件。

在剿匪斗争的整个过程中，西北局和仲勋同志特别注意对少数民族地区的土匪和叛匪的政策和策略。

1950年春夏之交，平凉、海原、固原、皋兰等地回汉关系紧张，匪特主要利用回汉民族间的历史隔阂，以及我们的干部执行民族政策工作中的缺点，挑拨民族关系，并在回民中散布恐怖情绪，致使西北四五万回民逃往绥西地区，形势非常严峻。面对这种情况，西北局首先着重缓和民族矛盾、改善回汉民族关系。然后根据中央的指示：（一）在回汉两族群众中进行揭露匪特及解释我党民族政策；（二）先在汉族地区剿匪，回民地区暂以防御为主，政治上分化

1950年，彭德怀、习仲勋与少数民族及宗教人士合影。前排右二起：习仲勋、彭德怀、张治中、喜饶嘉措、贾拓夫

瓦解和招抚相结合；（三）待回民明白我们对回民的政策后，再清剿其中的顽匪；（四）在剿匪时严格区分匪和民，严禁乱打乱杀，肉刑逼供；（五）对该地区的无极道、一贯道、大刀会等反动团体，如只是汉人的组织或只有很少回人，则公开宣布其为非法，对挑动民族仇杀的汉族匪特头子进行公开镇压。总之，我们围绕着民族问题这个核心，把复杂的矛盾层层解开，集中打击一小撮匪特，稳定了这一地区的革命形势，取得了剿匪斗争的胜利。

1951年底，青海昂拉藏族地区封建世袭千户项谦网罗2000多人武装叛乱。仲勋同志把政治争取摆在首位，采取"七擒孟获"的办法，对项几擒几纵，反复宣传党的民族政策，晓之以民族团结大义，配合解放军清剿，终于争取其回来投诚，而且我们仍叫他当千户，这对藏族地区的全体头人来说，都产生了很好的影响。

朝鲜战争爆发前后，潜藏在青海的原马步芳集团的反动军官到各地串联，企图利用民族和宗教问题煽动群众在甘肃、青海、宁夏多处骚乱，其中马良、马元祥股匪流窜到甘南藏族聚居区进行骚扰活动。国民党台湾当局委任马良为"中华反共救国军第一〇三路司令"，委任马元祥为"第一〇二路司令"，并在该地区空投特务，聚集反革命武装千余人。我们组织了藏族民主人士黄正清为团长的甘南访问团，深入甘南藏区各地，在头人、宗教人士和广大群众中宣传党的政策，进行争取和团结工作，使大部分藏族部落疏远马良、马元祥，在做好群众工作之后，我军采取了军事上的积极防御政策。到1953年5月，马良、马元祥股匪终于全部被我军歼灭。

1951年春，新疆以乌斯满为首的叛匪残余势力在新、甘、青三省交界处打劫，破坏民族团结，情况相当严重，加上新疆工作中出现了"左"的做法，使问题更加复杂，引起毛主席和党中央的严密关切。

1952年7月，中央派仲勋等同志前去新疆，参加了中共新疆第二次代表会议，帮助分局领导和各地代表总结经验，正确处理了乌斯满煽动部分群众叛乱和进行抢劫的事件，规定：牧区镇压反革命，只在有现行活动和叛乱的首脑分子中进行；对于实行武装叛乱的部落头人，要先以最大力量进行耐心的政治争取，在争取确实无效时，才组织武装进剿；在牧区，首先要安定社会秩序，团结上层，再通过上层进行发动群众的工作；在团结牧区全体人民发展畜牧业生产的基础上，自上而下地、有领导地组织牧民与牧主双方协商，订立自愿两利的合同，逐渐实行改革，适当改善牧民生活；保护和发展畜牧业，不要轻率地发动牧民抛弃牧业而转务农业。

此后，我们坚持对乌斯满叛乱采取以政治争取为主、军事上防御的政策，特别是结合剿匪安置流散群众，解决他们的生活困难，在此基础上，集中力量打击顽固不化的匪首，迅速解决了乌斯满叛乱。

到1952年12月，西北局在中央的领导下，妥当地解决了新疆问题、甘肃平凉西吉事件、阿木去乎事件和青海昂拉武装叛乱，在1953年5月全部彻底

1952年7月,习仲勋在新疆视察工作。右为包尔汉,左为赛福鼎·艾则孜

消灭了马良、马元祥股匪,稳定了大西北的政治形势,使社会风气起了根本变化。甘肃文县农民高自成为捕捉土匪,化装成乞丐侦察匪窝;康县农民邱玉山为捉拿特务头子张守礼,自告奋勇奔走了8天8夜。甘肃全省在3031个乡中,就有3186000人参加农会,占总人口的38%;有437000人参加了民兵。而农会和民兵更是大显神威,使土匪恶霸十分害怕。

利用多种途径,为迎接西北解放准备大批干部

西北地区党的建设与中央、毛主席的关怀和指导有着密不可分的关系。

1935年10月,党中央、毛主席率领中央红军胜利地到达陕北,从那时到1948年3月,中央、毛主席直接领导陕甘宁边区共13个年头。为了夺取抗日战争的胜利,中央和毛主席为西北局和陕甘宁边区

制定了一系列政策，其中包括党的建设政策。因此，西北局有一个得天独厚的条件，就是靠近中央，经常能获得中央的指导和帮助。中央讨论西北的工作问题时，经常吸收西北局的常委参加。中央指定任弼时同志分管西北局工作。西北局一些重要会议他都出席。西北局制定一些重要文件可以得到中央的及时指导和帮助。有时西北局对中央的指示提出某些变通办法，能及时得到中央的认可，这对陕甘宁边区党的建设和革命事业的发展是十分有意义的。

事实上，边区当年只有150万人口，要负责保障几万军队、机关干部和广大学生的生活需要，要巩固中央所在的根据地，就必须加强党的建设，这是一项伟大而艰巨的任务。遵照毛主席的教导，我们指出：党的建设首先要着重思想上、政治上的建设，把思想教育和思想领导放在首位。党的建设必须服从党的总路线，在当时要为夺取抗日战争的彻底胜利服务，要坚持"抗战、团结和民主"的总方针，要巩固和扩大抗日民族统一战线，要坚决把边区建设成模范的抗日民主根据地。其次，把大力培养大批干部，满足边区及全国的需要当作党建的另一重要任务。为此，我们狠抓了干部教育，努力办好陕甘宁边区党校（后改为中央西北局党校），仲勋同志和我都先后任过校长。我们办了行政学院、民族学院，培养了大批行政干部和民族干部。办了边区农业学校、职业学校、医药学校、新文字干部学校等专业学校，培养了专业技术人才。还在各个分区办了师范和中学，初步形成了革命教育的网络。西北党校和它的前身边区党校从1937年到1945年为西北培养了干部4200多人，边区的7所中学中都设有地方干部班，先后共有53个，到1945年累计调出3000多人充实了边区干部队伍，这是边区工作取得成绩的一项保证。再次，我们努力加强和发挥基层党组织的战斗堡垒作用。边区当年党员并不多，一般占人口的2%左右，但战斗力强，模范带头作用大。据党的"七大"前夕统计，当时延属地委辖10个县委，有党员16628人；绥德地委辖6个县委，有党员10514人；陇东地委辖6个县委，有党员5051人；关中地委辖4个县委和1个中心区委，有党员3131人；三边地区共有党员4021人；边区机关共有党员 2850 人；以上总计 42195 人。由于采取了支部建在基层的方针，党员在减租减息、发展生产、征粮扩兵、维护社会秩序和治安保卫等方面的工作中，都起到了模范带头作用，保证了这些任务的胜利完成。直到 1948 年结合新式整军运动进行整党，西北局发出了"注意发展党员"的指示，党员才增加了一倍，达到人口的 5% 左右。可见基层党组织的战斗力，首先不在党员的数量多，而在于质量要高。

解放战争时期，党的组织工作主要是动员干部做好支前工作，组织地下党积极配合人民解放军摧毁国民党的反动统治。陕甘等省的地下党在动员学生参加革命、参加解放军，组织群众摧毁国民党反动统治，策动民团起义等方面起了重要作用，有的地方还组织了游击队和游击小组，如西府游击队、渭北游击队参加了钳制和打击胡宗南的战争。

最严峻的任务是为迎接西北解放准备大量干部，这曾经是西北压倒一切的大事。陕甘宁边区只有 23 个县，干部的数量质量都很有限，要满足干部班子的需要，是极其光荣而繁重的任务。我们大力培养干部，扩充干部来源，加速培养和选拔。据统计，先后从边区抽调约 1 万名左右的干部，从晋绥地区和晋南地区抽调约 2000 多名干部（当时晋绥分局归西北局领导）。陕西、甘肃的地下党，新疆的三区革命出了一批干部，他们中大多数人艰苦奋斗，不辞劳苦，很快同新区人民结合，开创了局面。但我们还是深感不足，人手不敷分配，干部素质需要提高。于是西北局还采取了以下重要方针和措施：

一、派能力强、威望高的同志担任省级领导。例如陕西由马明方、张邦英，西安由赵伯平、方仲如，新疆由王震、王恩茂，甘肃由张德生、孙作宾，青海由张仲良、赵寿山，宁夏由潘自力、朱敏，分别主持全面工作。他们不但有威信，而且多在军队中担任重要职务。他们有经验、有组织能力，到达岗位后，很快组织起了领导班子，稳定了当地的局面。

二、大力提高在职干部的思想水平和工作能力，在各级组织中增设了副职，发挥老干部的传、帮、带作用，特别注意培养了民族干部。

三、积极培养、提拔青年知识分子干部。扩大党校,创办"革命大学"。一边战斗,一边培训干部。为了加大培训干部的力度,仲勋同志和西北局的常委都曾在这些学校里讲过课。

四、把军队变成为工作队,这也是地方干部的来源之一。把军队中的一些骨干留在新解放的广大地区,让他们转业改做地方的政治和行政工作。有不少原来在部队工作的同志,后来都成了西北各地各级党政的主要领导干部。

五、认真加强新区党的建设。在新区开展的各种工作中特别是土改中考察、了解培养对象,积极而又稳妥地发展党员,建立基层组织。据统计,陕西省1949年有基层党组织2947个,到1953年已达到6797个,增长1.28倍;1949年有党员64861人,到1953年达到114590人,增长76%;干部人数也由1949年的63479人,增长到121964人,增长近一倍。由于采取了积极而又稳妥的方针,西北各省在1953年就都基本上实现了乡乡建有党支部,区、镇有党委,有效地领导了解放初期西北各地的社会改革和经济建设。

六、西北局和仲勋同志重视正确处理军队干部和来自于国统区的干部之间、汉族干部和少数民族干部之间,以及党内干部和党外干部之间的关系。我们要求地方干部对军队干部,老区来的干部对新解放区当地的干部,汉族干部对少数民族干部,党内干部对党外干部,有功劳的干部对犯有错误的干部等等,都要尊重、爱护和关怀,在民主集中制的基础上团结起来;坚决反对拉帮结派,搞小团体活动。正是由于西北局和仲勋同志坚持这些原则,才保证了西北的干部在广大的区域中,在各种复杂的情况下,风气正,作风硬,为党的事业的发展作出了巨大的贡献。

七、西北局对干部的教育,坚持强调"为人民服务""群众路线"和"实事求是"的宗旨。仲勋同志提过一个朴实的口号,叫做"把屁股端端正正地坐在老百姓这一方面"。他说:"我们万万不能站在老百姓头上。如果我们的干部叫人家一看,是个'官',是个'老爷',那就很糟糕。"他号召党的干部走出"衙门",深入乡村,把我们的工作同团结老百姓、教育老百姓结合起来;只有通过人民,我们的任务才会解决得最快、最正确。革命中的"新的创造,要在老百姓中找寻"。

1950年1月,西北军政委员会成立,标志着全西北人民在中国共产党的领导下,前仆后继,经过几十年的革命斗争所建立的全西北人民民主政权胜利诞生。这个胜利的取得,主要应归功于彭德怀指挥的人民解放军第一野战军,和贺龙、习仲勋指挥的西北军区部队;同时还由于西北局坚决贯彻了中央的路线、方针和政策,由于各省党政领导同志齐心合力,各级干部切实依靠群众,共同努力。仲勋同志当时代表西北局号召大家"要一本过去为人民服务的精神","当好西北人民的忠诚勤务员"。接着,即在党内和干部队伍中开展了反对官僚主义和命令主义的思想斗争。

我们强调要对干部进行经常的培训,同时也强调干部的自觉学习和自我教育,要求大家时时要按刘少奇同志讲到的"党员八条标准"约束自己,不断提高自己,县以上干部要认真读书,扎扎实实学好毛主席号召学习的12本《干部必读》。实践证明,这是提高干部觉悟的有效途径。正是在这种严格要求下,西北的许多干部比较系统地学习了马列主义和毛泽东思想。仲勋同志有个很好的说法:"领导机关重视并真正做好了提高干部思想政治水平的工作,可以说,我们的任务就解决了十分之九了。"现在有的干部借口"没有时间"读书,其实这是对读书的重要意义认识不足。

回忆习仲勋同志的革命生涯[①]

孙作宾 吕剑人

> 孙作宾，1908年出生，陕西西安人，1929年6月加入中国共产党。从1928年5月起，在杨虎城部做兵运工作。此后历任中共甘宁青特委军委书记，中共中央交通员，中共甘肃工委书记等职务；新中国成立后任中共中央西北局统战部副部长、西北军政委员会民族事务委员会副主任等职。2002年在西安逝世。
>
> 吕剑人，1908年出生，陕西乾县人。1927年加入中国共产党。1949年5月至1952年11月，任陕西省委委员、宝鸡地委书记兼军分区政委。1952年11月至1978年6月，先后任中共新疆分局统战部部长、常委，新疆维吾尔自治区第一届政协副主席、党组第二书记，自治区党委书记处书记、监委书记、党委常务书记等职。2002年在西安逝世。

今年，习仲勋同志已到八十岁了。他是西北地区革命斗争中锻炼成长起来的中国共产党优秀党员，久经考验的共产主义战士。他把自己的一生同党的事业和人民的利益紧密地联系在一起，忘我地工作，无私地奉献，为西北党的建设，为陕甘边革命根据地的创建，统一战线的发展壮大，为中国人民的解放事业和社会主义事业，作出了卓越的贡献。

我俩和仲勋同志都是大革命时期参加革命工作，到现在还幸存着的陕西老同志。上世纪30年代初，在西北军杨虎城部队从事兵运工作的时候，我们先后同他相识。从那时起和他并肩战斗，在他直接领导下工作，经常接触，彼此

[①] 本文写作于1992年10月15日。选自《孙作宾》，中共陕西省委党史研究室编，陕西人民出版社1997年版。

习仲勋与（左起）孙作宾、邓宝珊、李敷仁、贾拓夫、霍维德、张稼夫、张德生在兰州合影

习仲勋与吕剑人合影

了解越来越深，即使在遇到政治风浪冲击、受到不公正对待时，也相互关心，相互爱护，在漫长的革命岁月里，始终保持着深厚的革命情谊。

一

仲勋同志对党无限忠诚，对革命具有高度的事业心和坚定性。1932年的"两当""靖远"等兵暴相继失败后，他就辗转北上陕甘山区，与刘志丹、谢子长等同志响应毛泽东和朱德在南方发展革命武装建立革命根据地的号召，建立了中国工农红军第二十六军和以照金为中心的陕甘边革命根据地。当时，"左"倾机会主义者诬蔑这是"梢山主义""土匪路线"，强令红二十六军南下到国民党统治力量较强的渭华地区，使这支革命武装受到严重损失。仲勋同志坚决支持刘志丹同志所坚持的正确路线，反对"左"倾机会主义路线，在迅速恢复红二十六军之后，又建立和发展了陕甘边根据地和陕北根据地。他在对敌斗争中、与党内机会主义斗争中积累了经验，增长了才干，执行了一条正确的革命路线。但王明"左"倾机会主义者却诬蔑刘志丹是"勾结军阀"的"白军军官"，诬蔑习仲勋是"右派前线委员会书记"，在1935年9月的错误肃反中，将刘志丹、习仲勋等一大批干部关押起来，进行法西斯式审讯，许多干部在莫须有罪名下被迫害致死，其中有不少是我们从杨虎城部队和"白区"送往根据地的地下党干部。在习仲勋被关押期间，有人偷偷问习仲勋，是否可以逃跑脱离危险境地？暗示可以帮助习仲勋逃跑，仲勋同志只回答了四个字："为党尽忠。"表现出他坚持革命坚持党的正确路线不畏死，受冤枉委屈无怨恨的高尚品质和革命情操。

1935年10月，中央红军长征胜利到达陕北。毛主席、党中央及时挽救了陕甘根据地，挽救了西北革命，仲勋同志受到毛主席、党中央的关怀和爱护，担任过陕甘宁边区党和政府的许多重要领导职务。无论做什么工作，他都倾注全部心血，激流勇进，很快打开局面，有所建树。毛主席还亲自为仲勋同志题词："党的利益在第一位"。

1936年9月,党中央调参加西征的仲勋同志回到保安,让他参加了毛主席召开的中央政治局会议。这次会议,讨论了争取张学良的东北军和杨虎城的十七路军;反对党内"左"的关门主义倾向。会后,仲勋同志被调任关中特委书记、游击队政委。当时关中地区的苏区包括新宁、新正、赤水、淳耀四个县和同(官)耀(县)宜(君)一部分,称为"小关中",像一把插入国民党统治区的利剑,直逼国民党在西北统治的中心西安。由于斗争形势和开展工作的需要,仲勋同志多次转移关中特委机关。他在抗日救国的总方针下,积极建立各种组织,向根据地周围发展不同形式的统一战线关系,对每一个统战对象、每一个派别、每一个社会团体、每一个武装队伍都进行细致的调查分析,根据不同情况建立不同程度的统战关系。在国民党的县政府、保安团、保甲组织中也有我们

1
2

1.1935年2月5日,中共陕北特委和陕甘边特委在子长县周家崄召开联席会议,决定成立中共西北军委和工委,习仲勋当选工委委员。图为联席会议召开地点
2.1936年9月,习仲勋被任命为关中特委书记兼关中游击队政治委员。图为当年关中特区党政军机关在新正县马家堡(今属陕西旬邑)时习仲勋所住的房屋

的关系，在敌人的地方武装中工作的地下党员，给送情报，送枪支弹药。如打入国民党县保安团的中共地下党员赵伯经同志，就与仲勋同志经常往来，向游击队输送武器和物品。到抗日战争时期，特委就发展了关中根据地，在游击队武装的基础上组建起正规的地方部队；建立起专区政权；组织了抗日救国会等群众团体；实行了"三三制"，模范地执行了党的统一战线政策，同国民党顽固派不断进行"有理、有利、有节"的斗争。

二

仲勋同志对马列主义、毛泽东思想领会得深刻，应用得灵活。他一贯反对教条主义、机会主义，特别是反对"左"倾机会主义，善于运用马克思主义的立场、观点和方法，结合实际，创造性地贯彻执行党的路线、方针和政策。

1942年延安整风期间，在党中央、毛主席的直接领导下，召开了边区党政军高级干部会议。会议发扬党内民主，开展批评与自我批评，全面研究了边区的历史和现状，肯定了以刘志丹同志为代表的正确路线，批判了一些同志过去执行"左"倾机会主义路线的错误，正确地解决了边区历史上一个重大是非问题。但康生、高岗一伙，却背着党中央，阴谋发动了"抢救运动"，诬陷陕西、甘肃及十多个省的地下党组织是"红旗党"，把从陕甘"白区"来的地下党干部，或打成"叛徒"，或定为"特务""托派"，几乎全部关押审查。高岗叫喊要杀人。他说这人、那人"如果不是特务，把我的头割了"，"把×××吊起来，往死里整"，在边区煽起一股"左"倾机会主义、宗派主义逆流。仲勋同志心急如焚，却无力阻止，只尽力保护了一批干部，使黄子祥、黄子文、蔡子伟、王柏栋等人免遭杀害。毛主席发现此问题后立即予以纠正，提出了"一个不杀，大部不抓"的方针，反对"逼、供、信"，并要求实事求是地进行甄别。仲勋同志当时主持的绥德分区，甄别得最快、最好，连一些被关押的人都赞扬"习仲勋是好样的"，"我党就需要有这样的领导干部"。

1945年10月，党中央、毛主席为了适应抗战胜利后开拓新解放区的形势，调习仲勋担任中共西北局书记，领导西北地区的工作。他对毛泽东提出的党的建设、统一战线、武装斗争是中国共产党在中国革命中战胜敌人的三大法宝，非常赞同，十分佩服。他就十分重视学习毛泽东的理论思想，运用三大法宝开展工作。党的"七大"确立毛泽东思想为全党的指导思想，仲勋同志在这次会上当选为第七届中央委员会候补委员。此后，他更加积极地学习宣传毛泽东思想，坚决贯彻执行党的"七大"路线、方针和政策。在西北局召开的会议上，他常讲毛泽东思想，讲三大法宝，联系实际，现身说法，具体生动。我们在和仲勋同志工作接触中，对领会毛泽东思想受益不浅。他常说："任何革命理论都必须同当时当地的实际情况相结合，教条主义之所以错误，就因为它不问实际情况，完全从本本出发，生搬硬套。"因此，他特别注重抓调查研究工作，经常召开西北各省、地区工作座谈会，经常与各种不同人士交谈，提出问题，询问情况，并派人实地调查，及时了解掌握各地情况，以便更好地指导工作。在他的指导下，甘肃省工委调查编印了《甘肃回民调查概况》《清水回民调查资料》《回民问题的一般简况》《甘肃番氏（藏民）概况》《夏河县少数民族概况》《甘肃西南边区藏民生活概况》《蒙古人》等资料，呈报

时任中共西北局书记、陕甘宁晋绥联防军政治委员的习仲勋

西北局，这为制定西北少数民族地区的民族政策，提供了可靠的依据。

仲勋同志特别注重贯彻执行党的组织路线，正确地对待和使用干部、团结干部。他认为，政治路线错了，组织路线也必然是错的，政治上搞"左"倾机会主义，必然在组织上搞宗派主义。他担任西北局书记后，在党中央、毛主席的支持下，有针对性地调整了西北局各基层组织的工作班子，恢复和建立了党在西北各省国民党统治区的工作委员会，选派有对敌斗争经验、熟悉情况的得力干部负责工作。他用人不论亲疏，工作需要就大胆任用；工作搞不上去，打不开局面，就坚决调整；既放手让干部大胆工作，又注意具体指导。这样，很快就打开了西北革命斗争的新局面。陕西先后建立12个跨县区的地方工委和15个县工委，建立起5支规模不等的游击武装；甘肃先后建立5个地级工委和17个县级工委，各工委都建立起自己领导的武装力量，为配合人民解放军解放大西北，夺取人民战争的胜利打下了良好的基础。

1949年2月，仲勋同志任西北军区政委、西北局第三书记（第一书记彭德怀，第二书记贺龙），主持西北局工作，迎接西北解放。第一野战军在彭德怀同志的指挥下发动春季攻势，于1949年5月20日解放了西安。7月，发动扶眉战役，歼灭胡匪军4万余人，彻底粉碎了胡、马匪军的联合反扑计划，陕西各地相继解放。大军西进打了一个兰州战役，

1949年11月30日，习仲勋任经中央军委批准第一野战军与西北军区合并后的军区政治委员

就消灭了马匪军，8月26日解放了兰州，宁夏的马鸿宾，新疆的陶峙岳、包尔汉相继通电起义。这样，西北地区的人民解放战争，经过两年半的时间就基本解决了问题。1949年11月，由彭德怀同志亲自主持，在兰州召开中共中央西北局扩大会议，对解放西北的胜利是这样总结的："西北五省已基本解放，西北战场经过两年多伟大而艰巨的战争，已基本上胜利地完成了光荣的历史任务。这是由于毛泽东和党中央领导的正确，西北局和一野前委坚决执行党中央的路线和政策，全体指战员、工作人员的英勇顽强，后方支前工作的努力，战区和解放区人民的拥护，以及各解放区部队的配合所获得的成果。尤其是党的英明领袖毛泽东同志的正确领导，是取得人民解放战争胜利的决定因素。"这个总结，是完全正确的。

三

仲勋同志一贯重视统战工作。在边区时，他就重视对受国民党中央排挤的东北军、西北军及边区周围其他敌军进行统战工作，对那些不坚决反对革命的地方团队、帮会势力，也做争取工作，目的是尽可能多地争取同盟者，分化和孤立敌人，以顺利地开展根据地工作。在毛泽东同志的《〈共产党人〉发刊词》发表以后，他认识更加明确，觉悟更加提高，更加自觉地贯彻执行党的统一战线的方针、政策。

解放后，仲勋同志从西北的实际情况出发，提出在新解放地区要重视统战工作，在少数民族地区，团结的面应当更广，政策更宽，不仅包括民主党派和无党派爱国人士，还要包括少数民族上层和宗教界上层人士。在陕西团结了张凤翙、韩兆鹗、孙蔚如、马平甫等；在甘肃团结了邓宝珊、蒋云台、黄正清、马辅臣等；还团结了宁夏的马鸿宾，青海的喜饶嘉措；在新疆团结了陶峙岳、包尔汉以及三区革命的力量。1950年1月10日，他在陕西省人民政府成立大会上，作了题为《坚持与党外人士合作的统一战线政策》的讲话，鲜明地提出："我们共产党人同党外人士实现民主合作的原则是坚定不移的,永远不变的。"

这篇讲话，不仅对陕西，而且对于当时西北各省的统战工作都起了指导作用。

西北统一战线工作主要是要做民族与宗教工作，这一问题是我们和敌人斗争的重要方向。西北局进驻西安时，就对西北总的情况有了分析：土地面积大，339万平方公里；人口少，2350万人口；少数民族多，有回、蒙古、藏、维吾尔等十多个民族；少数民族地区占大部分土地面积，资源丰富，但经济文化落后；宗教情况复杂，不少民族是全民族信仰宗教，而且宗教中的派别多，这就决定了西北民族统战工作的复杂性、重要性和艰巨性，特别是政策性强，稍有不慎、考虑不周就会出纰漏。所以毛主席说，西北少了一个工业，多了一个民族问题。中央强调采取"慎重稳进"的方针，凡涉及民族、宗教、统战、外事、对敌斗争的事，一定要事先请示，事后汇报。

起初，有些同志对民族统战工作的重要性认识不足，轻视民族统战工作，认为是"吃吃喝喝，迎来送往"的、可有可无的事（这种思想观点在一个相当长时期内存在着）。在实际工作中，经常发生一些不尊重少数民族宗教信仰和风俗习惯的事，有的地方还出现了毁寺拆庙，没收寺庙土地，促使和尚、道士、尼姑还俗的事情，引起少数民族僧人、教徒的不满和对立情绪，给反革命特务分子以可乘之隙，致使一些地方先后发生了民族宗教叛乱事件。毛主席指示："凡少数民族地区发生的带有群众性的武装叛乱，一律按民族问题处理"，"以政治争取为主，军事清剿为辅，只要放下武器，一律宽大处理"。并提出要反对大汉族主义，同时也要注意反对地方民族主义；"要真正解决少数民族问题，需要各民族成长起来的共产主义干部"。仲勋同志坚决贯彻执行毛主席的指示，处理甘肃的西吉回民叛乱，拉了大阿訇马震武；处理阿木去乎事件，拉了黄正清；处理青海藏民叛乱，把项谦几擒几放，并请喜饶嘉措大师去做工作，都取得很好的效果。

仲勋同志看到当时民族问题矛盾的主要方面在民族与宗教上层，提出一定要先做好争取各民族上层和宗教上层人士的统战工作，在这个基础上发动群众，进行民主改革。这是仲勋同志理论与实际结合、原则性与灵活性统一的创见。

在"镇反""土改"中,他要求排出各民族各教派头人名单,只要靠拢我们,赞成土改的坚决保护过关,集中打击搞现行反革命活动的;提出保留喇嘛寺、清真寺、拱北、道堂土地;牧区不宣传土改,也不提反霸,保护牧畜业等。这种采取保存一小部分封建,换取发动群众的较好条件,去搞掉大部分封建的策略措施,符合当时实际,在实践中取得了显著成效,并为实行民族区域自治创造了条件。

民族区域自治是毛主席运用马克思列宁主义解决中国民族问题的基本政策。它既可以实现少数民族当家作主的权利,使他们按照国家和自身的情况发展和繁荣民族,又可以在完全平等的地位和权利的政治基础上,各民族共同管理和发展自己的国家,因而更有利于国家的统一、民族的团结,有利于各民族的共同发展和共同繁荣。西北局在推行民族区域自治方面,是在加强民族统战、进行各项民主改革的基础上,在进行反对大汉族主义和地方民族主义教育,反对"民族自决"的民族分裂活动,坚决打击个别宗教上层煽动的宗教叛乱的前提下,自下而上,由小而大逐步进行的。由民族乡、区、县、州以至自治区,条件成熟一个,成立一个,决不勉强进行。这样,在西北解放后于1955年新疆维吾尔自治区成立了,接着又成立了宁夏回族自治区,西北各少数民族完全实现了统一于中华民族大家庭中。汉族和各少数民族团结得像一家人一样,在党和国家的统一领导下共同发展与进步。四十年来,西北各民族的政治水平不断提高,经济文化繁荣,发展较快,各族人民享受着安定团结、美好幸福的生活,目前正沿着建设有中国特色的社会主义道路奋勇前进。事实证明,民族区域自治的建立是解决我国民族问题的完全正确的政策,我们坚决相信,各民族区域自治地方一定会毫不动摇地坚持下去,积极依照民族区域自治条令的规定贯彻执行。

新时期以来,仲勋同志仍关心重视统一战线工作。他认为:"尽管时代不同了,任务不同了,但三大法宝不能丢。"并提出统一战线要服从和服务于党的基本路线,服从和服务于实现社会主义现代化建设,完成祖国统一大业和反对霸权主义、保卫世界和平。他就如何在新形势下，加强同党外人士合作问题，做好民族和宗教工作问题，发表了许多重要讲话和文章，对于推动新时期统一战线工作，有着重要的指导意义。仲勋同志是我们党有统战工作才干和丰富经验的领导人。

四

60年代，仲勋同志受到"左"倾政治冲击，被打成"反党分子"。主要罪状是"西北民主革命不彻底"，特别是陕西关中地区的土改不彻底，剿匪、反霸以至镇反都不彻底。由于"不彻底"论不是从实际出发，而是从批判所谓的"反党分子彭德怀、习仲勋的右倾机会主义路线"出发，这样得出的结论当然是错误的。相反，当时西北局和陕西省委领导的"土改""剿匪、反霸"以至"镇反"，都是从实际出发，实事求是的，是完全彻底的。

解放后，西北局和陕西省委通过调查看到：关中地区土地分散，不集中，两头小，中间大。地主占农村户口不到1%，加上富农共占6%左右，合计占土地20%左右，中农占农村户口40%到50%，占土地50%到60%。以宝鸡分区1950年土改前13县1市，102个区，775个乡，8156个自然村，调查的各阶层土地占有统计情况：地主807户，占0.27%，人口8729，占0.6%，土地221864.42亩，占3.18%，人均27.7亩；富农4711户，占1.6%，人口58596，占3.47%，土地491973.78亩，占7.06%，人均8.4亩；富裕中农10771户，占3.7%，人口103036，占5.8%，土地690029.875亩，占9.89%，人均6.69亩；中农100165户，占34.12%，人口673432，占38.1%，土地3001136.4亩，占43%，人均4.45亩；贫农152592户，占52%，人口800515，占45.25%，土地2350192.6亩，占33.7%，人均2.93亩；雇农19775户，占6.73%，人口102792，占5.61%，土地157970亩，占2.26%，人均1.53亩。这和西北局调查的土地关系基本是一致的，所以西北局和陕西省委在土改中所制定的政策措施都建立在从实际出发，实事求是的基础上。如在划定阶级成分上，强调"必须占有材料，深思熟虑"；"允许被确定阶级成分的人参加会议，提出不同意见"；"阶级成分难于划定的，有争论的，应缓定，多研究，多请示上级"。在土改复查中，西北局明确要求，"凡可定为小土地出租者……，不定为地主"，强调要严肃对待成分划定问题，与错定成分的错误进行斗争。如宝鸡坪头镇有个医生邓××，有财有势，家中定为地主，但未给本人戴地主分子帽子；富平县的胡景翼家，临潼县的郝竞生家等，是对革命有过贡献的，家中只定为地主，对本人采取保护过关的办法。习仲勋同志还明确指示："群众运动开展起来，就好像一渠河水下来，必须紧张地注意两旁堤岸决口"，好的领导人工作就应做到"水到渠成"。这样，关中在土改时共划定地主、富农成分33165户，占当时总农户的2.35%。

宝鸡地区在扶眉战役消灭胡匪4万余人后，残敌向西南逃窜，我十八兵团跟踪追击残敌至秦岭以南的时候，我地方部队及各县组建起来的武装力量，根据西北局的指示，要彻底消灭土匪、散兵、保安团队、乡保等各种残余武装和收缴隐藏的枪支。先后消灭了秦伯沄的保安团，特务——"忠义救国军"梅树成股匪400余人，县以下的保警队、乡保武装有眉县的陈苟旦，恶霸武装有宝鸡咀头的宋建堂，扶风的王瑞林、权世俊，陇县的赵子杰，千阳的李正西等数十股。对和我们有过关系的人，也动员他们自动把枪支交给人民政府，如扶风的韩兆雄、眉县的武彦昌等人，总计枪支约数千支。对个别反水者立即坚决消灭之。恶霸一般都掌握一定武装，消灭地方残余武装和反霸是分不开的。关中地区对土匪、特务、恶霸的剿灭是彻底的，对反动党团骨干等反革命分子的镇压也是彻底的，是符合中央规定的正确政策和要求的。

"社教运动"中，某些人把所谓西北地区民主革命不彻底问题强调到荒谬的程度，在关中地区进行了大范围的"民主革命补课"，共补订地富58865户，不少地方把许多贫雇农划为地富，甚至把老党员、老干部的家属，由于国民党反动派追捕迫害不能在家中劳动，而把只有少量的土地让别人代耕的家庭也订为地富，严重地混淆了两类不同性质的矛盾，挫伤了广大干部和群众的积极性，给党的事业造成极大的危害。党的十一届三中全会前后对那次补划的地富进行复查，事实证明基本上都是错的，在落实政策时予以平反。据此，所谓"不彻底"的说法和做法，都是错误的。

我们通过长期接触和观察，认为仲勋同志的革命生涯最突出的思想作风特点就是从实际出发，实事求是，他无愧于党和人民的培养、信赖，无愧于所从事的伟大事业，无愧于历史。

附：

孙作宾与习仲勋同志的互相信任和情谊

孙晓北

> 孙晓北，原中共中央西北局统战部副部长、西北军政委员会民族事务委员会副主任孙作宾之女。

我父亲孙作宾比我习仲勋叔叔年长三岁，他们上世纪30年代初在甘肃做党的地下工作时就认识了。晚年时父亲曾说："习仲勋同志是我的良师益友。"可见他对我习叔叔的敬重之情。

1942年10月19日至1943年元月14日，陕甘宁边区高级干部会议在延安开了88天，父亲对习仲勋同志进一步增加了好感和认识。1943年康生等背着党中央，阴谋发动"抢救运动"，诬陷甘肃等十多个省的地下党为"红旗党"，许多地下党员被打成"叛徒""特务"。孙作宾被定为特务头子，由于孙的实事求是的申辩，审讯人员把他吊起来毒打，审讯的头子高叫："把孙作宾给我往死里整。"习仲勋同志对此心急如焚，但却无力阻止，许多同志向中央反映，经毛主席的纠正，提出"一个不杀，大部不抓"，才制止了这股"左"倾机会主义、宗派主义的逆流。

1954年，西北局撤销，父亲的工作安排过程有所变动。原先的安排另有人选，父亲又要被安排到青海工作，父亲有些抵触情绪，怎么别人不去的地方让我去呢？习叔叔找我父亲谈话做思想工作："作宾啊，青海省是个多民族地区，你在民族、宗教方面是有能力和经验的……正因为别人不愿去，才让你去嘛，我相信你的党性也不会不同意的。"正因为习仲勋叔叔的这次谈话，我父亲愉快地走上了新的工作岗位——青海省委第二书记兼省长。在青海一待就是25年。

党的十一届三中全会以后，我父母亲都回到陕西工作。父亲是西安人，母亲是高陵人，习叔叔是富平人，他们若在一起相聚，真好似秦腔大赛。虽然他们的关系可以说是同志加兄弟，但见面的机会很少。不过联络情感的渠道还是多种多样的：打电话、寄贺年卡……更多的是托他人致意，吕剑人、刘力贞、李连璧等都带来过习叔叔对我父亲的问候。有一次来了一个陌生的年轻人，正当询问他有什么事、找谁时，他说："习老让我来看望孙老。"原来是歌唱家贠恩凤的儿子，他代他妈妈看望习老，习老知道他要回西安，又托他代自己看望孙老，并要把看望孙老的情况向他报告……父亲的兴奋不言而喻。

胡畯每年都会来看望我父亲数次，他是胡景翼将军的孙子。他的父亲胡希仲与习老是同窗好友，自幼情谊至深。在一次延安保小的同学会上，我向胡畯致谢，感谢他长期以来对我父亲的关心和看望。他说："我很小在延安就认识孙伯伯了，看望他是感情使然。另外，好多次都是代表习仲勋伯伯看望的；只要我见到习仲勋伯伯，你父亲总是要涉及的话题。我觉得习伯伯对你父亲的评价是最好的，常说你父亲对党对同志忠诚老实、襟怀坦白。虽多次蒙冤，但越挫越勇，从不退缩……"

上世纪80年代末的一天，当时在西安的习叔叔希望与陕西的五老见面，让省委安排一下。五老——吕剑人、常黎夫、刘海滨、谈维煦、孙作宾，与习老相聚畅谈、豪情满怀，对我党充满深情和希望，觉得中华的和平盛世就在眼前。就餐落座时，习叔叔拉着我父亲坐在他的身边。

胡耀邦总书记当年提出要挖掘党史资料，尤其对党的地下工作者，不能等他们去世了再写他们的历史，要尽快。孙作宾被列为陕西省党史办要写的活着的老地下党员。习仲勋叔叔得知此事，欣然命笔为《孙作宾》一书写序。他在序的结尾写道：孙作宾参加党和革命70多年来，一贯顶风反"左"，虽屡遭危难，仍然坚韧不拔，刚正不阿，敢于说实话、说真话，不说假话，不随波逐流，堪称实事求是的楷模，坚持真理的典范……

习仲勋与横山起义[①]

李凤权

> 李凤权,陕西渭南人,生于1930年。西北政法大学教授,党的建设研究会顾问,陕西老教授协会、老年科教工作者协会、陕甘宁边区革命史研究会成员。长期从事马克思主义理论、中共党史、中国革命史教学研究工作。著有《胡景翼传》《横山起义》等书,习仲勋、屈武、马文瑞等先后为其作品题写序言。

横山起义,也称榆横起义,是解放战争初期,发生在陕西榆林横山地区国民党驻军中的一次较大规模的反蒋武装起义。这次起义是在毛泽东主席的指示下,由习仲勋同志亲自策划和组织实施的,它在中国共产党所领导的中国革命史上具有相当重要的意义,在习仲勋的革命生涯中也是很重要的一页。

1945年8月,经过8年浴血苦战,全民族的抗战终于取得了最后的胜利。在全国人民载歌载舞欢庆胜利,期望国共两党继续合作,致力于建立自由、民主新国家的时候,国民党以蒋介石为代表的统治集团却在紧锣密鼓地调兵遣将,积极准备发动全面内战,企图消灭中国共产党和她所领导的人民军队。中央和毛主席确定了"针锋相对,寸土必争"的政治方针,采取一切可能的措施,制止内战的爆发,同时要求全党提高警惕,坚决粉碎蒋介石的内战阴谋。

毛主席要求各个解放区党政领导在加强战备的同时,重视统一战线工作,重视对国民党军队的分化瓦解工作。10月25日,中共中央发出了"建立国军工作部"的指示,决定在中央军委、各中央局和中央分局设立"国军工作部",

---

[①] 本文选自《纵横》2009年第4期。

以加强对国民党军队的政治宣传和策反活动。

此时，习仲勋刚从中央组织部副部长的岗位调任中共中央西北局书记兼陕甘宁晋绥联防军政委的职务。他接到党中央和毛泽东的指示后，立即通知秘书长张德生召开西北局统战部干部会议，亲自传达中央指示，并对陕甘宁边区如何贯彻中央指示进行了周密的部署。

陕甘宁边区一直处于国民党部队的包围之中。它的南面是蒋介石嫡系胡宗南的20万大军，西面是马鸿逵的两个骑兵师，北面是国民党晋陕绥边区指挥部及其所属第二十二军和保九团，东面则是滔滔黄河，与晋绥解放区隔岸相望。当时的陕甘宁边区有22个县的建制，150万人口，两万多军队。敌我

1934年，习仲勋当选为陕甘边区苏维埃政府主席。图为老爷庙，曾为陕甘边区苏维埃政府所在地

力量对比悬殊,形势非常严峻。

习仲勋是陕甘宁边区革命根据地的创建者和领导者之一,他对边区及其周边的情况了如指掌。他在分析形势的时候指出:敌人的力量和装备都比我们强,但是我们是革命的队伍,得到广大人民群众的支持,特别是我们有党中央、毛主席的直接指挥,我们是能够打败敌人的。为了保证自卫战争的胜利,我们必须发动群众,做好战备工作,同时要根据中央最近的指示,加强统一战线工作,特别要加强对国民党部队的策反工作。他进一步着重就如何在国民党军队中开展统战策反工作作了具体细致的分析。他说:从周边形势来看,北线是敌人的薄弱环节,那里驻扎的是国民党的第二十二军和保九团,都是国民党的"杂牌军",与蒋介石和胡宗南有矛盾。"杂牌军"内部也有矛盾,而且封建意识浓厚,从井岳秀(辛亥革命以后派驻陕北的镇守使,第二十二军的创始人)到现在的左协中(第二十二军军长),一直是以乡情、亲情为纽带,实行家长式的统治。在抗日战争时期,我们和他们有过较好的统战关系,现在我们要尽可能保持这种关系,并且要冲破他们的封建意识,利用他们和蒋介石、胡宗南的矛盾,对他们进一步做工作,争取一切可以争取的人,特别是那些具有爱国思想的官兵,和我们站到一起,反对蒋介石,反对内战,反对榆林地区的亲蒋分子和特务分子。这项工作做好了,对我们粉碎蒋介石、胡宗南的进犯是非常有利的。

会议经过讨论作出决定,由西北局统战部和绥德地委统战部具体负责对榆林国民党军队的统战工作,抽调关中分区干部师源担任绥德地委统战部副部长,协助和加强对榆林国军的策反活动。会后,习仲勋又派延属地区专员曹力如和绥德地委副书记刘文蔚北上榆林,与胡希仲取得联系,了解榆林上层具体情况,特别是第二十二军副军长兼陕北保安指挥官胡景通和副指挥官胡景铎兄弟的动态,以便争取和策动他们在适当的时候举行反蒋起义。

胡景通和胡景铎是著名爱国将领、旧民主主义革命家胡景翼将军的胞弟,排行为五、为六,人称"胡老五""胡老六";胡希仲则是胡景翼的儿子,人称"胡大少"。胡景铎和胡希仲年龄相差无几,他们与习仲勋不仅是富平同乡,而且曾在立诚学校同学，青年时代在一起参加过革命活动，结下了深厚的友情。后来他们虽然各奔东西，但仍不绝书信往还。胡景铎和胡希仲两叔侄思想进步，早有投奔边区参加革命队伍的愿望，因为革命工作的需要，党组织曾指示他们继续留在国民党统治区和国民党部队中，借重胡景翼的影响，为抗日进行统战工作。抗日战争胜利前夕，他们先后回到了富平，率领部属和家乡子弟千余人北上榆（林）横（山）地区，暂栖国民党晋陕绥边区总司令邓宝珊将军麾下，胡景铎受任陕北保安副总指挥，胡希仲受任晋陕绥司令部参议。他们的目的是要投奔陕甘宁边区，参加革命。他们到达榆横之后即与习仲勋秘密联系，希望得到习的支持和帮助，所以习仲勋派遣曹力如和刘文蔚带着他的亲笔信去榆林与胡希仲见面。

胡希仲向曹力如和刘文蔚报告了榆林国民党上层动态。他说：八十六师是第二十二军的主要力量，新任师长徐之佳是军统特务，是蒋介石派来监视邓宝珊并进行反共活动的主要人物。邓宝珊将军目前对国共纷争抱观望态度，尚无公开反蒋迹象，而他五叔胡景通是听命于邓宝珊的，现在策动他们举行起义的条件尚不成熟。而胡景铎则不同，他既已表明了坚决反蒋的态度，又在他的部队中秘密联络了一批进步分子，随时准备投奔边区。因此，由胡景铎发动起义的条件已经成熟，请习仲勋速派人去横山县波罗堡（陕北保安指挥部驻地）与胡景铎联系。

曹力如和刘文蔚把他们了解的情况向习仲勋作了汇报，习仲勋当即决定把对北线国军的策反重点放在胡景铎身上，并派师源去波罗面见胡景铎。

师源与胡景铎也是老同学、老朋友。故友相逢，无所不谈，双方很快达成了一致。胡景铎明确表示，他决心跟共产党走，他的一切行动听从习仲勋同志的安排，并请习仲勋同志帮助他早日加入革命队伍。师源完成使命后即回绥德。

习仲勋亲自到绥德听取了师源波罗之行的详细汇报。随后，他又召集绥德地委常委会议，共同研究如何帮助胡景铎起义的问题。习仲勋在会议上对策动胡景铎起义的意义和起义准备工作，作了详细分析与说明。他说：毛主席对我

横山起义的发动地——
波罗堡

们北线工作非常重视,目标是解放榆横,为边区自卫战争得更多的回旋余地。现在我们统战工作的重点在波罗,把那里作为策反的突破口。胡景铎这个人思想比较进步,是可以相信的,我们要继续做工作,给他提供帮助,争取他在时机成熟的时候起义过来。这件事情办好了,可能影响很大,有利于我们彻底解决北线问题。习仲勋指示师源再去波罗与胡景铎商议,在他的部队里建立党的组织,作为起义的核心力量,再从边区派一批政工干部和军事干部到他的部队,为起义作准备。他说,我们的方针是"建党建军,准备力量,长期隐蔽,待机而动"。

1946年整个夏天,按照习仲勋的部署,从绥德到波罗,围绕着胡景铎起义展开了频繁的秘密活动。

5月间,由习仲勋介绍,经党中央批准,胡景铎加入了中国共产党。根据胡景铎的要求，入党日期定于7月1日。

接着，中共中央西北局讨论了胡景铎提出的党员发展名单，批准李振华、姚绍文、张亚雄、许秀歧、李振英、杨汉三、魏茂臣等同志入党，入党日期定于8月1日。与此同时，由边区延属分区和绥德分区抽调的40多名军政干部，以各种不易被敌特察觉的方式进入波罗、石湾等陕北保安团驻地，由张亚雄、李振英等地下党员"合情合理"地安排到各个连队，秘密进行宣传和联络工作。

6月底，蒋介石发动了全面内战，向中国共产党领导的中原、东北、华北、晋察冀、晋冀鲁豫、晋绥等各个解放区发动进攻。

陕甘宁边区周围的形势更加紧张起来。胡宗南在南线加紧调集兵力，把战车推向边区门口，同时命令北线的部队向边区进攻，企图对边区形成南北夹攻的态势。但当时，胡宗南还有六个师远在河南和陕南，一时不能到达进攻边区的前线，因而短时间内还无力对陕甘宁边区发动大规模的进攻。在习仲勋向毛泽东汇报边区战备情况和对北线敌军进行统战工作情况的时候，毛泽东指示他：抓住时机，进一步加强对北线敌军的统战工作，同时集中兵力组织北线战役，用军事与政治相结合的办法解决北线问题，以便集中力量对付胡宗南的进攻，并为边区自卫战争扩大回旋余地。

习仲勋深刻理解毛泽东的这一重大决策。7月1日，他在延安花石砭召集西北局常委会议，传达了毛泽东主席的指示，集中讨论了策应胡景铎起义和组织北线战役的问题。会上大家一致同意习仲勋同志的分析，即榆横地区的国民党军队虽然力量比较薄弱，但与胡宗南互相配合，南北呼应，是对我后方的严重威胁；特别是横山县内的石湾、高镇、武镇等地，是敌二十二军和陕北保安指挥部的前哨据点，像插进我边区的几把刀子，战时将直接妨碍我军在陕北的活动。因此，策应横山起义，组织北线战役，消除北线国军对我的直接威胁，进而为解放整个榆横地区创造条件，这对于边区自卫战争具有重要的战略意义。我们对榆横敌军的统战工作已经取得了成效，以胡景铎为首的进步力量已经表明了坚决反蒋和积极靠拢我党的态度，在其部队里已经做了一定的准备工作，组织和发动武装起义的条件基本成熟,加上我们把接应工作做好,成功的把握很大。但是,整个形势是敌强我弱,加之榆横地区的情况十分复杂,我们要对组织起义和接应起义可能遇到的困难和问题想得多一些,行动计划应十分周密。会议经过讨论提出了三种行动方案:第一,在解放军的支援下,力争横山起义取得全部胜利,胜利后乘势夺取榆林,彻底解决北线问题;第二,起义虽然取得了胜利,但还不能对榆林组织有效的进攻,就先解放无定河以南地区,使榆林失去西南屏障,待条件许可时再进攻榆林;第三,起义一旦出现难以控制的局面,胡景铎立即撤出原防,率领他的骨干部队进入边区,边区予以接应。

会议还作出了两项相应的决定:一是由陕甘宁晋绥联防军代司令员王世泰、副政委张仲良负责北线战役的准备,支援和接应横山起义;一是派西北

陕甘宁晋绥联防军政委习仲勋与司令员贺龙

局统战部范明处长到绥德，准备去波罗与胡景铎协商起义的具体计划。

8月下旬，习仲勋作为陕甘宁晋绥联防军政治委员（司令员贺龙去晋绥解放区指挥作战），与王世泰、张仲良等军事领导干部举行会议，按照花石砭会议精神，讨论了北线战役的部署问题，成立了北线战役作战指挥部，由王世泰和张仲良分别担任正副指挥，负责制订作战方案，指挥作战。

会后，习仲勋向中共中央毛泽东主席呈递了一份有关北线战役的方针和计划的书面报告。毛泽东于9月2日批示："即照所定方针去做。"

北线战役的计划得到毛泽东批准后，习仲勋立即到绥德检查战前的各项准备工作，并指派范明带上他的亲笔信去波罗会见胡景铎，传达党中央和西北局的指示，并就武装起义的具体计划当面商定。

中秋刚过，胡景铎在他的家里接待了习仲勋派来的、扮作立诚中学教员的范明。他们素昧平生，但却一见如故，谈话很快切入正题。范明向胡景铎传达了党中央对目前形势的分析和党的基本方针，西北局关于发动横山起义的决定和基本方案。在讲到蒋介石在美帝国主义支持下发动内战，中国革命还将经历一段困难的时候，胡景铎坚决表示："我们就是要在党和革命尚有困难的时候参加革命，决不做蒋介石的一抔黄土；如果在革命形势顺利的情况下参加革命，或者在自己不得已的时候才起义，那还有什么光彩？"胡景铎明确表示了举行起义的坚定意志，并完全同意西北局关于横山起义的方针和方案。

在第三天的会谈中，他们详细地讨论了有关起义的具体问题，其中包括起义的日期，所属各部起义的地点和干部任职名单，解放军对起义各部的接应，起义部队的番号和起义的口号，对反动分子的控制和处理，起义后的"通电"内容，以及双方联络的具体办法，等等。在共同认识的基础上，一个详细的起义实施计划被他们一起制定出来了。

因为时间紧迫，范明立刻返回边区，习仲勋听取了范明波罗之行的汇报以后，又带着范明去枣园，向中共中央毛泽东主席汇报。毛主席听取了他们的汇报，又看了联防军司令部作战科送来的榆横敌军布防图，然后指示习仲勋和王世泰说："这个起义可以搞了",并要求联防军司令部集中六个团的兵力,做好起义的接应工作。

起义的具体计划拟定之后,胡景铎立刻分头通知所部骨干加紧起义前的准备,并严格保守机密。但是,国民党的特务和胡景通的亲信们也没有睡大觉,他们时刻在捕捉一切可疑的迹象,特别是胡景铎以举办军干班为名,实际上是培养起义骨干的活动,引起了他们的怀疑,并向榆林总部作了反映。为此,胡景通立即电召胡景铎到榆查问。胡景铎意识到这是一个危险的信号,如果应付不好将对筹划已久并且即将付诸实施的武装起义产生极为不利的影响。经过仔细考虑和周密安排之后,他不顾个人的安危,毅然应召赴榆,面见了他五哥——第二十二军副军长兼陕北保安指挥官胡景通。胡景通非常严厉地责问他:"你在波罗都搞了些什么名堂?是不是要断送我在陕北十几年的苦心经营?你带来的那一竿子人是不是别有所图?你还办什么军干班,是何用心?"胡景铎胸有成竹,从容不迫,他以"整饬军容,提高士气,消除各种不良现象"等理由为自己辩白,从而消除了他五哥尚无真凭实据的疑虑。因为预定的起义日期日益迫近,胡景铎又机智地摆脱了特务头子徐之佳的纠缠,飞马离榆,日夜兼程,返回波罗。

习仲勋密切地注视着榆横的动静。在胡景铎从榆林返回原防的第三天(即10月5日),习仲勋召集王世泰、张仲良、徐立清等北线战役指挥部领导人开会,决定以接应胡景铎起义,解放无定河以南地区为基本着眼点,命令所属解放军各部立即进入战斗状态,并组织民兵3000人配合作战。

10月11日,国民党部队侵占了晋察冀解放区首府张家口,蒋介石立即下令召开他一手包办的伪"国大",同时命令胡宗南积极准备突袭延安,扬言三个月内消灭共产党,气焰非常嚣张。

10月13日,由王世泰和张仲良指挥的北线战役(又称榆横战役)开始了。

凌晨,战斗先从榆林与横山之间的武镇和镇川堡打响。新编第四旅旅长张贤约率领所部主力向武镇发动进攻,延属分区教导旅旅长罗元发率领所部向镇川堡发动进攻，一举歼灭敌军一个团又两个营，并继续向北推进，直逼榆林南大门，使榆林守敌不敢轻举妄动。与此同时，张仲良率领新四旅、绥德警备旅、新十一旅各一部，包围了横山县城，使国民党守军王永清骑兵团陷于困境。

解放军在东西两侧的军事行动，为胡景铎所部的起义创造了极为有利的条件。胡景铎一声令下，陕北保安指挥部及其所属各部，分别在横山县境内的波罗、石湾、高镇等地同时发动武装起义。

在波罗，胡景铎于12日夜，以在指挥部召集会议的名义，将反动分子的主要人物全部集中软禁起来。13日清晨，他亲自到城外迎接范明率领的接应部队进城，随即召集全体官兵大会，正式宣布起义。胡景铎在大会上发表了慷慨激昂的讲话，他说："蒋介石、胡宗南发动反共内战不得人心，我们不能给他们当炮灰。我们是三秦健儿，热血要洒在为正义而战的疆场上。榆林虽好，还不是我们的天下。我们要北上打榆林，南下打西安，赶走胡宗南，把红旗插到省城中心的钟鼓楼上。我们现在是西北民主联军，和解放军是友军。我们有一个共同的目的，要打倒蒋介石，推翻南京政府，解放全中国！"就这样，未动一刀一枪，波罗起义宣告胜利。驻扎在波罗附近的敌第十一旅一个骑兵连，也在连长杨汉三率领下参加了波罗起义队伍。

在石湾，保九团团副张亚雄、军需主任范止英、机枪中队队长许秀歧等人，奉胡景铎之命，于13日凌晨打开城门，把绥德军分区副政委高郎亭率领的接应部队迎进城，逮捕了所有企图抗拒的反动分子，包围了保九团团部，迫使团长张子亚缴械投降。当天下午，全体官兵集中在大操场，宣布起义成功。石湾这个最靠近陕甘宁边区的军事重镇宣告解放。

在高镇，保九团副团长秦悦文和大队长吴凤德也奉胡景铎的命令，向全体官兵晓以大义，宣布起义。当高郎亭和张亚雄从石湾赶来接应的时候，高镇已经举起了义旗。

在横山县城，被围困的王永清骑兵团，在波罗起义的影响下，又经胡景铎做说服工作，也放下武器加入了起义行列。

陕甘宁晋绥联防军在横山起义中强攻过的响水堡

至此,横山起义按预定计划取得了完全的胜利。国民党榆林保安指挥部保九团官兵和第二十二军第八十六师新编十一旅,共5000余人,在胡景铎将军率领下走上了革命道路。

横山起义胜利后,起义部队和解放军联合发动了响水战役,消灭了榆林援军10个连和响水城内守军1个营,为北线战役画上了一个圆满的句号。

北线战役和横山起义胜利的直接结果是:陕北12万人民和一大片土地获得了解放,产生了西北民主联军骑兵第六师,建立了共产党领导的榆横特区,使边区北线国民党军丧失了25个坚固据点,损失了40多个连的兵力,从而扩大和加强了解放军的北线阵地,为中共中央转战陕北,指挥全国解放战争,粉碎蒋介石、胡宗南进攻，创造了有利条件。

起义部队经过改编和整训，于12月中旬，奉毛泽东主席之命调驻延安。他们所到之处受到边区各界的热烈欢迎。特别使胡景铎等起义官兵终生难忘的是12月24日，这一天，中共中央、中央军委的领导人毛泽东、刘少奇、周恩来、朱德、任弼时、彭德怀，西北局书记习仲勋，以及邓颖超、康克清、王世泰等同志，亲切地接见了胡景铎等起义部队的领导干部。毛泽东握着胡景铎的手说："景铎同志，你能在敌强我弱的情况下，下邓宝珊的船，上习仲勋的船，你选择这个道路是很正确的。你们的革命行动给西北的旧军队指出了一条光明大道。"

横山起义具有重要的历史意义，因为这个起义发生在中共中央所在地陕甘宁边区的北部战线上，发生在直接包围陕甘宁边区的国民党部队中，发生在敌强我弱、敌攻我守、敌人气焰十分嚣张的历史时刻。在这样的历史背景下，横山起义就不能不在政治上和军事上产生重大的影响，不仅为西北的旧军队，也为一切爱国者"指出了一条光明大道"。正如朱德总司令所说：胡景铎将军在横山起义，以及其他无数次的同类事件，"形成了一个潮流"。这个潮流已经"成为人民在自卫战争中战胜反动派而实现国家的独立、和平、民主的重要因素之一"。

记习仲勋的革命业绩①

范 明

> 范明，陕西临潼人。1938年加入中国共产党。抗日战争时期，被派往国民革命军第十七路军第三十八军任中共工委委员、书记，第三十八军教导队队长，直属搜索连连长，从事统战工作。解放战争时期，任中共中央西北局统战部处长，骑兵第六师政治部主任。1949年任第一野战军政治部秘书长兼联络部部长。参加了延安保卫战及青化砭、羊马河、蟠龙、沙家店、宜川、荔北、扶眉、兰州等战役。新中国成立后，历任西北人民解放军进藏部队司令员兼政治委员，中共西藏工委副书记，西藏军区副政治委员等职。

我和仲勋同志的相识，不是经过组织关系或工作关系，而是因一个偶然的机遇。当时我在杨虎城部第三十八军做党的地下工作，对外是教导队（实际是抗大分校）队长，对内是中共第三十八军工作委员会（简称工委）委员、组织部长兼统战部长。1942年9月，我奉毛主席电令回延安汇报工作，路经陕西省委和关中地委所在地马栏，去看望早年在抗日军政大学毕业后调任关中专署文教科工作的哥哥郝伯雄时，得知他的上司专员就是原来担任过陕甘边苏区苏维埃主席的习仲勋。经哥哥介绍与仲勋相识，乡亲相见分外亲热，问长问短，毫无拘束，关中"楞娃"的豪放气质和平易近人的"伙爷"作风，使我们彼此一见如故。从此，我便和仲勋同志建立了同志加战友的亲密关系。

一

1944年4月，我回延安向毛主席汇报工作后，到中央党校二部学习。1945

---

① 本文原载《习仲勋革命生涯》，中共党史出版社、中国文史出版社2002年版。

年8月抗日战争胜利，组织调我到西北局工作，任统战部统战处长。12月我被派往关中马栏，进行西北五省的派遣工作，完成了建立白区布点108处，回到延安西北局。此时，原西北局书记高岗已率领大批干部去东北，习仲勋继任西北局书记。我向张德生部长汇报上述布点后，他要我和他到仲勋书记处汇报。

仲勋同志非常高兴地握着我的手说："我们终于到一起工作了。"他听完我的汇报后说："好啊！这是完成毛主席新战略部署的一次新成就。"他要我写个详细汇报纲领，以便转呈毛主席。当时在西北局统战部任处长的刘庚对我说，仲勋同志作风民主，平易近人，领导工作时能倾听各种意见，集思广益，作出符合实际的正确决策。

仲勋同志到任后，首先加强了陕甘宁边区北线的统战工作，完成了策动国民党陕北保安指挥部副指挥胡景铎率部起义（即横山起义）的任务。

1946年6月，蒋介石撕毁停战协定，国民党军队全面向解放区进攻，一方面不断增加包围陕甘宁边区的南线部队，一方面命令榆林邓宝珊所属部队准备南下。青海、宁夏的马步芳、马鸿逵准备东进，企图一举占领陕甘宁边区。党中央积极领导边区军民加紧备战，提出"保卫边区，保卫延安"。在中央召开的加强备战会议上，毛主席对习仲勋说：保卫延安，保卫边区，必须加强北线统战工作，争取榆林地区国民党部队起义，扩大保卫延安战争的回旋余地。

习仲勋在西北局常委扩大会议上传达了毛主席这一重要指示，决定派我为代表，前去绥德地委蹲点，开展榆林地区统战工作，重点争取横山波罗堡陕北保安副指挥胡景铎举行起义。习仲勋说，胡景铎是他在立诚中学（胡家的私立中学）的同学，同他交情很深，思想比较进步。前次曾派与胡景铎也是同学的绥德地委统战部副部长师源，以八路军参谋的身份到榆林与驻军联防之便，争取胡率部首先起义，解放无定河以南特别是插在边区内的石湾地区，减轻我军北顾之虑，扩大我军回旋余地。习仲勋对我说，这是一个十分重大的任务，要我勇担重任，并询问我还要什么帮助和条件。我说，不要什么条件，只需你写个秘密介绍信就行。习仲勋说：我希望你能发挥这方面的特长，胜利地完成这个战略性的、重大而光荣的任务。我说，我不敢立军令状，但我一定会尽心尽力克服一切困难，争取胜利地完成党所交给我的任务。习仲勋把我叫到他的房内，在白绫子上写了介绍信，让我缝在我的丝绸背心里。1946年7月上旬，我携带着习仲勋给胡景铎的密函先到绥德地委，在地委书记白治民、专员杨和亭、司令员吴岱峰、统战部长刘文蔚和副部长师源协助下，对榆林方面的情况进行了周密的调查研究。特别对胡景铎的思想、政治、家庭和社会关系以至个人生活嗜好方面的细节情况，作了详尽的了解。然后又以他与习仲勋的特殊关系和我的家庭与胡家的特殊社会关系（我的伯父郝隆光，原系胡景翼10大连的少校连长，在反北洋军阀在陕代理人陈树藩、陆建章的战争中光荣牺牲，富平美原镇还有他的纪念石碑）作出周密安排。我化装成立诚中学教员身份，单刀赴会。

我于1946年阴历八月十五中秋节之日，由师源同志陪同，从子洲县经过周家崄，到边区与敌占区石湾交界处只身进入石湾地区。首先与胡部一个连长许秀岐取得联系，说明来意。

翌晨，许秀岐派了一位上士班长备一匹马护送我。经过两天的沙漠行走，顺利安全地到达了波罗镇，直接进入了胡景铎的指挥部。首先见到了胡的秘书章纯。章纯向胡通报后，胡即派警卫员肖家寿前来看我。肖家寿带我进入了胡的私室，我除将习的密件交给他外，并作了自我介绍，叙旧后我径直说明劝他起义的来意。他惊喜交加，从炕上跳下来，紧紧地握着我的手，激动地说："我与习是同窗好友，莫逆之交，早有起义的决心，今幸得世兄前来真诚会谈，真乃天助人愿，了无疑意。"

次日清晨，在周密警戒之下，胡景铎和我在波罗镇南城门楼上促膝而坐，指掌为图，纵论革命大好形势，详谈起义政治、军事部署，情投意合，当即达成了起义10条纲领协定。主要内容是起义后将部队编为西北民主联军骑兵第六师，胡任师长，批准胡为共产党员，党龄可从本年7月1日算起。胡又提出要对这次参加起义的有功人员张亚雄、杨汉三、许秀岐、姚绍文、范止英以及还在关中探亲未归的参谋主任李振华作出适当安排和奖励,任命石湾大队长张亚雄为一团团长,杨汉三为骑兵团团长。胡景铎和其他进步干部都思想先进,起义有功,均可批准入党,党龄可以从起义之日算起。并决定在国民党双十节(10月10日)举行起义。

我将起义行动计划带回延安,向仲勋同志作了详细汇报。他决定由我率领延安和绥德地委选派的50多名干部和新四旅一个加强连,经响水西南水沟边境出发(原定10月10日起义,因无定河水上涨,改为10月13日起义),于拂晓前按预约计划到达波罗南门外约500米处之南土台,将部队布置就绪。以约定的旗语暗号联络,配合胡景铎率部起义。

起义后,中央电令任命胡景铎为骑兵第六师师长,范明为政治部主任兼党委书记。11月下旬,中央电令骑六师到延安整训。

12月24日,毛主席在陕甘宁晋绥联防军司令部接见了骑六师营以上的官佐,由习仲勋向毛主席作了介绍。当介绍我时,毛主席拉着我的手笑着说:"郝克永同志,你又从这里拱出来了!"没待我回答时,仲勋同志很诧异地连忙改正说:"这是范明同志。"毛主席说:"晓得!郝克永是他在三十八军的原名,你们还不知道?"

毛主席在对起义官佐表示赞扬和欢迎之

1946年,习仲勋组织策划,由胡景铎发动了横山起义。图为横山起义纪念碑

意后说:"国民党是一个大党,国民党的军队是一个大军队。国民党的船很大,但千疮百孔,是一只快要沉没的船,许多有识之士都看到这一点,大家都想从这只快要沉没的大船上撤下来,为自己寻找新的出路。这是共产党的船。这只船现在虽然很小,但这将是一只不断扩大的船,它非常结实,并不像有些人所说的那样是一只贼船,而是铁邦邦结实的大船。事物的发展都是从无到有,从小到大,从失败走向胜利。我们虽然还处于困难时期,但从统筹全局来看,我们在三年内要打倒蒋介石,解放全中国!"

二

仲勋同志无论是在地方或是中央工作期间,都用了很大的精力倾注于党的统一战线和民族宗教工作,努力结合实际,创造性地掌握和执行党的政策,恰当地解决实际工作中的疑难问题,出色地完成了各项重大工作任务,业绩显著。几十年来,尤其是解放初期,给我留下最深刻印象的有以下几件事。

(一)通过上层统战人士正确处理夏河(拉卜楞)叛乱事件。

黄正清是甘南藏族地区拉卜楞的领袖人物、拉卜楞保安司令。他的一个弟弟黄正光,是藏传佛教六大寺之一的拉卜楞寺寺主第五世嘉木样呼图克图,法名丹贝坚赞。他的另一个弟弟黄正明又是拉卜楞寺阿莽仓活佛莫慈成朗。他的儿子黄文源还是青海河南蒙古女亲王扎西才让的丈夫。黄氏家族因出有嘉木样呼图克图被封为"尧西",又因黄正清的儿媳是河南亲王,这一家包揽了拉卜楞地区军、政、宗教的大权,在安木多、青海甚至西藏都有很大影响。早在大革命时期,我党曾派在冯玉祥部队做政治工作的宣侠父,到甘肃南部做民族统战工作。他住在黄正清处,与黄结为亲密的好朋友。黄正清和嘉木样活佛的汉文、汉语都是宣侠父教的。更重要的是,宣侠父对他们进行了共产党主张民族平等、汉藏民族团结的宣传和教育,为他们思想进步打下了基础。

兰州解放前,黄正清避居距夏河100多公里的阿木去乎草地。为了争取黄正清，西北局指示王震、王恩茂派人给他捎信，并让我派了与宣侠父、黄正清都有关系的贾志璞等，带着中国人民解放军布告（约法八章）和大量宣传品，一路张贴，一路散发，宣传党的民族宗教政策。贾志璞同黄正清旧部的保安团长黄立中和拉卜楞寺大总管达吉等，深入到川甘交界的藏区草地，经过多方面工作后，争取黄正清顺利地回到了夏河县拉卜楞，并于1949年9月20日率部起义。彭总当即命令将黄正清在兰州的公馆腾出，派贾志璞、黄立中等将黄正清及其夫人策仁娜姆接到兰州，由一野联络部接待。彭总与黄正清进行了亲切的谈话，作了妥善的安排。以后，习仲勋也接见了他。1950年元旦，黄正清参加了甘肃省各族各界人民代表会议，当选为甘肃省人民政府委员。在这些工作中，我与黄正清朝夕相处，促膝谈心，也结为朋友。

1950年2月，由于当时临夏地委犯有"左"的错误，一方面鼓动河南亲王的属民、新吸收的共产党员吴振纲等去斗争河南亲王；另一方面，对拉卜楞寺的阿莽仓（黄正清的二弟）活佛，按内地半地主的办法进行斗争，并把阿莽仓的属地阿木去乎的一个主要头人暗杀。这样就引起阿木去乎叛乱，河南亲王的管家将吴振纲暗杀了。他们还扬言要缴夏河县公安局的械，乱子越闹越大。西北局和甘肃省委要我作为全权代表，带上一个加强连，去处理这个事件。我向甘肃省委书记张德生请求说：解决民族问题，必须通过民族领袖才能解决，要解决夏河事件，必须通过黄正清去解决，否则，不要说给我派一个连，就是给我一个团也解决不了。张德生同意我的意见，就让黄正清同我一道去处理这一事件。

我们来到夏河时，夏河县县长黄祥（藏族，原黄正清部的一个团长），当时被认为是藏族上层的"左"派人物，在"左"的错误支持下，搞反对黄正清系统（包括拉卜楞寺）的斗争。他们组织人白天示威，晚上打枪，要求交出杀吴振纲的人犯。阿木去乎地方骑兵为了保护黄氏和寺院，也全部调来包围了夏河，大有刀出鞘，弓上弦，一触即发之势。我通过黄正清做寺院和阿莽仓的工作，通过黄祥去做"左"派的工作。首先将仇杀血战危机缓和下来，然后经过有理、有利、有节的斗争与艰苦耐心的调解工作，事件终于得到了和平、顺利的解决。决定将打死吴振纲的主犯（黄正清尧西的总管和河南亲王的总管）3人扣押兰州，交由省高级法院判了刑（1951年均得释放）。这一事件处理后，我于1950年4月，给甘肃省委写了一份《关于夏河（拉卜楞）问题的综合报告》。张德生书记阅后立即转报西北局。习仲勋书记看后，认为这份报告是根据毛主席民族政策第一次解决民族问题所作的理论与实践相结合的好报告，指示以《夏河工作——范明同志的工作报告》为主题，于1950年在西北局的《西北党内通讯》第54期上全文发表。

（二）对回族叛匪头目马良实行感化政策，决定既往不咎。

1950年冬，台湾国民党残敌利用美国高空飞机，给潜藏在甘南与川北交界草原地区的叛匪头目马良（回族），投下了新式武器和委任马良为西北"剿匪"总司令的委任状和大印，命他在该地区进行反攻叛乱，打家劫舍，胁迫藏民。当时马良土匪武装有1000多人，气焰十分嚣张。与此同时，台湾还投下了委任黄正清为守备总司令的委任状和大印，马匪秘密勾结黄正清的儿子黄文源，把黄的委任状和印信转给黄正清，要他潜逃甘南共举叛乱。黄正清在接到这些证件后，深夜找我报告了这一严重情况，并要求把黄文源和这些证件上交军区，他愿亲自出马，率领藏民武装协同解放军进剿马匪。我先赞许他这种大义灭亲、爱国爱党的精神，但劝他不要操之过急，先把黄文源稳住，把证件秘密上交，等与西北军区和甘肃省委商议后再说。但我提议黄正清率部与骑兵团协同进剿的意见未被采纳，只由甘肃省军区派了一个骑兵团，深入甘南藏区追剿。由于地形不熟，情况不明，藏族群众不帮，剿来剿去，剿了一个多月，寸功未立，人员马匹则不断减少，粮尽草绝，只得撤回休整，待机再剿。甘肃省委对这一问题进行了讨论，认为必须走藏族上层领袖人物和藏族路线来解决问题，取消对黄正清的怀疑，又要我亲自动员黄正清出马，出任甘南剿匪司令员。

黄正清回到夏河县，振臂一呼，三天之内就组成了一个约3000人的藏族剿匪团，配合我骑兵团，开往甘南川北广大草地，对马良匪部进行第二次围剿。

黄正清以拉卜楞寺主嘉木样呼图克图娘家尧西的身份，向甘南川北藏区所有寺庙的头人发布了合剿马匪的通知。于是，剿匪部队所到之处，藏民头人和藏民群众武装，跑马鸣枪，夹道欢迎，欢声雷动，还派出精干骑兵随军进剿。黄正清采取了撒下天罗地网，黑明昼夜不停奔袭的战术，使马匪抱头鼠窜，无喘息之机。同时，认真执行优待俘虏政策，前后不满一个月，便将叛匪连同匪首马良全部俘虏，西北局将黄正清这一功绩上报中央，受到中央军委的嘉奖，1955年授予黄正清少将军衔。

当时将匪首马良带到兰州后，有人主张杀掉，上报西北局，习仲勋按照毛主席对叛乱头子的感化政策，批示不仅不予镇压，还让做工作，由兰州回族首领出面担保释放，并在民族事务委员会安排了工作。马良改恶从善，派人说服甘南潜藏的其他匪徒全部投案自首，对稳定甘南局势起了有益的作用。同样，对兰州回族上层人士马腾霭，习仲勋也不同意杀掉，后来还安排了全国政协委员等职务，在回民中影响也是极大的。

（三）认真贯彻执行党的宗教信仰自由政策，第一个批准藏传佛教的嘉木样呼图克图转世坐床。

藏传佛教格鲁派六大寺之一的甘南拉卜楞寺的寺主是嘉木样呼图克图。五世嘉木样·丹贝坚赞（即黄正清之弟黄正光）于1947年4月14日圆寂了，未来得及选转世灵童就解放了。1950年黄正清提出按藏传佛教的程序选转世灵童来继承为六世嘉木样的意见，得到西北局书记习仲勋的正式批准。在仲勋同志的指示下，先由黄正清召集拉卜楞寺活佛僧侣及属寺代表，并请青海佑宁寺活佛土观仓参加，开会决定卜算活佛转世方向，未能寻到。1951年2月，他们祈请班禅大师卜算，由班禅大师决定。班禅大师于10月19日亲莅拉卜楞卜算后由班禅堪布会议厅秘书长宣布："经班禅额尔德尼大师卜算决定：五世嘉木样灵童生于青海省刚察县刚察上部，父名多拉海，母名才旦卓玛，佛名周本塔尔。"于是拉卜楞寺派员到青海刚察把佛迎来，于1952年3月6日在拉卜楞寺隆重举行六世嘉木样活佛坐床典礼。西北局民族事务委员会主任汪锋、西北

1951年4月,习仲勋在西安迎接赴北京参加和平解放西藏谈判的班禅额尔德尼·确吉坚赞

军政委员会委员黄正清和甘肃省军区司令员徐国珍出席了坐床盛典,并分别代表西北军政委员会和甘肃省人民政府送旗祝贺。这就是甘肃省佛教协会会长嘉木样·洛桑久美·图丹却吉尼玛。这是中华人民共和国成立后,在共产党领导下,第一个由班禅大师决定的转世活佛。

(四)代表毛主席专程到西宁为班禅送行并对西藏工作作了重要指示。

1951年12月15日,班禅离开塔尔寺来到西宁,向青海省党政军领导同志和青海省各族人民辞行。这时,中共中央西北局书记、西北军政委员会副主席习仲勋,代表毛主席、中央人民政府和西北军政委员会,专程来到西宁,欢送班禅大师光荣返回西藏。习书记看望了班禅并赠送班禅银圆3万元,检查了班禅返藏的筹备工作,还给班禅行辕的官员作报告。

习书记勉励他们要热爱祖国，拥护共产党，认真执行《关于和平解放西藏办法的协议》，希望他们与噶厦官员互相谅解，搞好团结，为建设繁荣昌盛的新西藏而努力。

12月16日，青海省各族、各界人民代表1000多人，在西宁隆重举行欢送大会。会上，习仲勋代表毛主席、中央人民政府和西北军政委员会致欢送词。他说："班禅额尔德尼先生同达赖喇嘛一样，在西藏人民中的信仰是很高的。班禅先生离藏28年间，西藏人民时刻在怀念着您。班禅先生此次返回西藏一定会受到西藏人民的热烈欢迎。这是中央人民政府和平解放西藏取得协议的必然结果，是接着和平解放西藏之后的又一件大喜事。这说明，西藏在毛主席和中央人民政府正确领导下，达赖喇嘛和班禅额尔德尼先生已经团结起来了，全西藏的人民团结起来了。从此，我们祖国的各民族都亲密地团结起来了。"接着，班禅大师致答谢词，对毛主席、中央人民政府、西北军政委员会和青海省党政军在解放以来对他们的关怀和这次热情送行，表示由衷的感谢，并表示返藏后，在毛主席、中国共产党和中央人民政府领导下，与达赖喇嘛紧密团结，彻底实现和平解放西藏办法的协议。在这庄严的欢送会上，班禅大师畅谈了自己发自肺腑的感想，他说："我们流离内地快30年了，如果没有中国共产党和毛主席的正确领导，没有中国各兄弟民族的热诚帮助，西藏的和平解放是根本不可能的，我们重返西藏亦是不可能的。因此，我们说中国共产党和毛主席是西藏人民的大救星，是我们的大恩人。只有跟着共产党和毛主席走，只有同祖国各兄弟民族紧密地团结起来，我们西藏民族才能得到彻底的解放，别的道路是没有的。"出席欢送大会的有青海省党政军的负责人张仲良、赵寿山、廖汉生、喜饶嘉措以及西北军政委员会委员黄正清。他们都在会上作了热情洋溢的讲话。会上，西宁市各族各界代表和儿童向班禅献旗、献花，在团结友好的气氛中通过了致达赖喇嘛的贺电。

12月18日，习仲勋书记召见护送班禅返藏的西北军政委员会驻班禅行辕助理代表牙含章和党派到班禅堪布会议厅的副秘书长梁选贤两位同志，根据毛

主席对西藏工作主要做好反帝爱国统一战线的教导,作了《关于做好班禅工作和反帝爱国统一战线工作的指示》。该指示的要点如下:

1. 在西藏做工作,要采取"稳进慎重"的方针,不能犯急性病。所谓"稳进"不是不进,而是多用思想,多考虑,应办不应办?办了以后,后果如何?这样做,办一步就有一步成绩,并且可以巩固起来。这是搞好西藏工作的方针。在西藏有些事情宁可迟办,不可急办,不怕慢,只要搞对,否则反而要走弯路。

2. 西藏目前主要应搞好统一战线工作,以我们为主体,首先搞好达赖与班禅之间的团结,然后是民族之间的,宗教界的上层和下层、达赖和俗人、农民和牧人之间的团结,组成一个爱国反帝的统一战线。爱祖国、反帝国主义,这是西藏搞统一战线的基础。搞这个统一战线就是为了开展反帝斗争,在斗争中巩固扩大统一战线。在西藏反封建目前还为时过早。要争取达赖、班禅到反帝统一战线中来。这一点要在干部中讲清楚,思想上搞通,否则下边会出毛病(如不尊重风俗习惯,急于改革,不愿与封建势力接近等)。

3. 调查研究,了解和熟悉西藏各方面的各种情况(政治、军事、经济、文化、宗教、风俗、历史等)。要形成一种风气,这就是学习,了解不全面,就不能得出正确的办法。目前在西藏做工作不要分工太细,每个同志都要了解全面的或多方面的情况,我们不是说"去粗取精"吗?粗是精的基础,没有粗就没有精。

4. 开始一个时期,我们不要急于派工作组、干部下到"宗"上去。应多开代表会、座谈会、联谊会等,多让各地区的上层分子上来,讲解政策,建立关系。军政委员会成立以后,多采取访问团、调查团、救济组、医疗队等名义,组织各方面的人下各地去,做完工作以后回来,采取反复的上来下去的工作方法。

5. 对班禅集团要多帮助,多扶植,给他们出主意想办法。班禅他们在西藏是被压迫的,他们不靠我们是不可能的,会和我们长期合作的,我们应在合作中帮助他们进步。今天他们在大的方面和我们联合在一起,这就对了,对他们落后的方面不要要求太高,只要"大同"就可以,"小异"是要有的,有小异又有大同,这就是统一战线,遇到重要问题要争,不能马虎;小的问题不要争,要马虎，这就是我们共产党人的原则性和灵活性。

6. 西北去的干部要和西南去的干部团结一致，同志间不要有丝毫隔阂，要特别亲密、特别团结才对。随班禅进藏的青海藏民同志还要注意，你们到日喀则后，应与西藏藏民团结一致，应该谦虚，不要骄傲，不要在西藏人民中产生不良的印象。

牙含章同志于1952年5月护送班禅抵达拉萨后，当即将习仲勋的指示向西藏工委作了汇报传达。工委认为习书记关于西藏统一战线工作的指示，是依据西藏的实际情况，从理论上、方针政策上以及领导方法上作了辩证的阐述，对西藏搞好反帝爱国统一战线，搞好藏汉团结、藏族内部的团结和干部内部的团结方面，都是十分重要的。因此，当即转发各分工委，要求结合当地实际认真学习讨论，坚决贯彻执行。

实践证明仲勋同志向牙含章、梁选贤所作的《关于做好班禅工作和反帝爱国统一战线工作的指示》，对做好西藏工作和做好达赖、班禅之间的团结方面，确实起到了很好的效果。无论从过去和现在来看，都是正确的，符合实际的。

毛泽东评赞习仲勋[①]

汤　洛　执笔

> 汤洛，原名田树基，笔名田冷、东方红。1925年出生，陕西延安人。1938年就读于陕甘宁边区中学，1945年入延安大学行政系学习。曾任报纸文艺副刊编辑，战地记者，新华通讯社一野和朝鲜前线记者，新华社西北总分社特派记者，政法文教采访组组长，《延河》第一任副主编，西安作协专业作家。

"他是从群众中走出来的群众领袖"

1945年，抗日战争胜利，原中共中央西北局书记高岗受党中央、毛主席之命，率领一批干部离开延安，奔赴东北，开辟东北解放区。在遴选西北局书记一职时，毛泽东说："我们要选择一个年轻的担任西北局书记，他就是习仲勋同志。他是群众领袖，是一个从群众中走出来的群众领袖。"

是年，习仲勋33岁，时任中共中央组织部副部长。

毛泽东对习仲勋这个评赞，始于10年前的印象。1935年，他率领中央红军长征抵达陕北根据地，在几处村落墙壁和大树上，看见张贴时日已久的《陕甘边苏维埃政府布告》，上面署名"主席习仲勋"。后来，他在瓦窑堡，从被"左"倾分子关押中释放出来的同志里见到习仲勋后，感到惊讶："这么年轻。"

此时习仲勋年方23岁。

在陕北根据地，少数老同志中曾有一种议论："陕北救了中央。"习仲勋

[①] 本文原载《炎黄春秋》1999年第11期，内容有删节。

严正指出:"这句话应该倒过来,中央救了陕北。"他列举了毛泽东和党中央长征尚未到达陕北前,陕北根据地"外受国民党重兵'围剿',内遭'左'倾路线的危害,许多优秀的党员、干部、知识分子和下级军事指挥员被枪杀、被活埋。毛主席不到陕北,陕北根据地就完了;毛主席晚到四天,就没有刘志丹和我们了;要不是毛主席'刀下留人',我早已不在人世。他们('左'倾机会主义者)已给刘志丹和我们挖好了活埋坑"。

1951年7月1日,中国共产党诞辰30周年之际,习仲勋以《跟着毛泽东走就是胜利》为题著文。"跟着毛泽东走"成为习仲勋终生不渝的信条。

"炉火纯青"

近些年,每当习仲勋的亲属去给薄一波拜年祝福时,薄一波就回忆叙述毛泽东对习仲勋的赞许:"炉火纯青"。

那是1952年初,习仲勋任西北局书记和西北军政委员会副主席的时候。

一天,薄一波去毛泽东处,毛泽东正在阅读习仲勋从西安发来的报告《关于中共中央西北局委员会全体会议情况》。这个报告内容是西北地区的土地改革、统一战线和民族工作等等,内容丰富,论述精辟。这个报告为中央领导地域辽阔、民族众多、社会复杂的大西北政治改革各项工作提供出一个蓝本。毛泽东欣悦异常,于是问薄一波:"你讲讲,习仲勋这个同志怎么样?"

"年轻有为。"薄一波讲。在延安时,薄一波就听到过毛泽东以此语赞誉过习仲勋。

毛泽东说:"如今已经'炉火纯青'。"

习仲勋对事物的敏锐观察力为人们所公认,尤其是对"左"倾现象的觉察,十分灵敏。

1947年冬季,人民解放军节节胜利,各个解放区兴起了轰轰烈烈的土地改革运动。运动中,苏维埃时期的老区,抗日战争时期的半老区,出现与新区土改不加区别的现象和过激行动。习仲勋于1948年1月4日至2月8日,一个月内,就"老解放区的土地改革问题"、"要注意克服土地改革中'左'的情绪"和"按三类地区有区别地进行土地改革"等重大问题,向党中央、毛主席三次电函,直言不讳地提出:反对"左"倾情绪。

在1月4日给中央的信中,习仲勋指出:"如以一般概念进行老区土改,必犯原则错误","地主、富农占中国农村百分之八左右的观念,在老区必须改变",否则"势必犯严重错误"。他严正地指出:"在老区发动群众运动,要坚决反对小资产阶级的'左'倾形式主义。"他列举了陕甘宁边区绥德分区发生的违反政策的现象:在辛店贺家石村,边区文化协会的胡采领导的工作团规定,民兵吊地主、打干部。许多群众斗争会上,总有几名打手,专门捆、打、吊、拷,弄得人心惶惶。他指出:"这种'左'的情绪,不是群众原来就有的,而是干部带去的。"

毛泽东当即于1月9日批示:"完全同意仲勋同志所提各项意见。望照这些意见密切指导各分区各县的土改工作,务使边区土改工作循正轨进行,少犯错误","华北各老根据地亦应当注意"。

1月19日,习仲勋就"义合会议"问题致电毛泽东。义合会议,是1947年冬在陕北绥德义合镇举行的陕甘宁晋绥边区土改三查会议,会上刮起一股极左旋风。在所谓坚持"贫雇农路线"反对"中农路线"的口号下,少数人起来乱斗、乱扣、乱打、乱拷、乱没收财产、乱扫地出门,局面极端混乱。更甚者,提出什么"志丹四大家族",将陕甘宁苏区创建者、群众领袖刘志丹和他的战友马锡五、王子宜、曹力如等的家属,列入土改对象。部队司令员张达志的弟弟被吊打,索银洋。有的烈士家属被扫地出门,有的劳动英雄因有余粮被当成斗争对象。

习仲勋在电文中严正指出:"由于义合会议潜伏一种'左'的情绪,由于晋绥直接影响,土改一到农村,就发生极左偏向。"他又说:"我看一有'左'的偏向,不要半月,就可以把一切破坏得精光。"

习仲勋在电文中,对老区阶级状况,以马克思主义的观点,作了科学分析:"在老区,有些乡村贫雇农很少。其中,有因偶然灾祸贫穷下来的,有的是地、

在中南海勤政殿办公室办公时的习仲勋

富成分下降未转化好的,有因好吃懒做、抽烟浪荡致贫的。""由他们起来领导土改,就等于把领导权交给坏人,吓得区乡干部有逃跑的、有自杀的。"他指出:"真正的基本好群众在中农阶层及一部分贫农中。"

毛泽东当即于1月29日批示:"完全同意习仲勋同志这些意见。华北、华中各老解放区有同样情形者,务须密切注意改正'左'的错误。凡犯有'左'的错误的地方,只要领导机关处理得法,几个星期即可纠正过来,不要拖延很久才去纠正。同时注意,不要使下面因为纠正'左'而误解为不要动。"

不久,中央由周恩来起草的《关于老区半老区土改问题的决定》颁发各个解放区。

习仲勋曾对秘书田方说过,王震于1944年作为八路军南下支队司令员南下之前,毛泽东同志曾找习谈话,大意是,我们不能老困守在陕甘宁边区,为了全国人民的解放,我想建议你随王震一起南下。但没过几天,毛泽东找来习仲勋说:我考虑再三,你还是应该留在陕北,让我们一起首先把陕甘宁边区建设好,巩固好,这是当务之急。

"诸葛亮七擒孟获,你比诸葛亮还厉害"

前些年,全国政治协商会议主席李瑞环曾向一位同志讲："李维汉和习仲勋同志关于民族统战工作方面的讲话和著作,是我们当今民族统战工作的法宝。"

1952年7月,习仲勋受毛泽东之命,亲赴新疆,妥善地解决了发生在那里的一场民族纠纷事件,稳定了新疆政治形势,使各民族重归于好,和睦如初。

西北地区,地域辽阔,有339万平方公里;民族众多,有汉、回、藏、维吾尔、蒙古等10多个兄弟民族,共2350万之众。同时,政治复杂,经济落后。习仲勋提出:一切工作都要在民族团结基础上采取"稳进慎重"方针进行。

"争取各民族上层人士,争取宗教方面人士,然后去发动,不可颠倒过来。"这是习仲勋当时解决民族矛盾的方程式。

争取青海省昂拉部落第十二代千户项谦投诚,是习仲勋在西北地区解决众多民族问题中的一个范例。

事后,毛泽东见到习仲勋时,说:"仲勋,你真厉害,诸葛亮七擒孟获,你比诸葛亮还厉害。"确实如是。

项谦联合马步芳第一〇〇师师长谭呈祥、骑兵第十四旅旅长马成贤等反革命武装,组织所谓"反共救国军"第二军,发动叛乱。争取项谦的归顺工作,自1949年12月始至1952年7月11日下午,项谦从南乎加该森林回归,时达两年七个月之久。从1950年9月到1952年4月,中共青海省委统战部部长周仁山、藏传佛教大师喜饶嘉措、藏族部落头人、寺院活佛等50余人,深入虎穴,亲赴昂拉,先后与项谦和平谈判达17次之多。其复杂曲折,变化多端,颇具戏剧色彩。

习仲勋亲自领导了这场斗争,显示出他那"炉火纯青"的智慧和才干。

他高瞻远瞩,多次向青海领导指出:正确解决昂拉叛乱,不仅对团结昂拉藏族同胞关系极大,而且对于我党在青海其他藏区和少数民族地区站稳脚跟,建立人民政权,开展工作关系极大;甚至对于甘、川、康藏区乃至西藏也有重大影响。他说,必须坚持在充分军事准备基础上以政治争取为主的方针,十分慎重,首先是用和平方式解决。对于项谦必须采取反复争取,特别宽大政策。

针对有些人急于军事进剿的情绪,习仲勋电告青海省委书记张仲良:"决不能打，万万不可擅自兴兵，只有在政治瓦解无效以后，才能考虑军事进剿。"

1950年8月，项谦投诚，来到西宁，向政府深表悔悟，但是，回到昂拉却又背信食言。

1951年9月，对项谦第八次政治争取失败后，人们义愤填膺，在青海省各族各界代表会议上，代表们提议，坚决要求政府出兵昂拉进剿。

习仲勋当即复电劝阻：争取和平解决昂拉问题，于我政治上有利，应当仔细向喜饶嘉措、班禅行辕等许多藏族人士征求如何争取昂拉千户。过去历次所做争取工作是否都完全适当，也可以稍加总结，以便政治争取工作做得更好。我们顾虑的是对广大藏区的影响问题，如果我们功夫不到，且不说军事上打不好，致其流窜所生的麻烦，即使打好了，对其他藏区工作仍会有许多不好的影响，给以后增加许多困难。如果我们政治方面工作还未做得周到（当然还有军事上的准备），军事进剿仍不妨甚至可以肯定应当推迟。

1952年5月1日发起的平叛战斗于5月3日结束后，项谦隐匿在同仁县南乎加该森林。有些人认为争取项谦可能性不大，没有什么价值。习仲勋即电省委书记张仲良：只要将昂拉地区工作做好，不犯错误，争取项谦归来的可能性是很大的；尽速派出项谦信任的汉藏人员向项谦诚恳表示，只要他投诚政府，则对他负责到底；项谦若回来试探，不管真诚与否，我们均应以诚相待，以恩感化。

1952年8月11日，项谦在兰州负疚抱悔地握着习仲勋的手，躬身认罪地向习仲勋献上洁白的哈达，喜泪盈眶地向习仲勋举杯致谢。

以诚相待，以恩感化。习仲勋以历史唯物主义的观点，分析研究了少数民族上层人士在本民族本地区的社会地位、社会作用、社会影响等的形成与存在，和在历代政治制度下的政治活动、政治态度，以及宗教信仰对他们思想意识和精神品德的影响，又以共产党人的远大眼光、坦荡襟怀、博大爱心，与各少数民族上层人士交相共事，使他们感受到了中国共产党的真诚与友好。

甘肃南部藏族首领黄正清，可说是习仲勋的至交挚友。习仲勋卧病期间，他千里迢迢前往探望。这是数十年合作共事中逐渐凝聚的情谊。黄正清最为感动的是习仲勋对他的信任无疑。

1953年春，甘肃临夏原国民党县参议长马良，纠集国民党军残部和流氓惯匪，在甘（甘肃）川（四川）边界藏族地区，在台湾国民党的指挥和援助下，继续与人民为敌，气焰十分嚣张。

同时，台湾国民党特务机关企图用封官许愿、物质引诱，策动已任我西北军政委员会委员的黄正清脱离政府，使马良能在甘南地区立足作乱。

为坚决彻底剿灭马良反革命武装力量，人民解放军第十一师和几个骑兵团前往进剿。黄正清受命为剿匪总指挥部副司令员（司令员张达志，政委黄维嵩，副司令员有朱声达、徐国珍）。

在黄正清离开西安前往剿匪前线时，习仲勋约他话别。习仲勋将自己携带多年的博克手枪赠给黄正清，说："带上它，好护身。"黄正清接过手枪，顿时，热泪横流，百感交集，在他身遇台湾国民党施行诡计之际，共产党领导能够如此这般地信任不疑，岂能不使他激动万分。

黄正清就座后，习仲勋语重心长地说："组织相信你能完成这次剿匪任务。这次去要大胆地工作，发挥你的影响。我们共事几年了，都十分了解你，也相信你。今后有事可随时打招呼。不管外面有人说什么，你都不要顾虑。"习仲勋将有关方面获得的情况，坦诚地告诉黄正清：台湾国民党正在到处找他，并已派飞机窜入甘南上空，给他空投下来一封任命状、一个关防、一部电台，都在马良手里。习仲勋宽慰黄正清说："你到甘南后，如果有人将那些任命状、关防、电台给你送去，你不要怕，收下后，向上反映就行了。"

黄正清到甘南夏河的第三天，果然马良派人送来一张蒋中正签署任命他为"守备司令"的任命状和一颗关防印记。他当即交给朱侠夫转至西北军政委员会。

（此材料由习仲勋前秘书田方、范新民、张志功和曹振中提供）

坚持实事求是的习书记①

安志文

> 安志文，1919年3月出生，陕西子洲人。1936年加入中国共产主义青年团。1937年入延安抗大学习，同年加入中国共产党。曾任中共陕甘宁边区委巡视员，绥德地委秘书长，中共中央西北局秘书，中共嫩江省委民运部部长，中共中央东北局政策研究室副主任，东北行政委员会工业部副部长，国家建设委员会副主任，国家计划委员会副主任，第六机械工业部部长，国家体制改革委员会副主任。

自1990年底开始，习仲勋住在深圳休养。我先后多次到深圳看望他。每次他都像过去一样，豁达开朗，总是惦念着党和国家的大事，希望邓小平开创的改革开放和现代化建设取得更大的成就。1993年7月，我又一次到深圳和他叙谈，他临别时仍然深情地对我说："回顾我们党的历史，凡是出现大的失误，主要是由于'左'的思想的影响和干扰，这一教训永远记着啊！"听着这些肺腑之言，我深受感动，久久不能平静。

我是1943年初和他在一起工作的。当时他从陕甘宁边区关中分区调到绥德地区任地委书记，我是地委的秘书长。朝夕相处前后不到两年的时间，我对他平易近人、关心同志、联系群众、实事求是的思想作风，有深刻的体会，至今仍不能忘怀。

当时，绥德地区是延安联系华北、华中各抗日根据地必须经过的战略通道。整风运动开始后，1943年各根据地的部分同志陆续返回延安参加整风学习或

---

① 本文原载《习仲勋革命生涯》，中共党史出版社、中国文史出版社2002年版。

在关中分区任地委书记的习仲勋（右三）与战友们在一起

准备参加党的第七次代表大会。抗大分校也由前方转移到绥德，徐向前担任校长，前方回来的军事干部，即留在抗大参加学习。

习仲勋到绥德，正是在西北局高干会以后，中央强调一元化领导，他是地委书记兼任警备区政委，抗大迁到绥德后，徐向前又兼警备区司令员。当时有历史意义的整风运动正逐步展开，根据党中央的决定，不仅在绥德设立了青年干部学校，而且从中央机关和学校调来一大批干部到绥德进行调查研究和参加实际工作，如中央青委的负责人冯文彬就到米脂担任县委书记，韩天石到佳县担任县委书记，作家柳青到农村体验生活，并担任乡的文书。这些同志到绥德后，仲勋同志和他们经常保持密切的联系。

仲勋同志到绥德后，就强调要整风、生产两不误，机关干部不仅要自己动手、丰衣足食，而且要深入农村，推动大生产运动。他自己更是身体力行，带领绥德县委书记宋养初和我们到郝家桥村进行调查。在调查中，发现该村农民刘玉厚一贯勤苦劳动，一家生活达到中农水平，并带动全村农民努力生产，使郝家桥村成为当时一个模范村。仲勋同志了解这一情况后，经过当地群众推选，并由地委和专署发出通知，号召全地区的农民向刘玉厚学习。刘玉厚和劳动英雄吴满有展开了劳动竞赛后也成为陕甘宁边区的劳动英雄。

仲勋同志鉴于当时绥德地区由中央和各根据地调来干部较多的客观情况，强调在整风学习中要正确处理好地方干部和军队干部、当地干部和外来干部、工农干部和知识分子干部的关系，彼此要互相学习、互相帮助，学习旁人的长处，克服自己的弱点，经过干部的团结合作，与当地群众建立鱼水关系，以克服由于国民党顽固派对边区的挑衅和封锁所造成的暂时困难。

这一时期，绥德地区在整风运动的推动下，各方面的工作都生气蓬勃，这一切是和仲勋同志的领导分不开的。当然，整风期间也有曲折，由于历史原因，绥德地区在苏维埃运动时期，是严重的赤白对立的地区，从1937年到1940年，政权又掌握在国民党顽固派手中，1940年打退第一次反共高潮，国民党顽固派专员何绍南逃跑后才建立民主政权，因此，在社会上和教育界中国民党还有一定的影响。当整风运动进入审干阶段时，面对这种情况，为了正确处理这些历史上的问题，地委决定向中共西北局和中央汇报。当时听汇报的有中央社会部的负责人康生。他听了汇报后就批评绥德地区对敌情重视不够，强调要反对国民党的"红旗政策"，认为我们有些地方的共产党实际上是国民党的"红旗党""水萝卜党""外红内白"等等，并责成绥德地区也要像延安一样开展"抢救失足者"的运动。在康生这种极左的思想影响下，绥德地区短时期内在绥德师范、米脂中学和社会上也出现了肃反扩大化的错误。仲勋同志觉察这一情况后，果断地采取措施，进行平反甄别，对根据口供搞错了的同志平反道歉，恢复名誉，并主动承担了领导责任，使一度受到伤害的同志重新走上工作和学习的岗位。

1944年,在绥德审干运动结束后,根据党中央指示,为了总结历史教训,绥德地区成立了高级干部学习小组,由徐向前、习仲勋负责,抗大、地委、专署和警备区的负责人李井泉、何长工、王尚荣、白治民等同志参加,联系大革命失败后三次"左"倾路线,特别是王明路线的错误对苏区和白区所造成的严重危害,总结两条路线斗争的历史教训。在这次学习中,大家阅读了由中央编印的题为《两条路线斗争》的历史文献。在小组会上,徐向前、何长工、习仲勋等同志介绍了"左"倾路线对各地苏区的影响和危害,使我们这些年轻同志受到深刻的教育。特别是习仲勋着重谈到了刘志丹、谢子长等同志在创立陕甘边苏区和陕北苏区过程中艰苦斗争的经历。当时习仲勋是陕甘边苏维埃政府主席。他们是在多次失败的教训中,才懂得要在桥山中段以南梁为中心建立陕甘革命根据地。仲勋同志谦虚地说,他们只是朴素的唯物主义者,在实践中才懂得创建根据地的重要性。但是"左"倾路线的执行者,认为他们是"梢山主义""右倾逃跑路线",甚至在1935年把刘志丹和习仲勋等同志当成所谓的"反革命"予以逮捕,直到毛主席和党中央到陕北后,才得到平反,恢复工作。仲勋同志谈到这些情况时,都是从总结历史教

担任中共绥德地委书记时的习仲勋

训出发，不计个人恩怨。这种宽广的胸襟，使参加学习的同志深受教益。

回顾仲勋同志的经历，在全国解放前，他在陕甘边苏区的创立、陕甘宁边区的各项建设和争取大西北解放的斗争中，都取得了光辉的业绩。在全国解放后，他到中央，协助周总理管理国务院的工作，贯彻执行党的基本路线，为党和人民都作出了重要的贡献。同时，在他的一生中，也遇到许多坎坷。特别是1962年由于康生诬陷的所谓"利用《刘志丹》小说反党"，又蒙受长达16年之久的不白之冤，直到十一届三中全会才得到平反。任何时期，他都能坚持重视实践、联系群众、实事求是的思想作风，胜利时不居功，受挫时不气馁。他对待同志满腔热情，总是以宽阔的胸怀，严于律己，宽厚待人，这种高尚的情操和品德，使不同时期和他在一起工作过的同志都深受感召，博得了大家的尊敬和感念。

多年交往见真情[1]

胡景通

> 胡景通，1910年出生，陕西富平人。曾任国民党政府第二十二军副军长兼第八十六师师长。1949年在绥远起义。新中国成立后，历任西北军区司令部高级参议，陕西省第四至第六届政协副主席，民革第五、六届中央常委和陕西省第四、五届副主任委员，第六届全国政协委员。

习仲勋与我是陕西富平县同乡，因为我年龄比他大，在富平立诚学校上学时，班次高他几级。我在1924年夏季毕业就参加了军队，他幼年时期的情况，所知不多。很久以后，从一些老同志口中，知道他因为不满北洋政府腐败，对外丧权辱国、对内压榨人民，立志救国救民，十多岁就参加了中共党团活动，在党领导的创建渭北苏区斗争中，还是一位作出出色成绩的革命工作者。就我所知，我们立诚学校党组织的建立，在陕西渭河以北算是比较早的。仲勋同志是早先参加者之一。

我于1928年离开陕西出国求学，1932年回到陕西，为了继续上学深造，经常奔波于南京、北平，对仲勋同志的活动不甚了解。及至1935年，我应榆林地方部队首领井岳秀之约，参加了他的队伍。仲勋同志当时在陕甘苏区工作，从军事情报上了解到他已成为陕甘边苏区重要领导人之一（陕甘边苏维埃政府主席）。我和他的来往实际是在"七七"事变之后。当时，国共第二次合作，全民起来抗战。榆林地区毗邻陕甘宁边区，双方接触频繁，我与在边区工作的熟人也恢复了往来。富平家乡的人们，原来不敢和红区的同乡、同学来往，

---

[1] 本文原载《习仲勋革命生涯》，中共党史出版社、中国文史出版社2002年版。

这时也改变了观念，"富平在红区还出了个头面人物"，青年们跑去找仲勋同志参加革命的不少。仲勋同志以后调绥德分区工作时期，我正担任着国民党第二十二军的骑六师师长。后改任该军副军长兼任陕西省陕北保安指挥部指挥官，驻防榆林、横山、三边等地，我们得以经常来往。我方派去的人员中有立诚学校的老师、同学，回来都说，仲勋同志还同过去一样，对人热情真诚；与我接触过的边区群众和党内外人士，都很称赞仲勋同志。尤其提起土地改革时都认为，凡是仲勋同志所领导地区的土改，均是按照党中央政策执行的。还说党中央和毛主席在纠正一些地方土改中出现的偏差时，也采纳有仲勋同志的一些建议。同时，不论是我们派去边区交涉事情的人，还是延安派来榆林办事的，互相都说，共产党和毛主席用人，不分东南西北，确实是照他们宣传所说的那样，真正是搞五湖四海，没有丝毫畛域之见。例如，仲勋同志虽然不是长征干部，年纪也很轻，但党中央对他很信任很重用，当然他本人也真有能力。这使我感触很深。就拿当时国民党军队的内部情况来说，如果你是地方部队，不管你的军队训练是否有素、军纪好坏、有无战功，没有不受歧视和排挤的，明显的是任人唯亲。仅此就使我们这些地方部队的人们，所谓"杂牌军"，从心里对共产党这种大公无私的、任人唯贤的干部路线，感到由衷的敬佩。

　　解放战争开始后，贺龙司令员和仲勋同志对我的政治前途很关心，特派曹力如、刘文蔚和我们驻绥德办事处主任田子亨来榆林向我说："贺老总和仲勋同志让你学高树勋将军率部起义。"我却回答："邓宝珊总司令给我大哥胡景翼拉了一辈子长工，我也应当给他把长工拉到底，他现在去重庆，我是听他的。"就这样未加思索地拒绝了他们对我的深切关怀、爱护。后来我才渐渐醒悟到，一个在剥削阶级生活多年、已有一定地位势力的人，要转变到人民的阵营中来，没有共产党人的及时帮助和教导，光靠个人长时间的自我改造是难以实现的。

　　1946年10月，在仲勋同志的直接策动和领导下，我胞弟胡景铎率领国民党原骑兵第六师和我监管的保安部队，在横山县波罗堡起义。我遂被南京当局以"督率无方"为由，"撤职查办"。仲勋同志很关心我的安危，即把随同胡景铎起义的人员中原来我的几位得力同事放回榆林，做我进而投奔人民阵营工作的助手，并特意将我与他都信得过的一位立诚学校同学武之缋稍后放回，行前交给武一封用绸子写给我的密信,看着缝在被子里面。解放后,仲勋同志告诉我信的内容是:"如果你同意来边区,秘密派人来见我,我即派部队接应。"可惜这些人回来时,迫于榆林布满特务,未敢向我传话,也未将密信途中烧掉的情况告我。好在我们党有革命不分先后的政策,使每个人都有机会为新中国建设出力献策。榆林经过两次战役,驻军第二十二军先后失去了府谷、神木、横山等地,部队被消灭了十来个整营,仅仅保住了一座榆林孤城,国民党政府不但未给充分补给,而且对守城的很多人员加以怀疑,认为这些人不是"共党分子",就是"失意军人",一有机会就会出问题的。因此,1948年初夏,南京方面以召见榆林守城人员为名,让我随同邓宝珊总司令、左世允军长前去,明为将我留在南京受训,实则怕我回到榆林出事。1949年初李宗仁代理总统,国共两党在北平举行和谈,我由徐永昌(国防部长)、张耀明(南京卫戍司令)出面推荐,得以重新被任命为第二十二军副军长兼第八十六师师长,仍回原部队供职。我遂乘机飞陕,途径甘肃、宁夏,抵达绥远包头市。这时主持绥远军政的董其武将军及其多位要员,和我不是在国民军时代有袍泽之谊,就是在抗日战争年代并肩战斗过,他们正在根据傅作义、邓宝珊两位将军的指示,酝酿起义。他们深知我是多年跟随傅、邓两位将军走的,因此对我到绥远表示欢迎,并让我将在绥远境内的二十二军部队团结起来,准备一道走向人民阵营。这时,西安早已解放,贺老总与仲勋同志决定,派二十二军在西安起义的新兵总队长王伯谋,带上我们的旧交师子敬先生劝我早日起义的信件,并让王伯谋带上给绥远军区负责人高克林同志的一封信,请高在我部起义时刻大力协助。因为王伯谋乘坐的汽车中途几次抛锚,及至到达,我们已由傅、邓两位将军亲临指导,部队随同董其武将军于1949年9月19日宣布起义了。虽然王伯谋事前未曾赶到,但我对贺、习两位领导人对我的政治前途,这样几次的关怀厚爱,是永远不能忘怀的。我们部队被编为人民解放军部队,即由绥远开拔,途经宁夏,开往甘肃庆阳整训。1950年夏,我奉命来西安列席西北军政委员会的会议,才和一野好多位领导同志见面。习仲勋同志就叮咛我,你首次列席,必须准备大会发言,免得临时仓促。他知道我过去与党内有不少朋友长期往来,但对马列主义、毛泽东思想和当前党的路线、方针、政策还是很少了解的。他征求我的同意，让我离开部队，到西北军区司令部参议室任高级参议，还送了我一部《干部必读》，叫我以学习为主，加强自我改造。以后，仲勋同志调往中央任职，无论我到北京，还是他回西北，都要约我见面，既关心我的工作安排，更关心我的学习改造。如果说，我同许多人一样，遭受过"文化大革命"浩劫和其他各种运动，固然精神上也曾经紧张、痛苦过，但我总能过得了关，这与习仲勋同志在学习改造方面给予的关心帮助是分不开的。

习仲勋同志胸怀坦荡，肝胆照人，对人态度平易，热情至诚，为人处世有义有情，既有原则，又有灵活性，使党外人士毫无戒心，乐于接近他并和他讲心里话，随时向他求教解惑。在仲勋同志身上看不出对人有党内党外之分。我开始以为他对我的深切关怀，可能是从同乡、同学私情出发的，经我同和仲勋同志经常有来往的张治中、傅作义、邓宝珊、张奚若、董其武、杨明轩、孙蔚如、屈武、唐生明等多位领导同志以及民主党派中上上下下的人士相谈，提到仲勋同志，同样感觉对他们的关怀也是无微不至的。同时，仲勋同志为了祖国统一大业，对海外统战工作也很重视，仅举徐君文向我所说他的事例，可见一斑。原在榆林国民党部队第二十二军供职十余年的徐之佳师长，于1949年调任福建省镇海要塞司令，由大陆去台湾时，未及将在上海读书的儿子徐君文带走，徐君文在"文革"中遭受株连。徐君文得悉仲勋同志兼任过陕北绥德警备区政委，必然对他父亲在榆林的情况有所了解，即函请为他平反。仲勋同志一接到信，便转给中央统战部。徐君文的问题很快就得到解决并落实有关政策。其在台湾、美国的父母、兄弟、姐妹接到消息，合家欢欣鼓舞。徐本人也曾申请两次去台探亲，会见好多浙江乡亲，交谈之后，使大家明白了大陆的建设变化真相和对侨、台胞的政策。由此我深刻体会到"一人向隅满座不欢"的重要意义，认为当前凡是有利于祖国和平统一大业的，即使是一人一事的政策落实，影响都会很大。有时遇见和仲勋同志仅有一面之缘的人，也都说他是党和毛主席、周恩来教育出来的好学生，是统战政策的模范执行者。仲勋同志即使在休养期间，对我也仍然很关心。1992年冬季，我去广东深圳市看他，他还对我说："胡老，你身体还健康，千万不要放松学习，新闻广播要听，报纸所载党中央的大政方针要看、要懂；党中央领导同志的报告、讲话和小平同志的具有中国特色的社会主义理论要学。不然，就不知道我们国家现在做什么，人生后悔不及的事，就是脱离现实，被时代所抛弃。"他的这一番话给我增添了继续学习的力量，这也是一个人永葆革命青春、终生快乐之道。对我个人来说，由一个满脑子英雄造时势的唯心主义者，投向人民阵营，接受时势造英雄的唯物主义思想，进而在新社会愉快生活，真是好难啊！如无仲勋同志这样一位良师益友的亲切关怀和教导，实现上述转变是不可能的，更谈不上有我今天的现状，党和人民给我的崇高待遇。

习仲勋在土改中防"左"纠偏①

贾巨川

> 贾巨川，陕西合阳人。现为中共陕西省委党史研究室副巡视员。

1947年11月底至次年4月，习仲勋在领导陕甘宁边区土改中，提出了一系列的思想、观点、方针、政策，不仅及时纠正了边区土改中的极左倾向，使这场伟大的群众运动循着正确的轨道前进，而且对于各解放区以至全国解放后进行大规模的土地改革，也提供了有益的借鉴。

风起"义合"　偏差渐现

1947年7月底，习仲勋协同彭德怀组织指挥了青化砭、羊马河、蟠龙镇三战三捷和陇东、三边战役后，根据党中央小河会议决定离开前线，回西北局主持工作。这时，摆在他面前的一项重要任务就是贯彻全国土地会议精神和中共中央批准的《中国土地法大纲》，组织领导好陕甘宁边区土地改革。

此时，《中国土地法大纲》下发到了西北局。10月10日，中共中央批准了全国土地会议通过的《中国土地法大纲》，《大纲》规定"废除封建性及半封建性剥削的土地制度，实行耕者有其田的制度"，以"没收地主牲畜、农具、房屋、粮食及其他财产"的政策，代替过去"征购地主土地"的政策。为了传达贯彻全国土地会议精神，部署边区的土地改革和整党工作，西北局决定召开一次陕甘宁边区干部会议。

---

① 本文原载《炎黄春秋》2007年第10期。

11月1日，会议在绥德县薛家渠对面的阳湾空地正式召开，时称义合会议。习仲勋、贺龙、林伯渠等分别主持会议。会议听取了西北局宣传部长李卓然关于全国土地会议精神的传达，以较多时间开展批评和自我批评，在检查以往工作的基础上，作出了彻底完成边区土改和认真进行整党的决议，研究了具体实施办法，并由林伯渠、贺龙、习仲勋联合签署发了布告。

但是，义合会议期间，一些不很正常的情绪也逐渐露头。会议没有把边区里老区（占三分之二）和新区（占三分之一）的不同情况区分开来，没有划清一般地主和恶霸地主的界限，没有对中农、工商业和"三三制"等政策解释清楚，片面地强调"依靠贫农"和"平分土地"，在反对右倾时对防止"左"倾注意不够，因此，造成了会后在边区一度出现"村村点火，户户冒烟"，翻底财，"搬石头"，侵犯中农利益，破坏工商业，对地主富农和基层干部乱斗乱杀等极左的做法。这些异常情况，使习仲勋疑窦顿生，忧心忡忡。他在之后曾检讨性地说过这样的话："义合会议潜伏一种'左'的情绪。"具体表现为：在土地工作问题上未能具体地分析边区的实际情况，规定具体方针；未能作出划分阶级的规定和禁止用肉刑。特别是康生、陈伯达在晋绥地区土改中搞的让"贫雇农打天下，坐天下"、"群众要怎么办，就怎么办"的"左"的做法，成为合法系统的经验在会上得以流传，致使会议开展的批评和自我批评，变成过激行为的批判斗争。

当时参加会议的延属地委书记白清江回忆说："在传达全国土地会议精神时，就讲了许多'左'的东西，提出了'村村点火，户户冒烟'的口号，还以晋绥地区把五台山大庙炸了个稀巴烂作为典型事例宣扬。会议气氛非常紧张，将吴岱峰、高峰、周兴等一批分区党政军领导干部叫到台上进行批判，稍有分辩和不满，就被拉了下来。当时我们参加会议的人，也觉得接受不了，但不能说，不敢说，只好顺着大流走。我也注意到，会议主持之一的习仲勋，说话较少，神情郁闷。"

义合会议后，各分区、县也召开了会议，积极开展了大规模土地改革和以整党为中心的各项工作。但是，在土地改革和整党工作中一些"左"的做法在一些地方蔓延开来，在个别地方发展到严重程度。绥德县在土改中甚至斗争了担任陕甘宁边区副议长的开明绅士安文钦，没收了他的浮财，并把他"扫地出门"。

习仲勋在调查研究中发现，一些农村不加区别地平分一切土地，把财产较多、生活较好的农民当土改对象，把已转化为农民的旧地富又拉出来斗争，甚至把在我方任职之公教人员，其家中缺乏劳力者，也定成地主、富农。在枣林坪街，店铺大部被查封。在延家岔，贫农会上规定谁斗地主不积极，就用乱石头打死。在辛店贺家石工作团所领导的农会上，规定民兵吊地主，打干部。许多群众斗争会上，总是有几名打手，专门捆、打、吊、拷，弄得人心恐慌。习仲勋在一份调查报告中写道：土改一到农村，就发生极左偏向，凡是动起来的地区，多去强调"贫雇农路线"，反对所谓"中农路线"，都是少数群众（不是真正的基本群众）起来乱斗、乱扣、乱打，乱没收财物，乱扫地出门。最严重的是佳县，有好几个村庄，连贫农、中农的东西都一律没收。干部家属幸免于斗者很少。张达志（时任晋蒙军区副政治委员）家人也被斗，索要银洋。有的烈士家属也被扫地出门。佳县乱搞不到五天，竟一塌糊涂。我看一有"左"的偏向，不到半月，就可把一切破坏得精光。在机关学校中，也发生"左"的事件，如边保（指陕甘宁边区政府保安处）的马夫起来斗争马夫班长，也叫贫雇农翻身。如绥德干小（指绥德分区以招收干部子弟为主的小学）把地主出身的校长夫妇（老党员）赶走，整出的十几名都是八九岁的干部子弟。虽则事不普遍，但影响所及，人心不安。闹得农村极度紧张，弄得大家都有顾虑。

针对一些地方在土改中出现的"左"的偏向并呈蔓延滋长的趋势，习仲勋陷入深深思考之中。当一些同志汇报工作时，他总是要仔细谈谈在运动中的防"左"纠偏情况，并再三叮嘱工作中要讲政策、讲纪律，切莫头脑发热。当他了解到安文钦被批斗时，便严肃批评了这种错误做法，指示要按党的政策予以纠正。尽管习仲勋作了一定努力，但对于彻底扭转"左"的思潮，必定还是有限的。

中央会议　防"左"纠偏

正在土改政策出现偏差和摇摆的时候，习仲勋接到了参加中共中央扩大会议的通知。他感到兴奋的是，关于土地改革方针政策的讨论与确定，被列为这次会议的主要议题。

中共中央扩大会议在米脂县杨家沟召开。这是一次参加人数较多并具有重要历史意义的会议。因为是12月在杨家沟召开的，习惯称之为"十二月会议"或"杨家沟会议"。

杨家沟会议分为两个阶段，12月7日至24日为会议准备阶段，25日至28日为正式会议阶段。会议准备阶段分为政治、军事、土改三个小组进行讨论，习仲勋参加了由任弼时主持的土改小组的讨论。讨论集中围绕土改政策特别是正确分析阶级问题进行。习仲勋、李井泉等根据自己的调查研究特别讲了陕甘宁和晋绥地区土改的情况。

会议期间，毛泽东为了起草好会议的主题报告，逐一同参加会议的同志谈话，调查研究，听取意见。习仲勋向毛泽东汇报了陕甘宁边区战争、生产和群众生活情况，并如实地谈了自己对边区土地改革中存在的问题和形势发展的看法。毛泽东听得非常专注，并不时提出一些问题来让习仲勋补充回答。谈话结束时还特别勉励习仲勋说：你们长期做实际工作，没有时间学习，这不要紧，没有时间可以挤。我们现在钻山沟，将来要管城市，现在就要抓紧理论知识的学习。你一年读这么薄薄一本，两年不就两本了嘛！三年不就三本了嘛！这样，十几年就可以读十几本，不就可以逐步精通马列主义了嘛！毛泽东接着又说：一个人的经验是狭隘的，它受时间、地点、条件的限制，要使经验上升到理论，就得学习。只凭老经验办事，不能适应新形势。

中央扩大会议正在进行之时，著名开明绅士、陕甘宁边区政府副主席李鼎铭先生在义合病逝。习仲勋由此想到了在土改中违反政策冲击民主爱国人士的问题，即与林伯渠向毛泽东建议，在为李鼎铭开追悼会时要有党外人士参加，特别请受到批斗的安文钦以边区参议会副议长身份致悼词。毛泽东表示赞成说："三三制"还是成功的，"三三制"政策还要坚持。下面做法过火了，伤及了开明士绅，但还是要保护他们。要做好安文钦、霍子乐等民主人士的工作，要他们参加追悼会，报纸上还要发消息。毛泽东又风趣地说：美国记者爱泼斯坦在延安访问时曾讲过，共产党真厉害，把地主、开明士绅请出来当了副主席、副议长。现在一搞土改，又把他们的浮财给分了，赶出家门。有朝一日这位记者再问起安文钦先生时，你们怎么交代？后来在西北局、边区政府和习仲勋的过问下，归还了安文钦的财物并赔礼道歉。安文钦非常高兴，对党和毛主席的关怀表示感谢，又愉快地回到了自己的住宅。

25日，会议正式开幕，毛泽东首先发表讲话，他着重讲了目前敌我形势、统一战线和英美苏关系三个问题。27日，任弼时在会上发言，对纠正土改运动"左"倾错误提出了较为系统的意见和建议。28日，毛泽东在会议闭幕时作结论说，反对美帝国主义、打倒官僚资本、打倒封建制度，这三个目标是立得正确的。团结中农，团结中小资产阶级以共同反对三个敌人，这个方针是正确的。反右的问题在土地会议等几个会议上已解决了，现在要解决新的问题，就是在对待中农，对待中小资产阶级，对待党外人士问题上出现了"左"的偏向。好比一河水，这河水十个浪头八个是好的，但在对待中农和中小资产阶级、对待党外人士问题上发生了偏向，这两个浪头就不是好的。"左"倾成为一种潮流的时候，共产党员要反对这种潮流。地主阶级作为整个阶级是要消灭的，但作为个人就要分别情况对待。

习仲勋从毛泽东深入浅出的讲话中受到深刻启迪。他尤其感到会议通过的毛泽东《目前形势和我们的任务》的报告，是伟大历史转折时期一个纲领性文件，回答了如何取得解放战争胜利以及怎样打倒蒋介石，怎样建立一个新中国的重大课题。

杨家沟会议结束之时,新的一年又开始了。1月2日,习仲勋在绥德召集分区党、政、军、土改工作团干部200余人,以全天时间传达了毛主席关于《目前形势和我们的任务》的讲话。习仲勋在会上要求全体党员干部认真学习毛泽东的报告精神,分析事物,认清时局,积极工作。他特别提出要在土地改革中注意划分阶级与救灾问题。他说:"只有正确地分析阶级,才能正确执行《土地法大纲》。我们一方面要放手发动群众,彻底消灭地主阶级,平分土地,满足贫雇农要求,以贫雇农为骨干,坚决团结中农,才能胜利完成土改。但同时我们应当注意纠正在划分阶级时把中农定成富农的过'左'偏向。因此我们在放手发动贫雇农热烈讨论、严格划分阶级界限时,应以生产手段(在农村主要是土地)占有与否,占有多少及与占有关系相连带的生产关系(剥削关系)为根据,并随时发现偏向,随时纠正,使土改运动正确前进。"会后,习仲勋接连召集工作团负责同志,详细研究、逐条领会毛泽东报告精神,听取各工作团的汇报,阅读各种资料,具体分析土改运动中出现的问题。他还走出窑洞来到附近村庄,广泛听取农民群众和各方面的建议和意见。他在获得大量第一手材料的基础上,产生了一个强烈的想法,决定将调查研究中发现的带有普遍性、规律性的问题归纳整理,写信向党中央、毛泽东报告。

调查研究　上书言事

1月4日,即杨家沟会议结束后的第七天,习仲勋致信西北局并转中共中央,就检查绥属各县土改中的问题,向中央作出汇报。全信内容包括五个方面:(一)毛泽东报告发表后,获得了党内外热烈拥护,大大地安定了人心,把一切工作都推上了轨道。干部都觉得有了信心,增加了力量,都认为更有把握完成土地改革任务。(二)苏维埃时期的老区,有许多问题与抗战时期情况是不同的。首先是老区成分一般定得高,群众不满意。其次中农多,贫雇农少。如再平分土地，大多数农民会不答应。硬分下去，对我不利，最好以抽补方法解决少数农民少地或无地问题。第三，地主、旧富农也比新区少得多。如果在老区再沿用地主富农占中国农村百分之八左右的做法，必然会导致错误。第四，对老区地主，应查其剥削关系及是否参加劳动与时间长短来决定。第五，在老区发动群众运动，要坚决反对"左倾形式主义"。（三）绥德分区领导上虽有明确决定，但是，在群众发动起来的地方，一般的都是过"左"。这种"左"的情绪，不是群众原来就有的，而是干部带去的。要将运动引向正确的方向，这还是一件很艰苦的工作。（四）在选贫农团、农会领导土改的成员中，要由能代表多数群众利益，并为全村、全乡群众所拥护的人来担任，工作团不能包办代替和搞其他形式主义。（五）许多地方是搞群众自发运动，这种为数不多的、盲目的，而为各种动机不纯分子所鼓动起来的群众斗争，如果任其发展下去，必将造成许多脱离群众的恶果。对此，必须派得力干部参加进去，改造和掌握领导，使自发运动变为群众的自觉运动。他在信中特别指出："陕甘宁边区的老区（全国解放区的一块特殊地区）是有许多问题同新区有其基本上的区别，望能在土改方针及方式上，随时注意，适合当地的具体情况。"

时刻关注全国各解放区土地改革发展的毛泽东，看到习仲勋这封如实反映农村实际又颇具真知灼见的信后，十分欣慰，即于1月9日给西北局及贺龙、习仲勋发来电报：

贺龙、习仲勋及西北局各同志：

（一）习仲勋同志1月4日给西北局及中央关于边区（老区）进行土改工作的信业已阅悉。

（二）我完全同意仲勋同志所提各项意见。望照这些意见密切指导各分区及各县的土改工作，务使边区土改工作循正轨进行，少犯错误。

（三）提议仲勋同志巡视绥属各县（带一电台联系各地委），明方同志延属各县及各县土改工作，每县只住几天，不要耽搁太久，并请考虑派文瑞同志（和他将问题说清楚）去三边、陇东、关中巡视一周，是否可行，望酌定。

1月5日，习仲勋从绥德到子洲县检查工作。7日、8日两天，连续同延属地委负责同志李景膺、李景林谈话。9日，又约三边分区的同志了解土改运动进展情况，同时参加子洲县召开的土改检讨会，总结工作中的经验教训，提出解决问题的办法。

习仲勋在子洲县停留了九天，通过与各地领导座谈和从群众中调查访问，一些地方的真实情况反映到他那里。义合会议后，各县普遍召开了土地改革会议，但是运动的发展极不平衡，偏激极左的做法蔓延滋长。特别是在已开展起来的地方，已经出现了一些人浑水摸鱼大捞一把而鼓动起来的所谓"自发斗争"。子长县栾家坪土改变成了干部党员之间的斗争；涧峪岔附近的四朴塔斗一个反动旧保长，竟逼其妻剖腹自杀；交口五六十名群众住在地主家里进行斗争，杀羊宰鸡，每日三餐，早上米饭，中晚馍馍面条，吃喝了八九天，临走时又乱拿一气……

8日，习仲勋致信中共中央西北局，列举了子洲土地改革中存在的九种不良现象：一是把中农甚至错把贫农定成富农进行斗争，只要有吃有喝的人，就是斗争的对象。二是地主富农不加区别一律斗争和拷打，用刑很惨，把马刀烧红放在被拷打者的嘴上，也有用香燃油去烧，这是破坏党的政策。肉刑一定要坚决废除，任何共产党员不得违犯，否则应该受到党的纪律制裁。三是凡定为地主富农者，个个必斗——斗必打，打必拷，"大锅里头煮牛头"，把大量时间放在逼要地、富的底财上，将他们扫地出门。四是不艰苦地深入发动群众，而是被搞所谓斗争冲昏了头脑。五是在贫农和中农之间划了一道鸿沟，把贫农团神秘化。六是不能正确对待老党员老干部。七是曲解土地法关于暴力手段没收土地的含义，认为就是要多吊拷人，多打死人，多用肉刑来贯彻土地法令。八是凡搞斗争的地方，大吃大喝成风，既不利于救灾，又浪费了胜利果实。九是在土改运动中干部包办代替多，没有形成群众自觉的行动，要创造党内一种新作风。

习仲勋在信的最后一段特别谈到了党的报纸对土改工作的重要指导作用。他说：《边区群众报》的确进步了，望坚持下来，力求改进。各地同志反映都觉得能过瘾，对他们有帮助，能起到指导工作的作用。我觉得更应以土改中的实际经验，更有意识地解决运动中发现的一些普遍性的问题。这方面的材料很多，望能很好地总结和报道，成为西北局很好的指示。关于救灾问题，报纸要多写文章和通讯，这是当前一件大事，群众都眼望着共产党到底怎样办。篇幅尽量维持四版，满足干部要求。请卓然同志尽最大力量办好报纸。

写完信后，习仲勋想起还有一件事没有提及，复握笔写道："各地土改中斗出之白洋元宝，可允许各县有计划地从敌区换粮食，这比定价收回、政府处理更便利，更有积极意义，绥、米已这样办了。又及。"

1月10日，西北局将习仲勋这份调查报告转报中共中央。当时中央正在致力于纠正全国土改中的偏差，这份来自基层、事实充分、观点明确、分析透彻的材料对中央正确地指导工作无疑是十分及时和宝贵的。当时已在河北省平山县西柏坡主持中央工委工作的刘少奇看后批示："留交中央各同志阅。中央已阅。"

14日晚，习仲勋经过近半月调查研究后回到义合镇薛家渠驻地，15、16日连续两天主持召开西北局会议，进一步传达和讨论中央十二月会议精神，统一思想认识，进而根据陕甘宁边区的实际情况，把中央决定的各项政策具体化，提出使土地改革循正轨进行的步骤和办法。17日，又召开了有640多人参加的边区级干部大会，传达毛泽东《目前形势和我们的任务》的报告。联系陕甘宁边区实际，讲了八个方面问题。

边区干部会议后，习仲勋又召开了绥德延家川、义合两区土改工作团会议，同90名与会干部一起总结检讨工作，统一思想认识，明确方针政策。同时作出决定，由西北局副书记马明方、组织部长马文瑞带队，分别去三边、陇东、关中等地检查指导土地改革和救灾工作。

19日,习仲勋就陕甘宁边区近期的工作特别是防止和克服土地改革中"左"的偏向问题,再次致电毛泽东。他不无忧虑地提到,由于晋绥土改"左"的影响和义合会议潜伏的不良情绪,边区土改强调"贫雇农路线",反对"中农路线",导致少数群众(不是真正的基本群众)起来乱斗、乱扣、乱打、乱拷、乱没收财物、乱扫地出门,弄得农村人心不安,关系极度紧张。他在电报中提出边区土改中九个值得注意的问题,即:(一)土地革命地区的农民,实际上已都不是贫农,而是中农;边区的劳动英雄,还是勤苦劳动、热爱边区的,但因有余粮往往被当成斗争对象,这与劳动致富方针不符,对党对人民是莫大损失。拟规定,凡劳动英雄与干部家庭在处理前必须经过超一级的批准。(二)在土地革命地区中农占优势,在抗日战争中经过减租减息地区,也发生了基本变化,这次所斗争过的地、富,实际上其中三分之二都已自己连续劳动在七年以上。应按现在的情形妥善对待,既不脱离群众,又不多树敌人。(三)老区有些乡村贫雇农很少。有的是好吃懒做、抽赌浪荡致贫的,如由这些人领导土改,就等于把领导权交给坏人。在老区就要不怕中农当道,真正的、基本的好群众在中农阶层及一部分贫农中。(四)不要再算老账,不管重大或轻微的旧账,都一概不咎既往,否则会引起社会上极大动荡,对我不利。(五)只要不是死心塌地的投敌分子,均采取感化争取政策。(六)对恶霸应有明确的定义,不能扩大化,特别不能株连其家人亲属。(七)老区土地应以调剂为主。(八)边区土改要首先解决好人民生计,要同生产救灾结合起来。(九)救灾中要形成一人一户、一村一乡去解决问题的新作风。

习仲勋的这份报告产生于他半个月的深入实际、调查研究之后,是在占有大量翔实可靠的事实根据的基础上,加上对各类材料、数据的分析研究、归纳梳理精心写成的。他不仅客观地反映土改运动真实情况,而且提出了极富创见性和普遍指导意义的真知灼见。毛泽东在接到报告后第二天,即20日,以《同意习仲勋皓信纠左偏意见》为题,复电习仲勋:

(一)19日来信完全同意。

（二）望坚决纠正"左"的偏向。

（三）同时注意不要使下面因为纠正"左"而误认为不要动。

同日，毛泽东又决定将习仲勋的电报转发全国各解放区，并在转发电报上特别批示："完全同意习仲勋同志这些意见，华北、华中各老解放区有同样情形者，务须密切注意改正'左'的错误。凡犯有'左'的错误的地方，只要领导机关处理得法，几个星期即可纠正过来，不要拖延很久才去纠正。同时注意，不要使下面因为纠正'左'而误解为不要动。"

1月19日，为了慎重对待党外人士，习仲勋与马明方联名向各分区发出通知，指出：凡在土改过程中，对参加"三三制"的党外人士，应慎重处理，县以上非党人士的处理，务希由地委提出意见，经西北局批准。县以下及小学教师中的非党人士，须经地委批准后，才能处理。

习仲勋的报告引发了毛泽东对全国不同地区土地改革的更多思考。2月6日，他又致电习仲勋等人，就在老解放区、半老解放区及新解放区实行土地法的内容、步骤及农会的组织形式应有所不同问题，征求他们的意见。电文最后写道："以上各点究应如何才算适宜，请井泉、仲勋于数日内电告，同时亦请一波电告自己的意见。"

习仲勋经过深思熟虑后，即于2月8日复电毛泽东，就分三类地区进行土改问题向中央提出了自己的意见。他首先对三类不同地区的概念作了界定，即："日本投降以前解放的地方为老解放区，日本投降以后至全国大反攻时两年内所占地方为半老解放区，大反攻以后所占地方为新解放区。此种分法，非常切合实际。因而在实行土改的内容与步骤上应有所不同。"他进而建议：由于陕甘宁边区中农占有土地多，如果平分，必然会动摇农民对土地所有权的信心，挫伤他们的生产积极性，故不宜平分土地；老解放区不能搞贫农团领导一切，因为贫农团内有由于地坏、地远、人口多而致贫的，有因灾祸生活下降的，也有不务正业（吃喝嫖赌）而变坏变穷的。这种贫农团一组织起来，就必然向中农身上打主意，"左"的偏向也就由此而来；要把发扬民主与土改生产相结合，

习仲勋与乌兰夫、王维舟、马明方在延安（右起）

反对干部强迫命令作风；解决中农负担过重的问题，"这一倾向，十分危险，有压倒中农、破坏农村经济繁荣之势"。

习仲勋的意见再次受到党中央的重视。毛泽东亲笔修改校订了习仲勋发来的电报稿，并批示：转发晋绥、中工委、邯郸局、华东局、华东工委、东北局。

习仲勋在领导土地改革工作中，十分注意总结和推广典型经验指导全面工作。绥德县义合区黄家川村工作组，从老区实际出发，采取抽肥补瘦、填平补齐方式，调剂土地，既满足了贫雇农的要求，又巩固地团结了中农，促进了生产发展。习仲勋即以西北局名义上报中央并转发各分区，中共中央肯定了黄家川经验的普遍意义。3月12日，毛泽东将黄家川经验同晋察冀平山县、晋绥区崞县三个典型在全国推广。习仲勋还写了《关于1948年的土地改革和整党工作》《关于土地改革和整党工作若干领导问题》等多篇文章，适时地总结经验。他一再要求："为了及时指导运动的健康进行，在领导方法上，各地委和县委必须指派四五个到六七个能够代表地委和县委的负责干部分头巡视，随时发现问题、解决问题，帮助各地总结经验、交流经验，这样使党的领导机关随时了解运动发展的情况，抓住当前运动的每一重要环节，有效地把运动推向前进。"

正是由于习仲勋和西北局其他同志的共同努力，及时发现和纠正"左"的偏差，使陕甘宁边区的土地改革取得了很大成绩，至1948年4月，在占老区、半老区总人口一半（约60万人口）的地区中，调剂土地90万亩，彻底消灭了这些地方的封建剥削的土地制度，解放了生产力，发展了边区的经济建设，调动了广大人民支援解放战争的积极性。

深沉凝重的"伯仲"情谊[①]
——习仲勋与赵伯平在西北局的日子里

齐 心

> 齐心，1926年生，河北高阳人。原中顾委副主任、全国人大副委员长习仲勋的夫人。1939年3月18日，被送到抗大一分校（当时在太行山晋东南抗日根据地）女生队学习。毕业后被分配到长治干校妇干队任指导员，后回抗大一分校留守处任总务处文书，不久因抗大总校合并，在校部总务处、卫生处任文书。1940年冬经批准到延安学习。1941年春进入中央党校学习，秋季因参加党校征粮工作被派回陇东。次年春回到延安，被派到延安大学中学部学习。1943年春天来到绥师，1943年8月14日入党，成为一名共产党员。后在马列学院学习并留在中央党校工作。

赵伯平生于1902年，陕西省蓝田县人，比习仲勋大11岁。1932年春，习仲勋发动"两当兵变"之后，辗转来到照金根据地，找到了刘志丹和谢子长。年底，受组织派遣，习仲勋重返渭北地区开展革命活动。也就在这一时期，当时担任共青团三原中心县委书记的习仲勋同志，与时任中共三原中心县委书记的赵伯平同志有了很深的交往，并在艰苦的斗争环境中结下了深厚的革命友谊。时隔半个世纪后，习仲勋甚至还能清楚地记得当年赵伯平在三原城墙上和他谈话时的情景。

[①] 本文是本书编者根据齐心《疾风知劲草 严霜识贞木——深切怀念赵伯平同志》一文整理而成。齐心原文载2012年7月14日《陕西日报》。标题为本书编者所加。

力抓"三农"事

1949年5月20日西安解放后，赵伯平先后担任西安市委第一书记、中央西北局常委、中共陕西省委第二书记、陕西省省长。在党中央、西北局的领导下，他与方仲如等同志一起，为顺利接管西安、恢复人民正常生活、整顿市容、镇压反革命、安定社会秩序、进行"三反""五反"、实行社会主义改造等，做了许多艰苦的工作。在其担任省长领导职务后，对促进全省的工农业生产、兴修水利、发展文教卫生事业、加强党和人民政权建设、改善人民生活等，做出了很大成绩。

在西北局工作时期，赵伯平长期主管农村工作，十分关心农业和农民问题。"陕西农业发展纲要"就是在他的亲自主持下制定的。他对关中和陕南、陕北的地理民情了如指掌，对群众生产、群众生活、群众情绪和群众利益十分关心。他非常重视发展集市贸易，不但要求各级干部认真调查研究，而且多次深入市场考察。以至于后来，赵伯平在60年代初就主张把自由市场放开搞活，活跃集市贸易，反对关闭、取缔。他说："放则活，关则死。关的结果，把近市变成远市，明市变成暗市，低价变成高价，对生产者和消费者都不利。"三年暂时困难时期，由于"左"的影响，包产到户问题在陕西争论的时间长、范围广，纠了搞，搞了纠，上纠下不纠，明纠暗不纠，几经反复，严重挫伤了群众的积极性，生产上不去。赵伯平体察民情，敢讲真话，他直言不讳地说："把包产到户提到两条道路上斗争，是过分的，不妥当的。"

1962年7月中共陕西省委三届四次全委扩大会议期间，他曾提出："包产到户不是旧事物的复活，而是新事物的萌芽，很可能是中国农民的创造。"他强调农村的社会主义方向是要坚持的，但做法不能单一化，要多种多样。如包产到组，包产到户，扩大自留地，划小核算单位等，都有因地制宜的适应性，符合农民的愿望。但赵伯平的这些难能可贵的创见，在当时不仅没有得到重视和推广，反而受到了不公正的批判。

文艺有建树

赵伯平在文艺战线上也卓有建树。从20世纪30年代到60年代初，他一直参与和领导了陕西文艺界的重大活动。早在三四十年代，他就创作了《新考试》《大上当》《抓汉奸》《祁半仙》《特种学校》等现代秦腔剧本，从不同角度有力地宣传了党中央提出的"坚持抗战，反对投降；坚持团结，反对分裂；坚持进步，反对倒退"的政治主张，尖锐地揭露了国民党反动派消极抗日、积极反共反人民的狰狞面目。1942年，为配合延安整风，赵伯平先后改编了《民族魂》《石达开》《三滴血》三个剧本，在边区中央大礼堂演出后，轰动延安。毛泽东、朱德、林伯渠和谢觉哉等领导同志观看演出后，称赞三个戏改编得好。

在赵伯平任西北局宣传部部长时期，赵守一时任副部长兼文艺处长，创建了陕西戏剧学校。赵伯平在陕西亲自抓戏改，抓戏曲创作，都得到习仲勋的大力支持，他们俩互相配合，多次组织陕西地方戏曲晋京演出，这些演出轰动京城，成为陕西文化建设史上的盛事。上世纪五六十年代，赵伯平担任省委和市委主要领导期间，虽然工作十分繁忙，但对戏剧的改革与发展仍然殚精竭虑，不遗余力。

1956年春，他主持召开了戏剧改革座谈会，从理论和实践的结合上，对全省戏剧特别是对秦腔的继承和改革作了精辟的阐述。在表演艺术上，他针对一个时期粗制滥造和抛弃历史遗产的现象，要求在"唱、白、做、打"等方面苦练基本功，做到有棱有角、有板有眼、有韵有味、有声有色，把十八般武艺学到手。他的这个讲话，对当时贯彻"双百"方针、繁荣陕西戏剧起了鼓舞、激励和推动的作用。可以说，在西北局那段时期，赵伯平在抢救弦板腔、阿宫腔和同州梆子等传统优秀剧种上，有特殊贡献。同州梆子是各种梆子戏的鼻祖，销声匿迹近40年，濒临灭种的境地。赵伯平亲自组织班子，抢救老艺人，改编老剧本，招收新演员，排练新节目，终于创建了一所具有地方特色的戏校，使这个古老剧种获得新生。

习仲勋也十分热爱戏剧艺术，尤其对许多地方剧种情有独钟。解放初期，党和政府接管西安易俗社，赵伯平请习仲勋参加大会，习仲勋一进门看到戏台上挂着"庆祝党和政府接管易俗社"的横幅，就对伯平同志说，不能叫接管，应该叫"接办"——接管是对那些国民党留下来的机构，对易俗社这样的进步文艺团体，只能是"接办"——接着办下去，办得更好。赵伯平表示赞同，马上让人更换了横幅。

保护古城墙

对于西安明城墙古迹的保护，赵伯平也是有功的。1958年"大跃进"年代，有些同志把西安城墙视为封建遗迹，主张拆除。他力排众议，上书国务院，请求保留。在习仲勋同志的支持下，经国务院批准，西安城墙被列为国家首批重点文物保护单位。上世纪80年代初，经过全面整修，墙、河、林、楼、路综合治理，面目一新，现在已成为全国唯一保存最完整的古城墙旅游景点。

伯仲情谊深

习仲勋对赵伯平同志无私无畏、坚持真理、忍辱负重、光明磊落的品格十分钦佩。他评价说，伯平同志在大是大非面前立场坚定，旗帜鲜明。他的突出特点是"知难而不退，临危而不惧，遇险而不惊，蒙冤而不怨"。上世纪50年代后期，面对一次又一次的"左"倾思潮，他不说违心话，不做违心事，不随波逐流，不人云亦云。1962年9月中共八届十中全会上，根据康生捏造的罪名，错误地指责习仲勋等利用小说《刘志丹》反党，伯平保持沉默。别人劝他发言表态，他严肃地说："不表态就是表态。仲勋是个好同志！"因此伯平受到不公正的对待。

1975年，习仲勋和赵伯平都被解除历时多年的监禁，分别流放安置在河南洛阳和湖北沙市，两人彼此牵挂，都在打探对方的消息。赵伯平刚到沙市不久，就嘱咐外孙赴京探问习仲勋的消息,直到外孙在洛阳见到了习仲勋,并向他告知具体情况后,他才放下心来。这足以看出习仲勋与赵伯平同志之间兄弟般的革命情谊,这种情谊如同冬天里的阳光,给人以温暖,令人难以忘怀。1988年3月,习仲勋曾当着许多老领导、老同志的面称赵伯平同志是他的良师益友,还把他与赵伯平名字中的"伯""仲"两字合在一起说"伯仲、伯仲,你是伯,我是仲,你是我的老大哥"。媒体后来报道了习仲勋与赵伯平同志的这次会见。显然,习仲勋不仅是表达他与赵伯平之间那种深沉凝重的革命情谊,也是刻意要向世人彰显赵伯平同志的品格节操。

习仲勋与赵伯平的战友深情和这种亦师亦友的关系终生不渝。即使后来担任中共中央西北局书记及党和国家领导人,成为赵伯平的上级,习仲勋也一如既往地敬重赵老,称赵老为"老大哥"和"良师益友"。

回忆贾拓夫在西北局的日子①

齐 心 周维仁

> 周维仁，原名贾虹生，1943年9月生于延安，原籍陕西神木县，国家计委原副主任贾拓夫之子。1962年参军，1965年加入中国共产党。历任中国残疾人福利基金会理事、副秘书长兼国内部主任。现任中国工农红军第二十六军黄土情联谊会会长。

贾拓夫的工作能力和领导水平在陕甘根据地走出来的老同志中是出类拔萃的。抗日战争最艰苦的时期，中央指派他去做经济工作，由于刻苦钻研和善于调查研究，他很快成为这方面的行家里手，深得毛泽东、张闻天和陈云同志的赞赏。习仲勋曾经回忆说，1942年毛主席在陕甘宁边区高干会议上作《经济问题与财政问题》的报告，其中许多资料是拓夫同志提供的。

能学善用

1942年成立的西北财经办事处，是统筹整个陕甘宁边区财经工作的机构。1945年10月，陈云同志去东北，贾拓夫接任西北财经办事处主任。在党中央和西北局的领导下，他坚决执行"发展经济，保障供给"的方针，并学习运用陈云同志关于财经工作的指导思想，在发展边区生产的基础上开展对国民党统治区的金融、贸易斗争，使边区军需民用的物资基本上得到保证，边币和物价

---

① 本文是本书编者根据齐心《丹心照汗青 忠魂励后人——纪念贾拓夫同志诞辰一百周年》一文和周维仁《贾拓夫传》一书有关内容整理而成。齐心原文载2012年11月24日《陕西日报》；周维仁《贾拓夫传》1993年由中共党史出版社出版。标题为编者所加。

基本上得到稳定,财政收支基本上得到平衡,为陕甘宁边区、晋西北边区军民战胜国民党经济封锁和军事进攻,夺取西北解放战争的胜利,作出了卓越的贡献。

1947年3月,西北财经办事处随西北局机关撤离延安,转战陕北。1948年5月,又迁回延安,在王家坪办公。这期间,贾拓夫与习仲勋朝夕相处,密切合作。他们还一同参加了中共中央召开的小河会议与杨家沟会议。这两次会议都是人民解放战争进入到关键时期召开的重要会议,特别是1947年12月召开的杨家沟会议,习仲勋同志代表西北局针对当时土改运动中出现的"左"的倾向,如残酷斗争地主、损害中农利益等错误做法,向中央进言,毛泽东听取了习仲勋的意见,并将这些意见写进了任弼时主持起草的会议文件。习仲勋同志代表西北局提出的这些意见,也得到了贾拓夫

1947年,担任西北财经办事处主任转战陕北时期的贾拓夫

的支持。

由于胡祸（胡宗南）和十个月残酷的内线作战，使陕甘宁边区的经济受到严重破坏。贾拓夫充分利用前线胜利的有利形势，正确执行党的政策，放手发动群众，恢复经济，在党中央和西北局的领导下，到1948年底，边区的经济得到很大的恢复，绝大部分灾民得到救援。西北全境解放后，西北的工农业生产得到迅速的恢复和发展，人民生活有了显著的改善。

临危受命

1948年4月21日延安光复，革命圣地从蒋介石、胡宗南手中又回到共产党和人民怀抱时，西北战场解放军即进入全面反攻阶段，接管国民党统治区的工作，特别是接管西安的筹备就摆上了中共中央西北局的议事日程。1949年2月9日，贾拓夫向西北局上报了《关于准备接收西安的初步计划》，得到西北局的批准。计划包括八个方面，即：（甲）西安情况的搜集和调查；（乙）接收西安的政策研究与准备；（丙）西安军管会的组织与准备；（丁）接收西安的干部准备；（戊）卫戍部队的准备与训练；（己）入城干部的训练；（庚）供给上的必须准备；（辛）其他若干技术问题的准备。2月28日，西北局常委会决定成立16人组成的接收西安准备委员会，贾拓夫任主任。4月份正式组建各接管组和完成干部配备工作，5月12日印发了《入城纪律及注意事项》，5月18日正式任命贾拓夫为西安市委书记兼市长，5月20日任命了军管会各正副处长和公共房屋管理委员会成员。5月20日解放军先头部队攻进西安，军管会人员23日进入，24日正式对外办公。同时发布军管会布告"管字1号"，宣布军管会正式成立，主任贺龙，副主任贾拓夫、赵寿山、甘泗淇。

至此，西安的接收工作全面展开。贾拓夫作为西北局常委、西北军政委员

西安解放后新组成的中共西安市委员会部分成员合影

会委员、西北财政委员会副主任（主任为彭德怀）和西安市军管会第一副主任、西安市委书记兼西安市市长，立即进入中枢，紧张地指挥城市的接管工作。这时的贾拓夫，年仅37岁。在1949年2月举行的陕甘宁边区参议会常驻议员、政府委员及晋绥行署代表联席会议上，西北财经办事处改组为西北财经分会，贺龙为主任，贾拓夫为副主任，习仲勋、刘景范等10人兼任委员。同年6月，西北财经分会迁驻西安。

贾拓夫进入西安后的第一件大事，就是按党中央的指示，迅速地稳定社会秩序，恢复各项生产。他们仿照陈云接收沈阳的经验，"各按系统，自上而下，原封不动，先接后分"，使接管工作顺利实现。由于贺龙主任不久即将主要精力集中于配合刘、邓大军进军大西南，另外两位副主任赵寿山、甘泗淇又都在前总工作，因此西安军管会的工作基本上全是由贾拓夫主持进行的。他还担负着西安市党政领导机关的组建和西北财经工作方面的重要任务，担子实在不轻。而贾拓夫身边的秘书处，除任秘书长的常黎夫和副秘书长杨晓初外，只有秘书10多人，人员非常精干，工作机动灵活。据常黎夫回忆，他和贾拓夫经常是晚上写文件，常先睡一会儿贾先写，下半夜三四点钟时贾去睡，常起来接着写，天亮后拿着稿子去作报告，或送西北局审议。他们从未感到过疲倦，而且还充满豪情和愉快。

三 抑物价

在两个月接管西安工作初战成功的时候，贾拓夫及时向西北局和彭德怀、贺龙、习仲勋等领导同志提出：下一阶段西安市的工作重心，"必须转移到用全力恢复与发展公私生产，同时有计划有步骤地组织难民、游民及失业者转业、就业或向农村疏散，以增加生产，减少消费，求得进一步安定社会秩序，安定民生，其他……都必须围绕着生产就业这一中心环节，相互配合进行，不可孤立进行"。

他认为："这是牵连最广并带有根本性质的一个经济问题和社会问题，是一个消费城市在解放初期不可避免的现象。城市其他各种重大问题，如治安问题、金融问题等，均与解决这一问题密切相关，而解决这一问题的基本办法是积极生产就业，不是消极的救济维持。"他大胆提出："为便于集中领导，军管会于军管工作总结后，应有计划有步骤地将所需各种生产事业和行政业务，移交各主管部门领导管理，使工作走入正轨，迅速推进。"并相应提出了加强管理、发展生产、改进业务和结束接管工作，加强主管制度的一系列工作方针、措施和政策建议。

1950年3月，贾拓夫认真组织清查仓库，严格统计，同时，仔细地定编制、定消耗，厉行节约，按中央要求，除地方附加外，将所有公粮、税收和物资交中央统一调度和使用，建立和执行全国统一的收支管理制度和其他有力措施，很快扭转了长期通货膨胀所带来的物价飞涨，促使金融和物价趋于稳定。

进入城市，新生政权立刻面临着同多种币制及实际流通的银洋、铜元和投机倒把活动作斗争的局面。贾拓夫立即带领政府和财经机关，开展同贩卖和使用银洋、铜元的战斗。他明令禁用银洋、铜元交易，把收兑银洋的牌价提高58个百分点；责令公用事业机关拒收银洋，只收人民币；税收机关在废除少数不合理苛捐杂税的前提下，立刻按原税制、税率开征税收，在市面上检查、取缔银元贩子；司法机关不受理一切银洋债务纠纷案件；积极向市民进行维护人民币、不用银元的宣传；同时，责令国营贸易公司积极组织物资，抛售商品，压抑物价。这一系列措施很快起到作用，把银洋打入黑市，铜元完全被取缔，物价开始平稳，人民币在市场上开始扩展。

时隔不久，国民党军队困兽犹斗，反扑至咸阳和西安附近。匪特加强破坏和宣传，造成人心浮动，黑市银洋一下子暴涨3倍多，再次引起物价猛涨，不少商店拒收人民币，许多商店关门停业。在银洋问题上的斗争由于政治、军事的原因，变得更加复杂起来。贾拓夫和政府各部门配合严厉镇压匪特的反革命活动，借华北的大军抵近、前线捷报传来之机，积极扩大宣传。同时，贸易公司组织的物资增多，向市场抛售，开征上半年营利所得税，并宣布公粮折收50%人民币。银行积极开展汇兑、存款、贷款业务，并在黑市上低价抛出银洋，以黑市打击黑市，遂使二次波动再次平息下去。

新政权进入第三个月，银洋再次作祟，物价又上涨。但由于政治、军事形

1952年，贾拓夫调中央工作，西北党政领导为送行到华山一游。前排左起：杨明轩、贾拓夫、习仲勋、张稼夫、张治中、洪希厚（张治中夫人）

势有利，所采取的一系列措施继续生效，故未出现大的波动。打击银洋的斗争实质上就是制止通货膨胀、平抑物价的斗争，是接管工作在经济领域中首要的任务。经过几个月的努力，西北地区的物价到1950年春夏之交就基本稳住了。

贾拓夫在1950年7月10日西安军政委员会第二次会议上是这样回顾的：1950年2月下旬，西安市的60种商品平均物价比1949年12月底上涨了243%，其中14种商品上涨381%。但到了3月以后情况起了变化，上述60种商品平均物价较2月下旬下跌30%，其中14种商品下跌38%，4月又较2月下旬下跌52%，其中14种商品下跌62%。到5月初即转入平稳，制止了连续10余年来物价膨胀局面，解决了国民党10多年没有解决的问题。

重视工人阶级

贾拓夫在进入西安到 1952 年秋调中央工作期间,做过许多工作,对西北地区财经战线的恢复、稳定和发展,作过突出贡献。在领导西北财经工作时期,贾拓夫十分重视工人阶级的领导作用,充分注意发挥工人的积极性。西北有 50 万工人,贾拓夫被选为西北总工会主席。为进一步发动工人群众,他和总工会的同志们,在党和政府的领导下,坚决取消欺压工人的封建把头制度、侮辱工人的搜身制度,取缔反动会道门,并首先在产业工人中(铁路、油矿、纺织厂、国民党后勤军需厂等)组织工人自己管理自己,自己教育自己,同时还特别注意掌握政策,防止工人发动起来后提出一些一时还做不到的过高要求。同时,正确贯彻公私兼顾和劳资两利的原则,使得复杂的劳资关系比较协调,稳定了工人队伍,提高了工人觉悟,促进了经济的恢复和发展。当时的西北总工会副主席杜延庆回忆说:"拓夫同志进入西安时,忙得一塌糊涂,西北总工会又是兼职,但他对工会工作非常重视,凡重要的汇报事情,他都挤时间来听;重要的工作,他亲自来部署,他不认为这是额外负担。记得 1950 年,推广五三厂经验,贾拓夫还亲自主持传播经验的大会……"贾拓夫领导的这些斗争,对于西安以至西北地区经济的稳定、恢复和发展起了很大作用,也成为接收城市工作的很好的经验。

1952 年,中共中央西北局撤销,习仲勋和贾拓夫同志都调往北京工作。习仲勋先后在中宣部和国务院工作,而贾拓夫始终都在从事工业与财经工作。习仲勋不止一次谈起贾拓夫的才干,他说毛泽东的重要文章《论十大关系》,就吸收了贾拓夫的不少见解。

十年动乱初期,"四人帮"多次捏造罪名,诬陷贾拓夫。他在遭到残酷迫害后，于 1967 年 5 月 7 日含冤死去。贾拓夫同志逝世时还不到 55 岁，但他对党对人民无限忠诚的优秀品质；谦虚谨慎，平易近人，密切联系群众的优良作风；坚持原则，实事求是的科学态度，都值得我们学习。

怀念黄植①

马文瑞　常黎夫　李力安　李治文　姬也力

> 李力安，原名亮生，字子斌，1920年7月生，山西五台人。1935年10月加入中国共产党，次年参加中华民族解放先锋队。曾任中共冀晋二地委敌工部部长，冀察二地委组织部部长，中共井陉县县委书记，中共陕南两郧地委副书记，中央组织部处长，黑龙江省委书记处书记，黑龙江省委书记，哈尔滨市委第一书记，黑龙江省委书记。
>
> 李治文，1918年9月生，山东青州（原益都）人。1937年11月参加革命工作，1938年3月加入中国共产党。曾任平绥铁路局干部科长，中共西满四地委委员、宣传部部长，齐齐哈尔市委第一书记，中共中央东北局委员、组织部部长，辽宁省委常委，山东省委常委，青岛市委第一书记，是中共八大、十大、十一大、十二大代表。

黄植同志与世长辞已整整一年了。我们曾经和他长期一块工作的同志，每每思念起他的为人，他对党的事业的耿耿情怀、一丝不苟的敬业精神、持重严谨的生花之笔以及清正廉洁的一贯操守，无不感到深深的痛惜和崇高的敬意。

一

对共产主义事业的执著追求是构成黄植同志人格和革命品格的本质特征。早在学生时期，黄植同志就是一个孜孜不倦追求马列主义真理的热血青年。他自幼喜爱读书。1931年在广州中山大学高中部求学时，就秘密在同志中传阅马

---

① 本文原载1994年1月3日《陕西日报》第2版。

克思、列宁的著作和上海左翼文艺书刊，特别是鲁迅的著作。"九一八"事变后，全国抗日烽火四起，黄植同志于11月发起组织"中山大学抗日剧社"，以话剧为武器，在广州学生、工人、市民中进行抗日和反帝反封建的宣传。次年，他在中山大学参加左翼戏剧家联盟广州分盟的工作，是分盟的负责人之一。1934年5月，左翼分盟遭敌人破坏，黄植同志被通缉，转移到香港九龙，以智仁勇小学教师为掩护，继续从事革命的宣传活动。7月，他加入了共产主义青年团。1935年，经党组织介绍，他赴上海参加苏联红军参谋部驻沪情报组工作，每日从报纸、杂志上收集情报，译成日文、英文交给上级组织。不久，该组织遭敌人破坏，他被迫去北京，躲避一时，不久就返回上海继续从事党分配的工作。几经波折，黄植同志不仅没有对革命丧失信心，而且在斗争中经受了磨炼，激发了更加坚定的革命热情和意志。

1936年9月，黄植同志按照党组织的安排，千里迢迢，克服重重困难，从上海来到党中央的所在地保安，开始了新的革命生涯。先在中央宣传部工作，后到抗战剧社当主任。之后，受组织重托去绥德警备区，在王震同志亲自领导下，针对国民党反动专员何绍南及其《绥德日报》，创办了我们的报纸《抗战报》，任主编。在这期间，黄植同志做得最多的工作是撰写评论。为赶写重要的社论，他多次通宵达旦。他写的评论，观点明确，言辞锋利，很有说服力和战斗力。由于坚持正确的办报方针，注意斗争策略，《抗战报》充分揭露了何绍南一伙搞的白银案、大烟案和勒索案，对专搞摩擦的国民党反动派的打击是很沉重的，有力地发挥了党报与武装斗争紧密配合的作用。

解放后，黄植同志先后在中共中央西北局、中央组织部、中央财贸部、中共中央东北局、中共沈阳市委工作。"文革"中遭受迫害，下放劳动。不管是战争年代还是和平建设时期，不管是处在顺境中还是逆境中，不管职务上发生什么变化，他都是胸怀坦荡、光明磊落，对党的信念矢志不移，维护党的利益，处处表现出一股凛凛正气和共产党人的非凡气度。在受迫害期间的一次批斗会上，造反派说他在西北局任研究室主任和副秘书长期间，写了大量的黑文件、黑材料，要他认罪。他说，我在西北局起草的报告、汇报材料，有许多经过毛主席批示肯定，有的还转发全国各地参考。造反派发火了，说他把谣造到毛主席头上了。黄植同志气愤地说："彻底的唯物主义者，是无所畏惧的。"被激怒了的造反派便对他实施残酷的围攻，直到后来他们派人到中央机关找出毛主席批转黄植同志在西北局起草的文件原稿，才算罢休。

1979年，中央接受马文瑞同志的建议，黄植同志由沈阳市委调任中共陕西省委常委、宣传部长。他不顾虚弱的身体，夜以继日地工作。在恢复党的实事求是的思想路线，组织开展生产力标准大讨论，推动党的思想理论建设，狠抓新闻队伍整顿等方面，做了大量的卓有成效的组织领导工作，得到文瑞等省委领导和中宣部的充分肯定。特别是针对当时思想理论和新闻队伍建设中的问题，他反复强调党的利益高于一切；宣传思想工作者必须无条件地同党中央在政治上保持一致；宣传工作者、理论工作者、新闻工作者必须以自己创造性的工作来体现党的"喉舌"作用和联系群众的纽带作用；整个宣传思想队伍必须保持高度的纯洁性。同时，他组织人力通过调查研究，制定相应的文件，这在当时来说，是很有胆识和远见的。1982年黄植同志担任省委顾问、省顾委常委后，仍以强烈的政治责任心和使命感，在重大问题上不断向省委提出工作建议。就在病重期间，他依然让人搀扶着到机关过组织生活，了解小平同志南方谈话后宣传思想战线的情况和党的十四大报告精神的贯彻情况，询问有关苏联和东欧局势的资料，毫不隐瞒地阐述自己的看法，勉励机关干部尤其是青年干部要加强学习，提高对复杂事物的分辨能力，以便始终保持清醒的政治头脑。

二

黄植同志一生的大半工作主要是在文字方面。这种工作性质使他养成了一种严谨、求实、刻苦、精细的工作作风和写作作风。他写文章、修改文章，给我们留下的深刻印象是，善于驾驭材料，观点明确，科学概括性强，思想性、理论性和政策性把握得好，文笔流畅。所以他对文字的推敲、润色，功夫都是很深的。黄植同志反对那种讲空话、讲套话、说假话的文字。他曾经给人说，他在新中华报社工作时，校对毛主席的《论持久战》，在排版过程中，一天深夜突然接到毛主席派人送来的一封信，说《论持久战》书稿的某页某行应该如何修改，要认真校阅。这件事对他触动很大，也是他写作与文风的思想基础。在西北局工作的9年中，他根据领导的意图为习仲勋同志和西北局拟写了许多高水平的文件。如以习仲勋同志名义或西北局发出的重要文件，包括给党中央、毛主席的电报、报告，其中很多是黄植同志拟写的。在东北局财委工作期间，东北局财委发出的重要文件或财委代东北局起草的重要文件，一般也都是由黄植同志把关。在中央财贸部工作时，部里每年都要召开一次全国性会议和某些专门会议，他担任部务委员、秘书长，会议向党中央的报告，多数是由他亲自起草的。1959年，他代马明方同志写的一篇论述产、供、销一条龙的文章，明方同志很满意，后在《红旗》杂志上发表。这篇文章对当时指导财贸工作起了一定的作用。

　　黄植同志的文风朴实、文字严谨。他在处理领导机关发出的文件时，都是以中央的方针、政策和大量的调查材料为依据，紧密结合实际进行认真的反复推敲、修改。在自己起草文件时，也是先反复思考、仔细琢磨上级和领导的意图，再夜以继日地翻阅资料，找各方面知情的同志交谈，多方收集素材。有了草拟的稿子后，再从主题、观点、段落、逻辑、文字上找毛病，一句一字，一个标点符号，都一丝不苟。有时对某个不清楚的字，也要仔细查问。1954年11月，马明方同志在党的中央组织部召开的全国农村基层组织工作会议上作了一个报告，报告的时间比较长，其间也有许多插话，大家对有的地方听不大清楚。会后，黄植同志负责整理，他花了半个月时间，对马明方讲话的记录稿反复琢磨，仔细推敲，在保留原话、原意的前提下，整理成文，大家都认为整理得好，上报中央后少奇同志只改了一句话就批转全国。还有一次，财贸部的工作报告刚上报中央，黄植同志即让工作人员马上取回。大家以为报告中有什么大的差错，结果只改了一个字。事情虽小，但他精细认真的作风，给大家留下了深刻的印象。

搞文字工作是累人的。黄植同志工作起来真正有一股拼命精神。在西北局工作时，由于当时的形势和西北地区的实际情况不同，文稿一个接着一个，时间都很急迫，为了完成任务，他加班加点，通宵达旦地伏案是家常便饭。那个时候，他办公室的灯几乎每个晚上都是亮着的。他的干劲之足，工作效率之高，是同志们公认的。由于工作太劳累，他的痔疮越来越严重，不得不做手术。但他知道任务繁重，没有时间住院，术后未好好休息，仍住办公室撰写文稿。几天后，接连大出血，裤子、椅垫子浸透了血，办公室的痰盂里面也是血水。在送往西北陆军总院的路上他休克了，到医院后他神智仍不大清楚，在迷迷糊糊的状态中，他还自言自语："这个报告完成了。"体温恢复正常后，身体仍很虚弱，但他没有听医生的劝告，提前出院回机关，又开始了紧张的工作。多少年来，他把心血和时间都用在文稿的拟写上边，却没有以个人名义发表文章，这种精神、这种品德都是值得我们学习的。

黄植同志自己吃苦耐劳、身体力行的同时，很注意对青年人的培养。他鼓励青年人一要认真学习马列、毛主席著作，熟悉党的路线、方针、政策，善于驾驭全局，学会辩证思考；二要经常深入基层，调查研究，掌握实际情况，一切从实际出发；三要善于动脑筋，善于研究问题，养成勤奋、严谨、求实的思想工作作风。他要求青年人要学会当"摇头"干部，一方面要多问几个为什么，力求把中央文件和领导的指示精神吃透吃准，结合实际贯彻落实；一方面对自己的"作品"要"多摇头"，反复推敲，反复修改，不断锤炼升华。1950年秋，一位在西北局研究室工作的青年同志总结了一份蔡家坡纱厂开展企业民主改革运动、推动企业民主管理的调查报告。黄植仔细看过几遍后，认为是一篇有价值、有普遍意义的材料，但调查报告没有抓住民主管理这个"牛鼻子"，还"欠火候"。于是在他的直接组织下，成立了一个由西北局研究室牵头，包括政府有关部门和群众团体参加的工作组，重新下厂调查，并在原材料的基础上形成一个加强企业民主管理的调查报告。黄植对这份调查材料，认真进行了修改，上报中央。这份调查报告，中央很重视，对西北地区加强企业民主管理，产生了重要的指导意义。如今，这些当年的青年人，有的走上了党政领导岗位，有的成为知名的教授、学者和新闻工作者，每回忆起黄植同志的教诲，无不感到获益匪浅。

三

　　黄植同志写的报告、文件、文章之所以有内容、质量高，受到领导和同事的好评，其中一个重要的原因就是注意调查研究。马明方同志曾称赞他写东西是"慢工出细活"。其实这"慢"正是黄植同志把材料的论据建立在认真的调查研究之上，这样做出的"细活"当然是经得起时间检验的。

　　在西北局工作时，他常常亲自带队下去调查研究，有时工作难以脱身，就听取下乡、下厂的同志汇报，一起研究分析情况，或找在第一线的县委书记、工厂党委书记和厂长，向他们详细了解情况，共同研讨政策性问题。调到中央财贸部工作以后，他仍然坚持调查研究的工作作风。当时，中央财贸部刚成立，干部大都不熟悉这项工作，需要就其职责范围和今后一段时间的方针、任务作出明确的规定，为了使新成立的财贸部有一个切合实际的章法，也为了使干部们了解财贸工作的实际情况，部里组织了四五个工作组，分头到各省市调查。黄植亲自带了一个工作组深入到山西一个县作实地调查。调查的内容很细，有财贸基层组织机构、干部队伍、工作成绩、问题和经验等。边调查、边研究，使工作步步深入。到结束时，参加的干部反映，这次调研等于参加了一次培训班，提高了对财贸工作的认识，增添了做好财贸工作的信心。1959年初，他带领一批同志到湖北蕲春县调查"大跃进"以后财贸工作出现的新情况、新问题。那时由于头脑发热，财贸工作中已经出现许多盲目性、浮夸风以及违反政策的现象。他深入基层，接近群众，虚心听取意见，和下面同志共同研究讨论，把下面的真实情况摸清楚如实上报。在他主持下编写的中央财贸部《工作简报》上，及时向中央及省市委主要领导同志反映实际情况和工作中出现的问题。到东北局财委工作后，黄植更加注意调查研究。那时正处于暂时困难时期，安排人民生活、改善市场供应、调整财贸工作，任务很重，尤其是商业工作在"大跃进"年代出现的不少问题，需要全面整顿，必须深入调查研究，总结经验教训，有针对性地制定措施。黄植一直亲自参加此项调查研究，除下到基层深入调查外，他还多次主持召开辽宁省暨沈阳市有关人员座谈会，听取情况开展讨论，统一思想认识，在弄清楚情况的基础上，起草了商业工作条例，收到了很好效果。作为一个领导干部，黄植不论是在西安，还是在北京和沈阳，都经常带领同志到基层去，在市场上，他检查摊点，了解蔬菜、粮油供应等各个环节中的问题，以为决策服务。在调查研究工作的实践中，他强调"要做摇头干部""要练就一双眼睛""要学会解剖麻雀""要联系地发展地看问题"等工作方法，在今天看来，完全正确适用。

四

黄植同志严于律己，克己奉公，清正廉洁，谦虚谨慎，从不计较个人的名利地位得失，从不利用手中的权力搞特殊化。他常说，一个共产党员只有全心全意为人民服务和为党工作的义务，没有向党向人民伸手要官要权要名利，没有搞特权的权利。如果不这样，那么多的革命先烈不都是白白牺牲了吗？这是他一生慎守力行的一条基本原则。在中央财贸部工作期间，他80多岁的老父病重住院。为了不影响工作，不给组织添麻烦，他在家庭生活十分困难的情况下，雇人陪护老人，自己则利用星期天和节假日乘公共汽车到医院去探视。父亲去世时，他正陪姚依林同志（当时任中央财贸部副部长）在南方各省市进行调查研究。接到这不幸的消息后，他即给财贸部办公厅打回电话，请机关代他办理后事，自己又全身心投入工作。他对家属和子女要求非常严格，经常告诫子女要自强自力，要靠自己的本事和能力"各奔前程"。1960年底，他调东北局财委工作。他把大儿子和二儿子安排在北京一所中学住校就读，然后只带着上小学和幼儿园的孩子及老伴到沈阳赴任。1979年调陕西工作时，同来的只有老伴一人。现在，几个孩子天各一方，都在各自的工作岗位上成了才。就在他去年病危期间，还坚持不要子女来西安看望，他所担心的，就是怕分他们的心，影响他们的工作。

　　他心系人民群众，自觉为人民群众办实事，虚心向人民群众学习，始终同人民群众保持最密切的联系。1960年，我国正处在三年困难时期。为了真实掌握基层情况，他亲自带领东北局财委机关干部，深入到工厂、农村、机关、学校，具体安排群众生活，组织开展生产，帮助群众战胜困难渡过难关。在沈阳市委工作期间，他经常深入基层，检查同人民群众生活密切相关的蔬菜、粮油供应情况，发现问题，及时解决。每年除夕之夜，他还和机关干部一道到火车站附近的饮食服务部门去，为过往旅客送饺子，使他们也能在千里之外过上一个欢乐祥和的除夕之夜。1969年12月，黄植同志作为"五七战士"被下放到辽宁岫岩朝阳公社孟家生产队插队落户。在这里，他虚心向农民群众学习，很快掌握了播种、管理、收藏等一套本领，同当地农民建立了深厚的友情。后来，上面通知对他实行"监督劳动"，同时进行批判。不少农民朋友宽慰他说："老黄头，哪有你这样的走资派、反革命！毛主席的政策被弄歪了，他们是兔子的尾巴——长不了！"1972年10月，黄植同志含泪告别了这些与自己朝夕相处的农民兄弟，重新回到领导工作岗位上。13年后（1985年），他又回到当年落户的生产队，了解农民的生产、生活状况。当得知群众生活较前有很大的改善时，心里非常高兴。回忆这段不寻常的历史，他总要动情。这种情感是真挚的，也是始终如一的。他家的保姆张嫂从1950年开始就一直跟着他。黄植同志对她十分敬重，视同亲人。他常说：保姆工作也是革命工作的一部分，没有她的辛勤劳动，我们也不能很好地工作。张嫂家在陕西长安县，女儿每年寒暑假都想到北京看望母亲。黄植同志知道这事后，告诉张嫂：让娃来吧，路费和在京的伙食费全由我们负担。直到她的女儿大学毕业，生了孩子，这位在黄植同志家里工作了15个春秋的张嫂，才怀着依依不舍的心情回到老家。

　　黄植同志勇于战胜各种困难，忘我工作，始终保持了我党我军的优良传统和作风。1947年，国民党反动派集中34个旅、25万兵力，大举进犯党中央所在地——陕甘宁边区。那时，他正患痔疮，山区医疗条件十分困难，缺医少药，吃几片 SD、SG 还得领导批准。由于得不到很好治疗，病情日渐恶化，以致发展到脱肛、出血。就是在这种情况下，他毅然跟随习仲勋同志到西北野战军前方司令部工作。战局的变化发展，要求前总阵地经常转移。每次转移，他都是忍受钻心般的疼痛，站在马蹬上策马行军。一到驻地，他的第一项任务就是把脱出的肛门扶送上去，然后咬着牙投入紧张的工作。全国解放后，黄植同志走上了领导工作岗位。地位变了，但这种艰苦奋斗、忘我工作和无私奉献的精神并没有变。在今天改革开放的大潮中，要加强党的建设，反对腐败，就要大力提倡和发扬黄植同志这样的老共产党员的优秀品格和模范事迹，以他这样的党性、工作、为人及作风教育年轻的一代与活着的同志，这也正是我们怀念黄植同志的真实心意。

附：

怀念黄植同志
张效臣

投身革命即为家，
小米步枪打天下；
足迹神州墨迹伴，
决策文章润华夏。
心底无私天地广，
刚直不阿诚可嘉；
一生奋斗为真理，
两袖清风尽潇洒。

1993年11月

悼 黄 植
冯元硕

黄植同志的逝世，使我又失去了一位老领导、老战友，谨在沉痛之余，作此拙诗，以志悼念。

皑皑如同北国雪，
皎皎恰似江南月。
一生清白留人间，
九天有颜见马列。

1992年12月

痛悼老领导和良师常黎夫[①]
姬也力　王伯惠

> 王伯惠，1925年出生，山西岢岚人。1940年4月参加工作，1947年1月加入中国共产党。曾任陕甘宁边区保安处、边区政府秘书、科长。新中国成立后，历任西北军政委员会办公厅秘书处副处长，国务院秘书厅秘书处副处长，旬阳县县委书记，陕西省人委农业办公室副主任，咸阳地委党校校长，省委农工部副部长，省农委副主任，省委党校校长，政协陕西省第六届委员会常务委员。

黎夫同志逝世了，我们这些曾经在他长期领导下工作过的人，感到特别悲痛。他一生为党和人民做了许多工作，作出了很大贡献，为我们树立了榜样，我们由衷地缅怀他。

秘书工作的杰出代表

黎夫同志长期从事秘书部门的领导工作，在发挥秘书工作部门的政治助手作用和联系、综合与枢纽作用方面，做得是很出色的。

他能够很好地协助主要领导组织好各种重要会议，推动全面性重要工作。

早在1948年，为了加强党中央的统一领导，克服无纪律无政府状态和经验主义的思想作风，党中央发布了关于建立报告制度的指示。黎夫同志把它作为整个秘书工作的一项重要任务，自觉地加以贯彻执行。新中国成立后，他据此主持起草了《国务院所属各部门工作报告制度的规定》和《国务院关于各省、

[①] 本文原载2006年2月22日《陕西日报》，内容有删节。

自治区、直辖市人民委员会工作报告制度的规定》。在讨论通过这两个规定的国务院全体会议上，周恩来总理还要求总理、副总理每人分工联系几个省，加强上下的直接联系，还建立了国务院秘书长、副秘书长同各省负责同志直接联系的制度。这些都对国务院及时了解情况和推动工作起到了很好的作用。

　　黎夫同志处理政务精明练达，处理事务周到细致，是秘书部门文武全才的好领导。他常说，秘书、秘书长是党政领导的参谋助手，既参与政务，又管理事务，有文有武，承上启下，"跑龙套"是免不了的，不可轻视当"配角"。要承接上下、联系左右、沟通内外，起到"甘草"的"和百药"作用，因此，事无巨细都要管，而且要管细管好。机关的政务和事务工作，他都抓得有声有色、周到妥帖。他通过言传身教，带出了一批秘书工作和机关事务管理的好干部。

善做统战工作的领导人

　　黎夫同志当好领导政治助手的一个很重要的方面，就是主动担起做好机关内部统战工作的重任。为加强这一工作，西北军政委员会还专门成立了机关统一战线工作委员会，他是委员会的主要负责人。

　　他把做好机关统战工作与提高机关共产党员领导干部的政治、思想和领导水平密切联系起来。他强调，只有把单纯的组织领导提高到政治领导和思想领导的水平，不断加强思想政治工作，才能做好机关统战工作和机关的其他工作。在工作中，他以身作则、率先垂范。无论是对西北军政委员会著名的民主人士张治中副主席，还是对下面的各级负责人和旧公务人员中的民主人士，他都平等相待，热情团结。在学习上，注意提高他们的思想政治觉悟；在工作上，尽力帮助，尊重他们应有的职权；在生活上，给他们以无微不至的安排和照顾。在他们思想和工作上出现问题时，他能个别谈心，坦诚相见，化解矛盾，达到互谅互信、团结向上的目的。经过黎夫同志的不懈努力，西北军政委员会办公厅成为统战工作的模范单位，起了很好的示范和带动作用。

黎夫同志对一些具有代表性民主人士的工作，做到了细致入微的程度。他非常尊重张治中副主席，对其应阅读的文件，应批示的公文，应参与的政务，都作了妥善安排。他曾经陪同张治中到甘肃、宁夏、青海视察生产救灾工作，长达一个半月之久，并对视察中发现的问题一一落实解决，对其生活也细心照顾。张治中对以常黎夫同志为代表的共产党的干部有良好印象。西北军政委员会和行政委员会的副秘书长谈维煦，是民革在陕西省的主要负责人，黎夫同志与他合作共事5年，成为亲密无间的好同志和好朋友。改革开放以后，谈维煦成为陕西省政协主席和全国政协常委，他多次要求加入中国共产党，并要求黎夫当介绍人，他最终实现了这个夙愿。

1961年，黎夫同志担任党中央西北局的统战部部长，虽然受到"左"的思想的严重干扰，但他还是尽力正确执行党的民族政策，强调要恢复和发展牧区生产，主动改善同少数民族上层的关系，加强对少数民族干部的培养。"文革"中，他被"四人帮"迫害10年之久。1978年恢复工作，他担任陕西省委统战部部长。为恢复"文革"中解体的统战部和政协组织，平反原由省委统战部管理的88名爱国人士的冤假错案，为彻底恢复7000多名原定右派分子的名誉，他做了艰苦细致的工作，给陕西统战工作的拨乱反正奠定了基础。之后他调任陕西省委常委兼秘书长，仍协助省委主要领导平反了大量冤假错案，胜利完成全省这一拨乱反正的重要工作。

实事求是的精神

黎夫同志一贯不讲空话和大话，更不讲假话。他搞了一辈子文字工作，但从不写空洞无物的东西，更不文过饰非。在历次政治运动中，他都能保持冷静的头脑，不搞大轰大嗡和"逼、供、信"，而是通过深入细致的调查研究，搞清问题的真相。所以，他手上没有冤假错案。在那个以阶级斗争为纲、大批大斗的年代，这是很难做到的。

他在一些重大问题上敢于直言，支持农村实行家庭承包制。60年代人们出于对总路线、大跃进和人民公社"三面红旗"的维护，对于造成国民经济严重困难的原因，多归罪于严重的自然灾害。黎夫同志根据自己在米脂县高西沟大队进行蹲点调查的实际情况，在一次省委扩大会议上说，下面的农民认为造成国民经济严重困难的原因是三分天灾七分人祸，深刻揭示出了"三面红旗"等严重错误造成的重大危害。

1961年秋，他带领工作组到榆林地区进行调研，当时对于毛驴是否下放到户的问题，大家有争议。在充分了解实情、广泛听取各方意见的基础上，他同意工作组和定边县委把毛驴下放到户的意见，有力地促进了定边县和邻近一些地方农牧业的大发展。改革开放以后，他一直十分关注农村家庭承包制的发展，并亲自调查研究，配合省委农工部搞好这方面的工作。

清正廉洁的风范

黎夫同志常说，比起那些长征过来的同志，那些在枪林弹雨中奋斗过来的同志，特别是革命先烈们，我们真是走平路，甚至是走捷径，我们还有什么不知足的地方，还有什么值得向人炫耀的？他从不计较个人职务的高低、待遇的多少，在任何情况下都能尽心尽力地做好组织分配的工作。他艰苦朴素，廉洁自律，不吃请，不收礼，一尘不染，两袖清风。1982年，朝鲜劳动党中央委员会总书记、朝鲜民主主义人民共和国主席金日成来西安参观访问，送给他两瓶高丽参酒，他交给省人大办公厅，在库房里积压了14年之久。他对不正之风和腐败现象深恶痛绝，曾斩钉截铁地说："向不正之风作斗争岂顾三亲与六朋。以革命传统正身，甘当怨言与骂声！"

一个保持延安精神和作风的共产党人[①]
——怀念战友曹力如同志

习仲勋　马文瑞　张秀山　袁任远　张邦英　张达志

习仲勋，1913年10月15日生，陕西省富平县人。2002年5月24日在北京逝世，享年89岁。1926年5月加入中国共产主义青年团，1928年成为中国共产党党员。抗日战争胜利后，历任中共中央西北局书记、陕甘宁晋绥联防军政治委员、陕甘宁野战集团军政治委员、西北野战军副政治委员。新中国成立后，任中央人民政府委员，中国人民革命军事委员会委员，中共中央西北局第二书记，西北军政委员会副主席、代主席，西北行政委员会副主席，第一野战军暨西北军区政治委员，长期主持西北党、政、军全面工作。是中国共产党第十一届中央委员会书记处书记，第十二届中央政治局委员、书记处书记，第五届、第七届全国人民代表大会常务委员会副委员长。

张秀山，1911年7月出生，陕西神木人。1929年秋加入中国共产党，是西北红军、西北革命根据地和东北革命根据地创建人之一。1943年1月至1944年6月任中共中央西北局组织部副部长。1943年3月至5月任西北党校校长。后任中共中央党校教务处主任，中共松江省委书记，中共辽宁省委书记兼辽宁军区政治委员、党委书记，中共中央东北局常务委员、秘书长，中共中央东北局第二副书记，国务院国家农业委员会副主任等职。

袁任远，1898年5月生，湖南慈利人。1940年11月至1942年9月任八路军第一二〇师第三五九旅政治部主任，1941年4月任第三五九旅军政委员会委员。1940年底参与组织部队在南泥湾屯田开荒，成为陕甘宁边区大生产运动中的一面旗帜。

[①] 本文选自《曹力如》，陕西人民出版社1996年版。

后任中共吉林市委书记、湖南省政府副主席、内务部副部长、第五届全国人大常委会委员等。

张达志，1911 年出生，陕西佳县人，陕北根据地创建人之一。历任西北军政委员会公安部部长，西北公安部队司令员兼政委，兰州军区司令员，中国人民解放军炮兵司令员，中共中央军委委员，国防委员会委员。1955 年被授予中将军衔。

1949 年冬，正当曹力如同志奉命去新疆协助王震同志工作的时候，一场意外的灾祸夺去了力如同志的生命。这个噩耗在西北广大干部和人民中引起了强烈的震动。人们惋惜党失去一个忠诚的共产主义战士、一个优秀的领导干部。每当我们回忆起与他共同度过的艰难岁月，心里就充满无尽的怀念。

曹力如同志和刘志丹同志从上小学时候起，就是同窗好友。在陕北榆林中学读书时，受西北地区共产党组织的创建人魏野畴、李子洲老师的熏陶，接受了革命思想。他曾协助魏野畴抄写、整理《政治经济学基本原理》等翻译书稿，从中学习了不少革命道理。他跟刘志丹等同学一起，宣传新思想、新文化，领导学生运动，被反动军阀诬蔑为"八大罪魁"之一。

在第一次国内革命战争时期，力如同志投笔从戎，先在国民军第二军无线电讲习所学习，后在杨虎城部的炮兵营当中尉文书，1926 年底加入中国共产党。党组织派他到杨虎城的国民军第十军工作，任军政治处代理处长、二师政治处处长等职，随杨部东出潼关，为国共合作进行北伐战争立下了功劳。

"四一二"反革命政变后，杨虎城将军被迫出国，孙蔚如代理第十军军长，蒋介石派人坐镇第十军，监督"清党"。在这危急关头，力如同志临危不惧，机智勇敢地和反动派斗争。他当时担任第十军党的特派员，说服孙蔚如，保护了一批共产党员。"八七"会议后，他担任皖北特委秘书长，多次接受党中央交通转交的任务，派人给河南、陕西两省传递了文件和指示。为了贯彻"八七"会议精神，他离开军队，深入农村，武装工农，反抗国民党的镇压。1928 年 4

月9日，皖北暴动的枪声打响了，力如同志兼任赤卫队大队长，带领工农武装冲锋陷阵，英勇作战。皖北工农民主政府成立时，力如同志任秘书长。在艰苦的革命斗争岁月里，他那无私无畏的精神，机智勇敢的事迹，令人敬佩。

皖北暴动失败后，曹力如同志回到故乡陕北保安县，在刘志丹等同志的领导下，为开创陕甘边的武装斗争做了很多工作。他和志丹同志利用各种关系，分别当上了保安县民团团总和副团总，掌握了地方武装。1931年春，因购买武器的密信泄露，力如同志被捕，关押在国民党榆林监狱。敌人威胁利诱，施用酷刑，企图逼他就范。力如同志大义凛然，坚贞不屈，表现了共产党人的崇高品德。后在党组织的营救下，保外就医，脱险回到家乡。养伤期间，他带病工作，亲自进入敌营，说服民团投降，消灭了白点，扩大了红区。

中央红军长征到达陕北后，力如同志先后担任陕甘省委秘书长、陕甘工委军事部长等职。红军主力西征时，他遵照周恩来副主席的指示，率领游击队和独立营，坚持洛河川的游击战争，消灭了大量的敌人。西安事变和平解决后，他调任志丹县委书记，模范地执行党的指示，使全县的各项工作成绩显著，曾多次在《新中华报》上撰写文章介绍经验。

抗战时期，力如同志先后任陕甘宁边区政府秘书长、财政厅副厅长、绥德专署副专员、延属专署专员、陕北西地区专员等职。他认真贯彻党中央和毛主席的指示，在陕甘宁边区政府主席林伯渠同志的主持下，组织抗战和生产，团结友党友军和各种抗日爱国的社会力量共同奋斗，为把边区建设成为模范抗日根据地作出了重要的贡献。林伯渠同志曾说过："边区经济建设能取得较显著的成绩，是因为有像曹力如同志那样一批勤恳工作的干部。"

解放战争期间，力如同志担任中共中央西北局副秘书长、城工部副部长、榆林军管会主任、陕北行署主任等职。1947年3月，蒋介石、胡宗南部队进犯陕甘宁边区，党中央和毛主席转战陕北，力如同志奉命和王维舟等同志按照中央的统一部署，组织边区机关安全撤离延安，实现胜利转移。我军收复延安后，他在延安地委书记会议上，根据中共中央西北局指示，提出西北地区城市工作的任务和要求，为解放大西北作了准备。1949年10月，新疆和平解放，中共中央西北局派力如同志到新疆担任要职，12月8日，他不幸在西安灞桥牺牲，终年48岁。

曹力如同志不愧是中国共产党的优秀党员、忠诚的共产主义战士。他对党忠心耿耿，为人宽厚沉毅，从不计较个人的名利，不向困难低头。每当他接到党分配的任务时，无论条件多么艰苦，环境多么复杂，总是千方百计地去完成。由于他善于联系群众，依靠群众一道奋斗，所以凡是他工作过的地方，都有新的起色和新的气象。尤其是在陕甘宁边区政府任秘书长期间，林伯渠同志常外出工作，力如同志组织力量，深入实际，根据当时当地的情况，灵活地处理各种重大问题，使各项工作井井有条。他的精明能干、讲求效率以及谦虚谨慎的工作作风，给干部和群众留下了深刻的印象。后来，党派力如同志到新区绥德专署任副专员。当时那里敌情复杂，任务繁重，力如同志在王震同志的直接领导下，紧紧依靠群众，在农村实行减租减息，在抗日民主政权中实行"三三制"，团结开明绅士，深得各界人士的拥护，为稳定新区的安定团结作出了重要贡献。

曹力如同志是在长期的实际斗争中成长起来的优秀领导干部。他熟悉陕甘情况，了解民心民俗，具有丰富的实践经验。他不知疲倦地学习马列主义著作和毛泽东同志的指示，不断提高自己的理论水平。他深入实际，调查研究，善于集中群众的智慧，从分析研究新情况中提出新办法。同志们说，力如同志精干，点子稠，门路多，遇事有办法。1939年1月7日，面对国民党反动派的军事包围和经济封锁，党中央在延安召开生产动员大会，毛泽东同志发出了自己动手、克服困难的号召。力如同志身为陕甘宁边区政府秘书长，负责机关生产委员会工作。他认真贯彻党中央和毛主席的指示，迅速抽调边区政府机关三分之一的干部到马士川创办农场。他带头劳动，深入田间，安排农活，请老农指导，请科学工作者上课，并用生动的谚语总结劳动经验，深受大家称赞。后来，他撰写了《写给延安各机关生产委员会》的文章，提出了完成生产任务以自给自足为标准，注意土地肥瘠，根据土质种植作物，按时播种，讲求耕作方法，搞好耕牛的饲养和使用，要准确计算亩数，允许私人种植小块土地等八项带有政策性、指导性的意见。他这种求实务实、埋头苦干的精神，不但得到领导和群众的重视和好评，而且对于推动当时机关的生产运动迅速而健康地发展起了很好的作用。

曹力如同志目光远，气魄大，顾大局，模范地执行党的抗日民族统一战线政策。他善于争取一切可以争取的人，团结一切可以团结的力量。他和边区的开明绅士李鼎铭、安文钦、霍子乐、刘杰三、霍祝三等人都建立了友谊，与蒙古族上层进步人士友好往来。他遵照党中央和西北局的指示，三次赴榆林做统战工作，每次都圆满完成了任务，并与邓宝珊、左协中等先生交了朋友。他奉命到甘肃固原邀请杜斌丞先生到边区参政。他经验丰富，有勇有谋，讲究斗争策略。1949年5月，在中国人民解放军胜利进军和强大的攻势下，他作为西北军区的全权代表，率代表团和国民党第二十二军代表团进行谈判。他分析形势，申明正义，宣传我党我军政策，指明第二十二军的出路，在原则问题上坚持立场，在枝节问题上不纠缠，使国民党将领心悦诚服，深受感动。我代表团进入榆林时，国民党特务活动猖狂，扬言要杀害曹力如。但是，力如同志挺身而出，率领代表团当夜进城，公开出面，广泛接触各界人士，开展宣传活动，鼓舞了进步力量，打击了敌特威风，谈判很快达成协议，使陕北重镇榆林回到了人民手中。

曹力如同志一贯保持艰苦奋斗、克己奉公的优良作风。他长期主管经济工作，从不乱花一分钱。在那艰苦的岁月里，粮食部门给领导干部每月照顾大米，但他从不去领。他对爱人和子女的要求很严，生活上不许有丝毫的特殊。有了营养的食品，也总是先送给中央领导同志和伤病员。力如同志的这种优良作风，不仅使他自己在短暂的一生中为党为人民作出了卓越的贡献，而且感染、教育了许多青年为革命事业而英勇斗争。

今天，我国各族人民正在一心一意地进行四化建设。为了深切地表达对曹力如同志的怀念，我们一定要学习和发扬他全心全意为人民服务的革命精神和实事求是、艰苦奋斗的优良作风，认真贯彻党的十二届三中全会精神，努力搞好经济改革和对外开放，为振兴中华，进一步开创社会主义现代化建设的新局面贡献自己的力量！

一生短暂却精彩①
——曹力如同志在西北局期间工作回顾

曹力如同志是大革命时期的共产党员，在长期的革命斗争中，为中国人民的解放事业作出过重大贡献。新中国成立初，他在赴新疆任职之际，因车祸不幸英年早逝。人们至今难以忘怀这位把毕生精力献给中国人民解放事业的忠诚的共产主义战士。

曹力如，乳名寒寒，学名崇本，字立如，后以力如为名。1902年1月28日出生在陕西省保安县（今志丹县）旦八镇窎坪村一个农民家庭。

1946年，曹力如同志调任中共中央西北局副秘书长。2月16日（农历正月十五日），曹力如同志代表延安县川口区六乡人民向毛泽东敬献"人民救星"牌匾，表达边区人民群众对领袖的热爱和崇敬。2月19日，他专程赶到瓦窑堡，参加了子长陵落成典礼和公祭谢子长烈士大会。4月任陕甘宁边区革命历史博物馆筹备委员会委员。

1947年3月，蒋介石、胡宗南纠集25万兵力，猖狂进犯陕甘宁边区。党中央和毛泽东英明决策：暂时放弃延安，运用蘑菇战术把敌军拖在陕北，消灭在陕北。

在此关键时刻，西北局常委习仲勋、贾拓夫、马文瑞奉命到前线工作（8月，马文瑞回到后方机关）。马明方副书记及副秘书长曹力如同志留在机关。曹力如同志在延安新市场后沟的窑洞里，召开边区政府紧急会议，迅速传达贯彻中央的决策，部署工作。他向谢怀德介绍陇东的敌情，派他协助张仲良搞好陇东工作。曹力如同志临战沉着地安排工作，有条不紊地指挥边区机关撤退，给大

---

①本文由编者根据陕西人民出版社1996年9月出版的《曹力如》一书整理。

家以鼓励和榜样。

毛泽东、周恩来、任弼时率中央机关和解放军总部转战陕北,指挥全国各个战场解放军同国民党军队进行英勇作战,取得了一个又一个胜利。根据中央部署,为了保卫党中央,牵制敌军兵力,林伯渠、马明方、曹力如、王维舟率领西北局、边区政府、陕甘宁晋绥联防司令部机关、群众团体和家属队,于3月18日晨撤离延安,从另一条路线向北转移。这支转战队伍代号"第五团",又称第二纵队。后来,林伯渠奉命过黄河到山西去了,从国统区回到陕北的西北民盟负责人杨明轩随第二纵队行动。

当时天上有敌人飞机轰炸,地上有敌军追击,情况紧急,条件艰苦。曹力如同志通过电台及时和党中央、西北野战军联络,汇报情况,接受命令。为了打击敌人,保存自己,曹力如同志组织了机关游击队,派杨静仁担任队长。行军时,派李万春、张振邦率兵担负后卫任务。他总是身先士卒,行军走在前面,及时派人侦察,掌握敌情。遇到敌人追击时,他又及时赶到队伍后面,果断决策,掩护转

曹力如

移。在子长县城宿营时，遭到敌机空袭，轮番轰炸，曹力如同志当机立断，命令全部转移到对面的万佛洞。洞外飞机盘旋，炸弹四处爆炸，洞内安然无恙。当敌军袭击靖边县青阳岔时，曹力如同志指挥警卫班用机枪这边扫射一阵，那边扫射一阵，采用声东击西的战术迷惑敌人，掩护队伍安全撤退。

1947年5月14日下午，陕甘宁边区5万军民在安塞真武洞举行祝捷大会。会后，周恩来副主席专程看望第二纵队，和曹力如、王维舟商谈转战和支前工作。周副主席给机关干部作了形势报告，使大家深受鼓舞。根据周恩来的指示，曹力如、杨静仁起草了一份有关统战和城市工作政策的文件，曹力如同志送到前线，由中共中央西北局主要领导签发后，发到边区各地，推动了国民党统治区的地下工作和瓦解敌军工作。

当蟠龙攻坚战，青化砭、羊马河伏击战三战三捷，

1947年，陕甘边党政军同志合影。前排左起依次为：林伯渠、贺龙、赵寿山、习仲勋、张邦英、曹力如。后排左起依次为：王维舟、贾拓夫、杨明轩、马文瑞、姚静尘、常黎夫等

消灭敌军两万多人的消息传来，曹力如同志指示电报员给榆林国民党守军发去明码电报，播发范长江写的歌谣："胡蛮胡蛮不中用，延榆公路打不通。丢了蟠龙丢绥德，一趟游行两头空！官兵六千当俘虏，七个半旅成狗熊。害得榆林邓宝珊，不上不下半空中。"曹力如同志以此歌谣歌颂解放军的胜利，动摇敌人的军心。

在转战陕北的日子里，曹力如同志非常关心中央领导的生活和安全。当中央纵队在青阳岔宿营时，他派行政处干部方锁柱给中央送去一些干菜。得知中共中央和毛泽东来到米脂县杨家沟的消息，曹力如同志派机关运输队的同志，赶了几头骡子，将一批粮食和蔬菜送给中央纵队。为了做好支前工作，他组织边区各县成立支前大队，运送粮食和弹药，转运伤病员，全力以赴支援了西北解放战场。机关从农村收购来生的蜂蜜，他亲自熬好，亲自装瓶，并在瓶口加盖印章，派专人送给中央领导同志。他经常去看望患病治疗的关向应同志，并送去营养品。当王震患病时，他特地从志丹县找来荞麦面送给王震补养身体。

曹力如同志热心妇女和儿童工作，帮助办了不少实事，被中央妇联授予模范妇孺工作者称号。他关心警卫战士，战士家中有困难，他总是写信请地方政府帮助解决。冬天宁可自己受冷，也要把火盆端给战士。对自己、对子女，他要求严格，不让子女到机关小灶吃饭，不让他们有特权思想。粮食部门为了照顾领导干部生活，规定每月供应8斤大米，他一直不让警卫员领。一次，警卫员背着他，领回3斤大米，煮成稀饭给他喝，他严厉批评，并规定："今后你不要考虑我的生活，食堂做什么，我就吃什么。"他带头种菜，整地，浇水，除草，施肥，农活样样精通。他种的西红柿、南瓜长得又大又鲜艳，摘下后全部都送到食堂改善大家生活。他响应大生产号召，加班加点纺毛线，在边区纺线比赛中获得了一等奖。他的身上充满着革命激情，他的品德赢得了人民的信任和爱戴，他的艰苦奋斗作风感染着每个同志。

为避敌锋芒，西北局机关暂渡黄河，驻扎在山西临县南克渠。当时，枣子红了，秋收开始了，曹力如同志及时宣传群众纪律："不准吃老百姓枣子，不许动老百姓的庄稼,买啥东西给啥钱。"两个月后,西北局机关又迁回绥德义合薛家渠,曹力如同志参与筹备西北局义合会议,会上传达了中央土改会议精神,作出了关于彻底完成土地改革和开展整党工作的决定。会后,组织机关干部下乡搞土改试点。

在转战陕北途中,曹力如同志始终与干部战士患难与共。行军时有马不骑,让给同志们驮行李。他和同志们一样,经常吃黑豆,吃多了拉肚子,又没有药品治疗。他派人到国统区想方设法买回粮食、布匹和香烟,力争改善生活。他工作辛苦,白天行军或开会,夜晚在煤油灯下批阅文件,起草报告,鼻孔常常被熏得乌黑。

曹力如同志对党的机要工作非常重视,保密观念极强。他提出"精通业务,严守机密"8个字,严格要求机关人员做到。他对重要电报、重要文件都要逐字逐句审阅,发现错误及时纠正,以保证西北局机关与党中央、西北野战军总部的联络畅通,准确无误。他得知西北国民党统治区的地下工作人员名单不知放在哪个牲口驮子里,马上派人一一查找,直到找到并妥善保管才放下心来。

曹力如同志在转战陕北途中,总是想着别人,忘记自己。他指示总务科:"你们要想办法照顾好马明方、杨明轩同志,想办法给他们弄点好吃的。"赵寿山将军来到边区,曹力如同志专门派人接待,使他感受到陕甘宁边区的温暖。周芝轩因肺病去世,甚至一位马夫因心脏病突发抢救无效逝世,曹力如同志都亲自选择埋葬地点,妥善安排后事,寄托哀思,把党的关怀传递到革命队伍里,使革命队伍更加团结,更加坚强。

1948年4月21日,延安光复,回到人民手中。中共中央西北局机关开始在王家坪办公。曹力如同志组织机关干部和警卫员清理地雷,整理门窗,迅速恢复办公,并组织生产、支前和各项恢复工作。

曹力如同志工作认真、细致,对边区情况了如指掌。对各分区的粮食生产、支前情况、灾情匪情、土改和锄奸保卫工作等,他都有详细摘要笔记。一些重要会议,有时他亲自记录,同时还注意积累解放战争时期的政策和规定,收集和分析其他解放区的经验和做法，为贯彻落实党中央和毛泽东主席的指示，为解放大西北提供决策依据和借鉴经验。

曹力如同志还兼任西北局城工部副部长，他认真领会党的对敌斗争政策，努力搜集敌情和社会情况，总结城市工作经验和教训。在1948年8月召开的地委书记会议上，他代表西北局提出城市工作的方针是"团结与发动一切反蒋胡力量，使之能有力地和野战军行动密切配合，以解放西北广大地区"。他要求："各工委各地委应根据这一形势，在自己工作范围内选择一些我军在今后首先占领和围困的城市，要用很大的力量进行工作。"会后，西北局接连发出《关于收复区和新区敌伪人员处理方针的指示》《关于敌区城市秘密工作的决定》等文件，推动了西北地区城市工作的开展，有力地配合了西北地区的解放。

1949年5月5日，陕北行署成立，曹力如同志担任主任。他要求：行署机关"努力提高干部水平，改进思想作风，贯彻群众路线，以完成各项工作任务"。为了健全工作制度，提高机关工作效率，曹力如同志组织制定了《陕北行署办事暂行简则》，详细规定行文、会议、报告制度、档案、政报、统计、办公制度等程序和规定，努力做到上情下达，下情上达，完成生产和支前任务，推动解放战争胜利进展。

1949年1月31日，北平和平解放。至此，辽沈、淮海、平津三大战役共歼敌154万。4月23日，人民解放军解放南京。4月24日，解放军攻克太原。西北野战军迫近西安。龟缩在榆林城的国民党第二十二军军部和第八十六师，孤立无援，徘徊踯躅。西北局、西北军区审时度势，提出"争取和平解放榆林，以影响西北其他大城市"的方针，并派人联络。国民党二十二军在大势已去的情况下，派出参谋长张之因赴延安谈判。

5月4日，榆林和谈代表团到达延安，被安排住在边区政府交际处。第二天，受到西北局书记习仲勋接见。5月10日，以张经武、曹力如同志为正副团长，李启明、朱侠夫、罗明为成员的西北军区代表团与榆林二十二军和谈代表团正式开始谈判。曹力如同志代表西北军区表示："我们共产党人不欺压人，你们来谈我们欢迎，咱们坐下来好好商议。"谈判时，中心问题有两个，一是榆林实际兵力只有一个师，对方却要编一个军，我方理所当然回绝；二是对方要求部队整编后，解放军少派师、团、营干部，我方坚持要多派。谈判中榆林方面变化反复无常，军长左协中急电停止谈判，要率部北去绥远。团长高凌云急电："余坚决不走。"正当张之因左右为难之时，左协中来电："谈判仍继续进行"，但要求把谈判地点改在榆林城。

1949年5月20日，曹力如同志被任命为中国人民解放军西北军区全权代表兼中共榆林前线临时工委书记。他和朱侠夫、罗明、张汉武，工作人员田子亨、石达康、董英及二十二军谈判代表团，一起坐车北上榆林，继续进行和平谈判。5月22日，抵达镇川堡，在榆林军分区司令部，曹力如同志传达了西北局、西北军区有关和平解放榆林的指示。曹力如同志说："你们在外面围困，狠狠打击潜逃者，让他们插翅难飞出去，我们在里面就有力量了。我们争取和平解放，但不放弃战斗解放的准备。"曹力如同志还宣读了西北局关于警二旅西渡黄河、赴榆参战的电报，会场上顿时活跃起来。他还组织大家研究和平解放榆林的许多具体问题，并要求拟定实施方案。

当时，榆林城国民党特务活动猖狂，反动势力气焰嚣张，大街上出现了反动标语。有人劝说："城里危险，暂不进城。"曹力如同志分析说："若不进城，增加谈判难度；进城后我们可以更多地做分化争取工作。"当夜9时，曹力如同志率西北军区谈判团毅然进入榆林城，住进二十二军招待所。第二天清晨，发现了谩骂代表团的黑条子。所谓"陕北各界人民代表"还登门抗议解放榆林，提出所谓"扫地出门""拷吊地主"等边区土改中"左"的问题，干扰我军解放榆林。曹力如同志严正驳斥对方的诬蔑，正大光明指出："解放榆林是人民的大事，不能由少数人的意志而决定。"

5月24日夜晚，左协中军长陪同代表团到莲花池中山堂看秦腔演出，返回途中，步行到第二十二军军部门前，突然遭到暴徒袭击。暴徒向曹力如同志扔石头。曹力如同志说："我们别管他，敌人是逃不脱人民法网的。"回来后，他照样研究工作到深夜。他提出："放手工作，大胆行动，该做什么还要照样做，该怎么做我们就怎么做，不要让敌人干扰我们，但要提高警惕。"代表团成员不仅在公开场合露面，而且走大街，串小巷，广泛接触各界群众，造成声势，促进了谈判进程。

5月25日，张达志率警二旅及榆林军分区部队等，兵临榆林城下，我军不仅在质量上，而且在数量上也占有优势。5月27日，双方正式谈判，争论的焦点是二十二军改编后，谁担任师长、团长。双方拟定了《榆林局部和谈协议》。当天，曹力如同志通过地下情报站送出由曹力如、朱侠夫署名的信："吴（岱峰）、刘（长亮），谈判已按计划达成协议，望即日加快筹备接管城市事宜，我等安全无恙，不日返回。"

5月28日，中共榆林前线临时工作委员会在榆林城外三岔湾召开扩大会议。曹力如同志主持会议并报告了《榆林局部和谈协议》内容。他强调："我们要有高度的警惕和严密的防备，要以战斗姿态入城，防止不测事件发生。"他要求："严守三大纪律和入城守则，绝不允许违反党的城市政策和工商业政策，严禁个人接受馈赠。"会议决定6月1日举行隆重的人民解放军入城仪式，确定了部队的顺序，步骑兵和轻重武器的配置，同时要求利用二十二军中的进步力量控制北门、钟楼等制高点。

5月29日，双方谈判正式达成协议。曹力如和左协中分别在《榆林局部和谈协议》上签字，曹力如同志立即将《协议》内容电告贺龙、习仲勋并转中共中央西北局。

6月1日是端阳节，塞北古城风和日丽。10时许，中国人民解放军榆林前线步兵、骑兵、炮兵部队，高举毛主席、朱总司令的巨幅画像，全副武装，在曹力如、张达志、吴岱峰、朱侠夫率领下，以三路纵队从飞机场入南门。原国民党第二十二军军部、师部官兵，在参谋长张之因率领下出城迎接。解放军一出现，12响礼炮齐鸣，欢迎群众派出23名代表向人民解放军和榆林军分区的负责同志献礼。沿途受到3万市民的夹道欢迎。5里长街，口号声、军乐声、

1949年夏,习仲勋(前右)、贺龙(前中)、李井泉(前左)等在西安合影

歌声与欢呼声响成一片。城内挂红结彩,4支市民鼓乐队吹奏着欢迎曲,设立了9处开水站。人民群众载歌载舞欢庆榆林城和平解放。

6月2日,中国人民解放军西北军区榆林军事管制委员会成立,曹力如同志任主任,吴岱峰、朱侠夫、张博学任副主任,军管会先后发布了"实行军事管制"的第一号布告,"概以中国人民银行发行的人民币为本位币"的第二号布告,宣布取消伪法院,成立榆林分区和榆林市人民法院的第三号布告。同时,军管会还颁布第一号命令,宣布一切机关部队人员必须严格遵守的八项要求。曹力如同志带头贯彻军管会的布告和命令，以身作则，严格要求。在莲花池召开党委扩大会议时，他发现一名警卫员摘了池塘的一片莲叶，立即下令禁闭3天，并通报各部队和各机关，受到老百姓赞誉。曹力如同志非常重视宣传工作，《榆林报》创办后，他每期都认真阅读，指导报纸宣传重点，及时纠正差错。有一天早饭后，他派通讯员把阅读过的报纸送到报社。四个版面写满了批语和符号，还注明错别字、颠倒字。这种认真、负责、细致、扎实的作风，使报社同志深为感动，决心齐心协力办好报纸。

榆林解放后，遇到的第一个问题是社会治安问题，土匪猖獗，特务破坏，接连发生几起枪击和盗窃案件。6月3日，曹力如同志主持召开临时工委会议，决定采取果断措施剿匪肃特，并派张汉武负责。张汉武向曹力如同志汇报行动方案时，曹力如同志指示部队出动一个连协助搜捕行动。6月4日，部队奇袭匪巢，抓捕土匪、特务20多人。6月15日再次出击，逮捕土匪、特务8人。两次行动打击了敌人的气焰，社会秩序迅速好转，生产和商业恢复正常。

榆林解放后，遇到的第二个问题是粮食和金融问题。当时榆林城有7万人，粮食供不应求。从老区牛驮驴送，远水解不了近渴。从宁夏用几十峰骆驼运来的粮食，军管会没钱买。曹力如同志为此接连几天没有休息好。他签署的催粮电报都加上"火速"二字。当听到有些小单位有钱不往外拿时，曹力如同志对张汉武说："我给你撑腰当后台，只要对革命有利，不要怕骂娘！"经过军管会和各级政府的努力，开发地方财源，开展地方贸易，终于解决了粮食问题。曹力如同志听到一次买到4万斤粮食，真像战场上打了胜仗一样，乐得一下子变成了"老青年"。

榆林解放后，遇到的第三个问题是城外流窜的土匪经常骚扰。6月11日，独一师和榆林军分区抽调部队，奔赴内蒙古伊克昭盟，剿灭土匪武装2000多人，摧毁了土匪联络点，平息了匪患，为第二十二军的整编创造了良好的环境。

榆林解放后，遇到的第四个问题是第二十二军第八十六师的整编问题。为此专门成立了一个整编委员会。曹力如、张达志、朱侠夫经过调查研究，反复协商，先后于6月16日、24日、27日三次向西北局、西北军区发电报汇报官兵思想情绪和有关干部配备等整编问题。他们根据党的政策，妥善安排原国民党官兵。左协中调任陕西军区副司令员，第八十六师整编为西北军区独立二师，高凌云任师长，黄罗斌任政委。整编后，独二师归第十九兵团第六十四军领导，奉命进军宁夏。师长高凌云担心完不成任务，曹力如同志耐心做工作，鼓励说："独一师是参加过解放太原的老部队，与独一师一起行军、宿营、作战，有利于巩固独二师。解放战争已接近尾声，这是独二师立功的一次绝好机会。"临行前，曹力如同志将自己的马鞍赠送给高凌云。高凌云受到启发和鼓舞，带病率部西进。

榆林解放后，遇到的第五个问题是如何医治战争创伤，尽快恢复工农业生产。6月4日，曹力如同志召集地下党员和工、农、商、学、妇代表，共同商议恢复生产、保证供应等紧迫问题。一周内，商店开门营业，学校相继复课，城乡贸易开始恢复，榆林贸易公司以平价供应粮食、布匹、食油和日用品，市民们交口称赞。当榆溪河洪水泛滥，冲垮河堤、淹没农田时，曹力如同志冒雨查看水情，派人堵塞决口，减少损失。并立即组织生产自救活动，渡过灾荒。接着由政府拨款，修建长50米、宽1米的榆溪大渡槽，修通小西门排水洞，消除水灾隐患。保证了650亩地灌溉用水，白菜长势喜人，满足了城市蔬菜供应。

曹力如同志根据榆林手工业生产特点和传统，提出创办毛纺织厂、制革厂和地毯厂。他说："原料就地取材，能增加收入，能安排人员就业。"他的建议后来逐步得到落实。40多年后，榆林毛纺厂等工厂的产品已成为陕北的拳头产品，打入了国际市场。曹力如同志还倡议恢复了榆林骡马交易大会，蒙古族的"边客"赶来了上千匹骡、马、牛，换回他们需要的刀、剪、木器、五金、百货和地毯，促进了蒙汉民族贸易交流，促进了榆林工商业的恢复和发展。

6月14日，原国民党第二十二军左协中军长及军、师、团军官，联名向毛泽东主席、朱德总司令发出电报，表示："坚决拥护中国共产党的各项主张，服从中共中央、毛主席、朱总司令及人民解放军西北军区之领导，依照民主原则在指定的地区改编为人民解放军,脱离黑暗,走向光明,永为人民服务。"

7月11日,毛主席、朱总司令复电左协中将军及国民党第二十二军全体官兵:"接读通电,贵将军等率部接受和平解决方案,使贵军及榆林一带人民咸庆解放,极为欣慰。尚望努力团结部队,加强整训,改善官兵、军民关系,为参加西北解放战争的伟大任务而奋斗!"毛泽东、朱德的复电极大鼓舞了塞北重镇军民,加快了整编和经济恢复工作。

6月18日,在榆林大操场召开了"热烈庆祝榆林市和平解放胜利大会"。曹力如同志在大会讲话时指出:"榆林的解放,不仅是榆林人民的喜事,也是陕北人民的喜事。"他还详细论述了军管期间八项重要工作,号召大家"团结一致,建设新榆林"。

7月5日,在召开的15个行业、800名工人大会上,曹力如同志宣传了党对工商业的政策,宣传了工人阶级的地位和主人翁作用,推动了榆林工商业的恢复和发展。

9月9日,在榆林地区党员干部大会上,他要求不能骄傲、麻痹,不能有"高枕无忧""天下太平"思想,而要提高警惕,完成各项任务,巩固新区。在党的领导下,在人民群众和解放军的大力支持下,曹力如同志理繁治巨,迅速、妥善地完成了和平谈判、接管改编、恢复发展生产等任务。塞北名城欣欣向荣,人民安居乐业,军民同感,巷祝街唱。

1949年9月中旬,曹力如同志奉命回到延安。当时陕北区的中心任务是医治战争创伤,恢复和发展生产,组织力量支援前线。陕北行署领导陕北人民增种冬麦,采摘山货,开荒翻地,发展农业生产。在农村结合评定产量,颁发了土地证,完成了乡一级人民代表大会的改选。还组织老区3万民工支援前线,组织担架队,给前方运送大批粮食和物资,完成了征集新兵任务,有力地支援了解放大西北。

当时西北局和边区政府南迁西安,需要抽调大批干部支援解放大西北接管政权,行署干部思想波动较大。行署机关及时组织干部学习《论共产主义的劳动态度》等文章，耐心做思想工作，使走者愉快，留者安心。

10月1日，中华人民共和国成立。3日，延安各界召开庆祝大会，大会向党中央和毛主席发去致敬电。10月26日，毛主席复电延安和陕甘宁边区人民："延安的同志们和陕甘宁边区的同志们，接到你们的贺函，使我十分愉快和感谢。延安和陕甘宁边区，从1936年到1948年，曾经是中共中央的所在地，曾经是中国人民解放斗争的总后方。延安和陕甘宁边区的人民对全国人民是有贡献的。我庆祝延安和陕甘宁边区人民继续团结一致，迅速恢复战争的创伤，发展经济建设和文化建设。我并且希望，全国一切革命工作人员永远保持过去10余年间在延安和陕甘宁边区的工作人员中所具有的艰苦奋斗的作风。"

曹力如同志立即组织陕北行署机关干部认真学习毛泽东的复电，派干部下乡宣传，同时进行调查研究，拟定了陕北建设大纲，提出恢复发展生产规划，并在县委书记会议上讨论修改定案。在曹力如同志的带领下，陕北行署抓紧川、沟、台地的粮食生产，封闭有树苗的山沟，建立兽医学习班，提高羊羔成活率，鼓励养猪喂牛，重点修建各县至延安的公路，学校恢复上课，开展了大规模的医治战争创伤和恢复生产的运动。

1949年12月初，曹力如同志奉命离任，赴新疆担任新疆省政府第一副主席。西北局派专车到延安接曹力如同志到西安，再转乘飞机到新疆。

曹力如同志迅速交接了工作，在欢送晚会上，他语重心长地说："希望全体干部学习经济建设工作，提高文化理论水平，更进一步建设好陕北。"

12月1日，曹力如同志给陕北区党委、陕北行署领导写信，表示："决心在新疆把工作做好，希望你们来信批评。陕北与延安过去有光荣的历史，今后应当把工作搞好……"

12月3日，曹力如同志给陕北区党委去函："我的答案（指政治理论学习）大体写出……请准许我带到西安面交西北局宣传部。"

12月5日，曹力如同志途经洛川，他寄给陕北行署的信中提出："无政府无纪律乱开支者，要严格批评，不能采取自由主义，也不要怕得罪人。"

曹力如同志还给榆林的崔焕九、贺明堂先生写信，鼓励他们"多看革命书籍，勿离群众立场"。他给志丹县的崔义写信，鼓励他"为志丹县教育努力"。这一封封信凝结着曹力如同志对革命工作的极端负责精神，这一句句鼓励的话语表达了肝胆相照的真诚友情。

谁能料到，仅在3天之后，12月8日，曹力如同志在赴任途中，因车祸受重伤，抢救无效，与世长辞，终年48岁。

12月16日，延安2000人，17日，榆林1万人，分别举行了追悼曹力如同志大会。12月22日，陕甘宁边区和西安市党政军机关2000人隆重举行追悼曹力如同志大会。党中央、政务院、西北局、边区政府、第一野战军及西北各省市机关送了花圈。林伯渠、谢觉哉、彭德怀、贺龙、王震、徐立清等发来唁电，寄托对这位老战友的哀思。

在追悼大会上，中共中央西北局书记习仲勋对曹力如同志的一生作了高度评价。习仲勋说："曹力如同志不幸遇难，党失掉了一位优秀党员，西北人民失掉了一位忠实的勤务员，我们失掉了一位亲密的战友"，"力如同志英勇奋斗二十年如一日，他从不向党讲价钱，从不向困难低头，接到党给予的任务，便奋不顾身地坚决去完成，并能根据具体情况进行工作，这就是他优良的巩固的党性。他敢于对自己和同志进行严格的批评与自我批评，并且有可贵的学习精神。"王震同志在挽联中写道："亲爱的曹力如同志，你为人民服务勇敢无限忠心与模范榜样，尽供同志们学习，我们誓继你未竟的事业而奋斗到底！"

追悼大会之后，中国共产党的优秀党员、杰出的共产主义战士曹力如同志的遗体安葬在西安市南郊小雁塔福利农场（后移葬南郊烈士陵园）。

孙作宾西北任职期的一些事[①]
孙晓东

1947年7月至1952年12月，我父亲任中共甘肃省委副书记、省委统战部部长、省委纪律检查委员会书记。

刚解放了的新甘肃，百废待兴。划时代意义的胜利，使父亲又重新回到他曾经处于地下、舍生忘死战斗过的地方。1937年8月至1939年6月，父亲曾担任中共甘肃工委书记，与八路军驻兰州办事处一起，为恢复和发展甘肃国民党统治区党的组织，开展群众性的抗日救亡运动作出了显著的成绩。八路军办事处（简称八办）主要搞合法斗争，工委主要搞秘密斗争。

八办当时有谢觉哉、伍修权、彭加伦等，工委有孙作宾、刘杰、刘日修、窦志安、蔺克义、郑重远、吴鸿宾等。

谢老作为党中央和毛泽东的代表，经常参加工委会议指导工作，这一时期的甘肃工委就是在党中央领导下和谢老的具体帮助下，与八办紧密合作而完成了党交给的各项工作任务的。这三年发展了大量共产党员，办了大量丰富的宣传抗日的杂志，强化了党员教育。总之，甘肃工委三年来把甘肃抗日救亡运动的烈火烧得旺旺的，把党组织队伍扩充得壮壮的。（具体从略）

张德生书记和我父亲等一班人，到了甘肃（1949年）首先抓的就是建好党、建好政，给人民做好榜样，带领人民前进。

兰州解放的第二天，父亲就召集地下党员会议，充分肯定了地下党组织和党员为甘肃人民的解放事业前赴后继立下了不朽功绩，并鼓励全体党员在建设甘肃的岗位上再立新功。

[①] 本文由孙晓东根据陕西人民出版社2008年12月出版的《孙作宾》一书整理。

父亲协助省委、省政府，主要抓省、地、县各级党政建设工作，选拔各级领导干部7605人，培养少数民族干部近3000人，为经济建设准备了干部条件。

对少数民族地区建党问题，父亲强调要根据少数民族的特点，条件不可过于严格，愿意跟共产党走，承认党纲党章，有代表性的先进分子就可以接收为党员。不能将是否放弃宗教信仰作为入团入党的条件。因为宗教是一个复杂的历史性群众信仰问题，它不可能随着封建制度的消灭而消失。在少数民族的经济文化未得到相当发展，人的觉悟未大大提高之前，宗教信仰将长期存在。而少数民族党员的宗教信仰，在他们入党后经过长期教育，在马列水平和政治觉悟提高的基础上，是会自觉地得到解决的。实践证明，我父亲的这个观点颇有见地，是正确的，得到了习仲勋、西北局和党中央的肯定。

1938年，孙作宾在兰州留影

土改

甘肃省从1951年9月至1952年6月，基本完成土地改革，大约2000多个乡废除了封建剥削的土地所有制，实现了耕者有其田的农民土地所有制，全省共分给农民土地1217万亩。

在土改中，父亲直接参加了临夏地区的土改试点。多年来，党内怕"右"的人多，怕"左"的人少，总认为"左"比"右"好。"群众起来了，对地富打几下没什么了不起"，父亲指出："这种观点看似可以理解，但作为土改工作干部不能将自己的水平降到农民的水平。走路要防跌，赶车怕离辙，我们强调放手发动群众，就是要放按政策办事的正确之手，不能放错误之手，一切违反政策的错误之手都不放。"这种观点旗帜鲜明，给土改干部敲了警钟，因而在临夏地区土改中很少有强迫人、打人的现象发生。

同时他们根据少数民族的风俗习惯、宗教信仰等不同特点，按照习仲勋的指示意见发动群众，即"先做好民族上层和宗教人士的统战工作，然后再去发动群众，不可颠倒过来"。因为少数民族把本民族宗教上层人士都看作自己的代表，视为"神圣"。首先争取上层赞成土改，就是为了争取群众顺利土改。

在没收地主财物时，对有关宗教器具一律不没收。在分配斗争果实时，回民地主的房屋一般分给回民居住，免生民族纠葛。父亲一再说："如果不尊重其思想信仰和风俗习惯，就等于不尊重这个民族，就必定会伤害民族感情，妨碍宗教信仰自由。这不仅是民族问题，也是政治问题。"

父亲还批评一些人患有"左"派幼稚病，他们把宗教信仰、封建制度混为一谈，企图在消灭封建制度的同时消灭宗教信仰。这种盲目的反宗教情绪，完全是政治无知的表现。当时这些问题一露头，父亲就及时进行了坚决纠正，没发生大的偏差。

由父亲、张德生提出并经西北局同意，土改复查时明确宣布：对清真寺、拱北、道堂、喇嘛庙的土地一律不动，已经征收的予以退补。从而消除了误解，促进了民族团结。

平叛的教训

1948年11月至1952年5月，甘肃回族聚居区的临夏、平凉西吉、皋兰和藏区的阿木去乎等地，先后都发生了武装叛乱。其中最严重的波及四五个县，被裹胁和受害群众达二三十万人。父亲当时是主管民族宗教统战工作的省委副书记兼统战部部长,协助省委主持和处理了这些事件,并多次亲临叛乱地区,深入调查,争取上层分子,教育了广大群众,加强了民族团结。

由于这些叛乱都发生在少数民族地区,所以在处理上慎之又慎,事无大小,都是由省委请示西北局和中央同意以后才行动的。只有在政治争取无效或不施军事压力就不可能开展争取的情况下,才实行军事清剿。在军事清剿之后,仍坚持政治争取。当时父亲把这个方针概括为"先劝后打,劝中有打,打后再劝"。政治争取为主,军事清剿为辅,是相辅相成的。

西吉叛乱后,经政策宣传劝解,部分匪首纷纷投诚,绝大多数被骗群众回家生产。但匪首司令马国瑗等未归降,人心仍不安定。为此,父亲和马震武、马忠武、马继武等宗教上层人士商定,由马震武以教主身份向马国瑗发出"叛乱即叛教",谁不脱离叛乱,我即与之脱离两世关系的召唤,劝其迷途知返。特别是习仲勋当面给我父亲与马震武讲清了对叛乱上层分子,"只看现在,不问过去,哪怕他昨天还拿枪和我们对抗,只要今天放下武器,就可以宽大处理"的"来降免死"政策后,父亲与马震武又迅速孤身闯入西吉滩,用党的宽大政策招降了马国瑗。至此,西吉叛乱始告平息,数万群众回复了正常生活。

父亲在总结平息几次叛乱经验时说:"叛乱一般与民族上层人物有一定联系,因此不能当一般的土匪问题或反革命叛乱去处理,而应作民族问题去处理。必要时就是要通过特殊人物来解决问题。"如回区西吉事件、藏区阿木去乎事件,都是分别通过回藏上层代表马震武和黄正清以"慰问团"等方式做了大量说服争取工作之后才和平解决的,最主要的是对当地民族上层分子,坚持反复争取,实行特别宽大的政策,把一切可以争取团结的人尽量争取团结过来。这些问题的解决都是与习仲勋同志的正确指导分不开的。仲勋同志看到当时民族问题的主要矛盾在民族与宗教上层方面,提出一定要先做好争取各民族上层和宗教人士的统战工作,在这个基础上发动群众,进行民主改革。这是仲勋同志理论与实际结合、原则性与灵活性统一的创见。在"镇反""土改"中,他要求列出各民族各教派头人名单,只要靠拢我们,赞成土改的坚决保护过关,集中打击搞现行反革命活动的；提出保留喇嘛寺、清真寺、拱北、道堂土地；牧区不宣传土改，也不提反霸，保护畜牧业等。这种保存一小部分封建，换取发动群众的较好条件，去搞掉大部分封建的策略措施，符合当时实际，在实践中取得了显著的成效，并为实行民族区域自治创造了条件。

主政青海与忍辱负重

1953年1月至1954年6月，父亲任中共中央西北局统战部副部长，兼西北民族事务委员会第一副主任。

1954年7月至1958年3月，父亲调任青海省委第二书记、省长，是中共八大代表。在省委和省人民委员会的统一领导下，创造性地贯彻执行党的民族统战政策，为完成青海发展国民经济第一个五年计划和农业社会主义改造呕心沥血，运筹决策，卓有成效。

父亲一到任就把贯彻党的民族政策，解决民族矛盾和民族纠纷作为重要任务。

1954年12月，他在青海第一届人大会上传达全国人代会精神时，结合青海民族问题的实际，突出地宣讲了我国第一部宪法中关于加强民族团结平等的政策。他说："团结就是力量，团结就是幸福，凡是与民族团结平等相违背的政策，都是不利于各族人民的。"

他每到一个地区或单位，都要求党员和干部努力学习党的民族政策，热爱各族人民，尊重各族人民的主人翁地位，树立为少数民族服务的光荣感和使命感。

他到宗教寺院和民族聚居地区，总是向宗教上层人士耐心宣传党的民族政策、宗教信仰自由政策，要求大家在平等团结的民族大家庭中和睦相处。

他是新中国成立后到玉树、海南、果洛的第一位省长，在这三个地区先后召开干部、宗教代表、民主人士参加的各种座谈会十多次，有针对性地宣传了党的民族宗教政策，解答了他们提出的问题，消除了他们的种种误解和疑虑。

在少数民族牧业区，如何进行社会主义改造？父亲强调：从有利于民族团结，有利于和平改造，有利于发展生产、改善人民生活的原则出发，采取慎重缓和的方式，坚持不分不斗、不划阶级、牧工牧业主两利和扶持贫牧发展生产的政策，自上而下，共同协商进行。

他认为："民族地区的主要矛盾是民族矛盾，也包含着阶级矛盾。"在当时的历史条件下，他大胆提出这个命题，不仅说明他对民族问题有精深的研究，也说明他很有政治胆略。

从1957年到1958年，在全国范围内进行了整风反"右"运动。其时由于党内"左"的思想大行其道，加上当时青海省委主要负责人听不得逆耳之言，把许多探索性的意见和善意的批评视为"反党反社会主义""向党猖狂进攻"，从而错划了一批直言敢谏的同志为右派。

当时的青海省委把父亲批评个别领导工作中缺少商量作风说成是"对党不满""在党内制造分裂""搞宗派"等，把父亲提出的"按照民族特点处理民族矛盾"诬为"夸大民族矛盾、否认阶级斗争"，把"适当放缓畜牧业社会主义改造的步子"的意见，诬蔑为"要党让位于剥削阶级"，指责父亲"完全背叛了党，成为了牧主、头人在党内的代理人"。

1958年3月8日，省委二届五次会议决定，开除孙作宾党籍，撤销党内外一切职务，定性为极右分子，被贬职为青海省图书馆馆长，此帽子一戴便是20年。

在那个特殊的时期，习仲勋叔叔无法在政治上保护我父亲，但在讨论父亲被打成右派后的级别待遇时，习叔叔坚持说："孙作宾是个老同志，孩子多，还是保留个高干待遇吧。"这样我父亲的行政级别才得以保留到十三级。

在政治上倍受打击，心情极度苦闷的时候，父亲真正的朋友和战友们没有忘记他。在父亲身处困境，周围人避之唯恐不及的情况下，1958年，时任国务院秘书长的习仲勋叔叔从北京乘飞机来到西宁，约父亲到西宁宾馆相见，见面时两人紧握双手互道问候，父亲问他："习兄，你是来西边视察来啦？"习仲勋回答："视察个啥，我是专门来看你老兄的，你在难中嘛！你要多保重，家里的孩子、夫人及老人均好吗？"一番知心的问候，感动得我父亲热泪盈眶。随后，两人进行了长时间的谈话。当问及父亲年龄时，父亲回答说49岁，习叔叔说还有机会，事情总会搞清楚的，鼓励父亲不要悲观，要搞好身体。这次会见，父亲感念颇深，习仲勋叔叔的厚德、诚恳给父亲压抑的心灵带来了温暖和鼓励。这一切是难以用语言表达的。

此外，杨明轩、邓宝珊、高克林、杨子蔚、喜饶嘉措，还有父亲的一些老部下，也悄悄来图书馆看望父亲。这些老同志、老战友的关心，都给了身处逆境中的父亲莫大安慰。在后来的日子里，父亲多次给我们这些子女提及这些往事，对我们如何做人教育意义很大。

晚年的父亲，双目几近失明，2002年5月24日习叔叔因病逝世，父亲闻此消息，悲痛不已，老泪纵横，不停地哽咽着，喃喃地说："他怎么就走了，他比我还小几岁呢！"志同道合、亲如兄弟的知己从此无法相见，再也不能秦声盈屋，相聚畅谈，父亲失落的心情溢于言表。遭受病痛的折磨，又受到习叔叔病逝的打击，从此父亲茶饭不思，很少言语，身体每况愈下，同年8月1日，父亲也走完了他的一生，带着无尽的思念追随他的战友们而去。回想老一辈之间的情谊，以及他们虽坎坷一生、却矢志不改忧国忧民的情怀，严以律己、宽厚待人的胸襟，一身正气、敢于担当的精神，真是感人至深，永远值得我们铭刻在心，学习一生、受用一生。

孙作宾之子孙晓东先生与本书主编交谈

第三部分 浩然伟业

建国初期彭德怀开发建设大西北的构想和实践①
祁若雄

新中国成立后，彭德怀在出任中共中央西北局第一书记、西北军政委员会主席期间，对如何开发建设大西北进行了一系列构想，并作了许多有益探索。本文拟就彭德怀开发建设大西北的构想和实践中的几个主要问题作一探讨。

一、在调查研究基础上对发展经济作全面规划，
不同地区给予不同任务

大西北土地辽阔、民族众多、资源丰富，具有开发建设的良好条件。但是，由于历史原因，这里又十分贫穷，经济发展远远落后于全国其他地区。同时，陕、甘、宁、青、新五省区之间的自然条件、人口分布、经济状况又有着很大的差异。如青海地处高原，以牧为主，而新疆多戈壁沙漠，属半农半牧，两地都蕴藏着丰富的矿产。甘肃和宁夏以农为主，自然条件比较差。只有以农为主的陕西自然条件较好，经济发展程度相对较高。在人口分布上，青海和新疆地广人稀，陕西、甘肃和宁夏人口相对较多。除此外，新疆、青海、宁夏和甘肃的一部分地区又是少数民族聚居的地方。

面对大西北这种复杂区情，彭德怀认为开发建设大西北首先要深入调查研究，他不仅要西北各省领导深入调查研究，而且自己率先垂范。在主政西北期间，彭德怀一方面挤时间研读了大量有关西北五省的地方志、历史资料，以及左宗棠文集，同时找熟悉当地情况的人士询问和座谈，以了解西北的历史和现

---

① 本文原载《中共党史研究》1999年第1期，内容有删改。

状。另一方面仍然保持着战争年代亲临前线的工作作风,于1949年和1950年先后两次专程到新疆实地调查。他多次告诫干部一定要深入实际、深入到生产第一线去,而不能坐在办公室里,靠发号施令去指导生产。

通过大量的调查研究,彭德怀在中央人民政府委员会第五次会议上提出:"西北目前工作计划是按照不同情况的地区,分别给予不同的工作任务。"①他还就此致电习仲勋指出:"各项工作必须有一个全盘(五省)筹划,尤其是经济建设,使生产运销走上比较计划性。贾拓夫同志应立即交出西安市长、军管会工作,把全部精力放在计划西北经济建设上。使西北在战争结束后,财经开支必须做到量入为出,银行发行(货币)尽可能用在发展生产。"②1949年11月15日,彭德怀专门就1950年西北地区经济建设的初步安排向毛主席作了报告。1950年8、9月间,他主持召开中共中央西北局常委会,研究制定西北地区三年经济建设计划草案。在会上,彭德怀就其中的工矿企业布点、农业机器的制造、石油和有色金属勘探等提出了具体明确的意见,并表示该计划尚不完整,只是个轮廓,还要逐渐充实。但总的目标要定下来,发西北五省一市(西安市)征求意见。③

彭德怀元帅

搞经济建设要注重调查研究,进行全面规划,不同情况的地区给予不同的任务,这是彭德怀40多年前对开发建设大西北的重要论述。时至今日,它仍应是西北五省区乃至全国发展经济、搞建设所要遵循的一个基本原则。

---

① 1950年1月7日《人民日报》。
②《彭德怀传》,当代中国出版社1993年版,第388页。
③《彭德怀传》,当代中国出版社1993年版,第391页。

二、培养少数民族干部和提高干部素质对开发大西北最为重要

随着西北各省相继解放,党在西北的工作重点开始转向经济建设。怎样才能搞好大西北的开发建设呢?彭德怀提出了干部问题特别是培养少数民族干部和提高干部素质对开发大西北最为重要的主张。

对培养少数民族干部,彭德怀是高度重视的。1950年1月,他在中央人民政府委员会第五次会议上指出:西北是多民族地区,要坚持民族平等的政策,大力培养各少数民族干部。①2月3日,彭德怀主持召开的西北军政委员会第一次行政会议通过决议,报请政务院批准,在兰州设立民族学院以有计划地培养少数民族干部。同时,明确要求西北各省举办少数民族干部学校和训练班。针对部分汉族干部存在着"少数民族信仰宗教、不吃猪肉,是落后的表现,很难发展党员"的错误认识,彭德怀进行了批评教育:我们共产党人是唯物主义者,主张无神论。但我们又坚持具体情况具体分析,必须看到少数民族的一些风俗习惯是长期社会历史条件形成的。吸收少数民族中的先进分子入党,要从当地的具体情况出发,主要根据他们的觉悟,在过去革命斗争及当前实际工作中的表现,不能光看是否信仰宗教,是否吃猪肉,蒋介石吃猪肉是反革命,马步芳不吃猪肉也是反革命。②

经彭德怀努力,一年之内西北地区培养了近万名少数民族干部,成绩显著。彭德怀还多次就如何提高干部素质以适应开发建设大西北的需要发表过意见。1950年1月,他在西北军政委员会第一次会议上指出:"各级政府对工人教育、社会教育及少数民族的教育工作,均应予以足够的重视。为适应各种必须的社会改革和建设事业,应有计划地轮流训练大量的在职干部和培养技术干部。"③8、9月间,他在中共中央西北局常委会上强调要尽快培养出一批搞经济建设的新干部。④彭德怀离开西北去朝鲜战场后,仍很关心这件事的进展情况。1951年

---

① 《中国共产党新疆历史大事记》,新疆人民出版社1993年版,第21—22页。
② 《彭德怀传》,当代中国出版社1993年版,第394页。
③ 西北局《党内通讯》第九十一期。
④ 《彭德怀传》,当代中国出版社1993年版,第391页。

12月12日，他在写给习仲勋的信中建议："今冬明春在陕西境内完成土改后，须与马明方同志商量抽调一批有文化有经验的干部，加以短期训练，转向工业方面，准备迎接一九五三年全国大规模经济建设之需要。"①培养少数民族干部和提高干部素质，对于今天西北各省来说仍是一个重要课题。

三、人民解放军要成为建设新西北的重要力量之一

1949年12月5日，中国人民革命军事委员会发出指令，号召人民解放军除继续作战和服勤务外，应当担负一部分生产任务，借以协同全国人民克服长期战争所遗留下来的困难，加强新民主主义的经济建设。

为了把这一指示同大西北的开发建设很好结合起来，彭德怀提出人民解放军要成为建设新西北的重要力量之一。他说："这么多部队，全靠国家养，是个大问题，应该搞生产。""在和平时期，人民解放军要继承以往艰苦奋斗的传统，成为生产建设中的主力军，成为建设新西北的重要力量之一。"②在彭德怀的主持下，西北军区于1949年12月27日发出指示，要求西北部队的绝大部分必须积极参加生产建设，"应同战争一样的勇敢坚决、积极负责，充当开发大西北的先锋"。③彭德怀还号召当地驻军要在边疆地区安下心、扎下根，和各兄弟民族一起把西北建设好。1950年1月，彭德怀在西北军政委员会第一次会议上指出："现在西北五省已全部解放，他们正在进行冬季整训、剿匪和做地方工作，并积极准备生产。按各地区不同条件，准备垦荒，兴修水利，建筑铁路、公路等，禁止从事商业。对于生产的结果，遵照毛主席关于军队参加生产建设工作的指示实行公私兼顾，生产红利百分之四十归生产者个人所有，其余归该生产单位及国家所有。驻新疆的部队有十余万参加生产，准备开荒六十万亩，每亩产粮以五斗计，可获粮三十万石；种棉五万亩，每亩产棉以

---

① 档案1-1号全宗1／3号卷，新疆维吾尔自治区档案馆藏。
② 《彭德怀传》，当代中国出版社1993年版，第391页。
③ 《彭德怀传》，当代中国出版社1993年版，第392页。

二十斤计，可获棉花一百余万斤。陕、甘、宁、青各省驻军估计将有四十万人以上参加生产。这一支生产大军，有高度的政治觉悟，有过去的生产经验，相信他们一定像完成战斗任务一样地坚决勇敢胜利地完成生产任务。"①

自1950年春开始，人民解放军广大指战员以高度的热情在西北各省开展了大生产运动，取得了十分显著的成绩。据不完全统计，一年来开荒种地160多万亩，兴修水利19处，可灌溉170多万亩耕地，饲养牛羊猪等16.8万只，还开办了煤窑、金矿、造纸厂、木工厂等。并有近10万指战员参加修筑天宝和天兰铁路，仅天宝段就完成了300多万立方米土石方工程。这些事实表明，人民解放军已成为开发建设大西北的重要力量。

四、经济建设在一定时期内应以农牧业为主

西北有着发展农牧业的良好自然条件，农业和畜牧业在当地经济中占很大比重。据统计，新中国成立前夕农业占西北经济的75%，畜牧业占20%以上，近代工业及手工业只占不到5%。但是，由于历史等原因，西北农牧业基础设施和生产条件较差，抵御自然灾害的能力低，生产不稳定，许多地方处于"靠天吃饭"的状态。尤其是1949年秋，西北许多地方遭灾，50多万人生活发生困难，广大新区因久受国民党反动统治的掠夺压榨而导致普遍春荒。与此同时，西北五省相继解放后，接收了大批国民党军政人员并组建了各级政权，致使军政人员数量达百万以上，约占总人口的4.5%，粮食等生活必需品的供需矛盾十分尖锐，当时新疆的情况就充分说明了这点。1950年1月2日，彭德怀在致毛主席电中指出："关于新疆粮食困难是本年严重问题之一"，"唯北疆迪化区驻军十余万，粮食困难异常严重，迪化存粮仅五千石，一至九月所需粮食十五万石，缺少十四万五千石"②。

正是基于上述情况，彭德怀主张西北的经济建设在一定时期内应以农业和

---

① 1950年2月1日《新疆日报》。
② 区党委办公厅1950年中央电报卷（长期8号卷），新疆维吾尔自治区档案馆藏。

畜牧业为主。1950年1月,他在西北军政委员会第一次会议上指出,在一定时期内,西北地区的经济建设,应以农业和牧畜业为主。在农业方面,必须提高农民生产热情,改良种子和农作法,恢复和发展水利,并注意森林和草原的保护与培植,防治灾害,以完成中央人民政府交给我们的1950年的任务:增产粗粮3.3亿斤,增产皮棉12万担。甘、宁、青、新等省牧畜生产不应低于1949年的水平。

在彭德怀的领导下,经西北各级人民政府和全体人民的努力,到1950年底,西北的农业和畜牧业有了很大的发展,粮食夏秋播种面积达1亿亩,接近战前水平。开荒200多万亩,恢复水利灌溉面积370万亩。畜牧业当年保持住了原有水平,逐步求得了恢复。农业和畜牧业的恢复和发展,为开发大西北提供了充分的物质保障。

五、大力改善交通是发展经济的先决条件

新中国成立之初,落后的交通状况严重制约着大西北的开发和建设。彭德怀对于交通在开发建设大西北中的重要性有着十分清醒的认识,提出了大力改善交通是发展经济的先决条件的论断。

1949年12月29日,他痛切地指出:"新疆地区辽阔,交通运输困难,不仅从内地帮助困难,即使新疆本身要从粮食较多的南疆运粮到粮食困难的北疆,也须经二千余里路程。运一石粮到新疆要十余石军费。"①为大力改善西北交通状况,彭德怀主张要抓住铁路这个重点,强调修筑铁路是发展西北经济最重要的事情。1949年11月15日,彭德怀在给毛主席的报告中要求除修筑天(水)宝(鸡)铁路外,还应"在中央人民政府铁道部帮助下修筑天(水)兰(州)铁路",②1950年1月2日,彭德怀又向毛主席和中央致电建议:"可否商议请苏联与中国合作,由塔城或伊犁向迪化及哈密修筑铁路。"③彭德怀的这些

---

① 新疆分局办公厅1949年永久16号卷,新疆维吾尔自治区档案馆藏。
② 《彭德怀传》,当代中国出版社1993年版,第389页。
③ 区党委办公厅1950年中央电报卷(长期8号卷),新疆维吾尔自治区档案馆藏。

建议得到了毛主席和党中央的赞同。在中央支持下，他调动近10万军队参加天宝和天兰铁路的修筑，并计划完成后，争取再向西北延伸，最终修达新疆。在修筑过程中，彭德怀经常直接检查进展情况，随时找有关领导一起研究，一个一个地具体解决施工中的困难和问题，确保工程顺利进行。并邀请吕正操副部长和苏联专家视察工程的进度和质量，交换对西北交通建设规划的意见。经彭德怀努力，到1950年底，西北原有铁路均已迅速修复通车。天宝和天兰铁路不仅顺利开工，而且当年就完成了总土石方工程的40%和50%。

除铁路外，彭德怀还致力于西北航空的发展。那时，仅靠自己的力量发展航空，对于刚成立的新中国来说是十分困难的。为此，他于1949年12月29日向毛主席和中央建议："西北地区地域辽阔，交通不便，影响工作指导甚大，故须与苏谈判，把阿拉木图、迪化、哈密民航协定继续延伸兰州、西安及北京。"毛主席和中央采纳了这一建议，经中苏两国政府谈判，于1950年3月27日正式签订了《关于创办中苏民用航空股份公司的协定》。对公路建设，彭德怀也很重视，除于1950年1月及时作出修复被敌破坏之主要公路的安排外，同年4、5月间，他还不辞劳苦地踏上雪积冰封的青藏高原，亲自勘察确定了修筑青藏公路的线路，并组织以军队为主的人力物力开赴工地进行施工。彭德怀离开西北后仍关心着西北的交通建设，还特意把朝鲜这方面的经验介绍回来供参考。

今天，大西北的交通状况虽有很大改观，但同全国其他地方相比仍有相当差距，依旧制约着西北的经济发展。由此可见，彭德怀40多年前关于大力改善交通是发展西北经济的先决条件的论断，对于我们继续建设大西北仍有重要指导意义。

六、积极引进外国资金技术和开展对外贸易，以加速大西北的开发

如何才能更快地开发建设大西北，是彭德怀在主政西北期间经常思考的问

题。他通过调查研究和反复思考后提出,除自力更生、艰苦奋斗外,还应积极引进外国资金技术和开展对外贸易以加速大西北的开发。

彭德怀针对大西北丰富的矿产资源都沉睡地下,而新中国财力有限,不能马上投入大量资金进行开发的实际,在国民党政府曾派张治中同苏联政府谈判过两国合组公司开发新疆矿产资源一事启发下,认为可以引进外国资金技术,用中外合资的方式来开发西北的矿产资源。1949年12月29日,他向中央建议:"实行新疆与苏联地方性的经济合作,以逐渐开发新疆资源。过去张治中时代曾与苏方谈判中苏合组石油公司及稀有金属和有色金属公司,并有协定草案。此两公司最好能即谈判成立。"[1]中央进行认真研究后,就此报告给正在访苏的毛主席,经毛主席同意,中苏两国政府代表通过谈判于1950年3月27日在莫斯科签订了《关于在新疆创办中苏有色及稀有金属股份公司的协定》和《关于在新疆创办中苏石油股份公司的协定》。

为促进大西北的经济发展,彭德怀还不遗余力地倡导大西北开展对外贸易。1949年12月29日,他向毛主席和中央建议,利用新疆与苏联接壤的地缘优势开展对外贸易,即"新疆与苏联须即正式通商,使新疆能以土产换到苏联必需品的供应。"[2]1950年1月2日,他又致电毛主席,要求通过对苏贸易采购粮食2万吨,部队大衣10万套、棉装20万套、棉帽20万顶、衬衣20万套和大批的棉布,载重4吨或5吨的卡车1000辆,棉籽10万公斤,生产工具6.5万件。[3]

彭德怀关于开发建设大西北诸方面的构想和实践,充分显示出了他的远见卓识。虽然彭德怀所倡导和规划的许多方案并未能在他主政西北期间全部实现,但大西北今天各项建设所取得的辉煌成就充分证明了其构想所具有的科学性和合理性。

(作者单位:中共新疆维吾尔自治区委员会党史研究室)

---

[1]《彭德怀向毛主席报告新疆工作各项问题》,新疆维吾尔自治区档案馆藏。
[2]《彭德怀向毛主席报告新疆工作各项问题》,新疆维吾尔自治区档案馆藏。
[3] 区党委办公厅1950年中央电报卷(长期8号卷),新疆维吾尔自治区档案馆藏。

西北解放战争中的彭德怀与民族工作[①]
牟慧芬

1949年7月,我中国人民解放军第一野战军在西北战场上进行的扶眉战役,拉开了解放大西北的序幕。

西北地区是少数民族大量集中的地区,尤其是中国的大多数回族都居住在这里。在短期内解放这一广大地区,首先要做的不仅是歼灭国民党残余部队,还要解决好民族问题。彭德怀在担任西北人民解放军最高统帅期间,创造性地运用党的民族政策,高瞻远瞩制定民族团结的战略,为迅速解放大西北,巩固边疆,建立人民政权,实现民族平等和繁荣作出了卓越的贡献。

一

在胡马国民党军进攻陕甘宁边区时,彭德怀就已经为解放大西北的民族问题进行筹划和设计,表现出了一个无产阶级战略家的博大胸怀和长远眼光。1947年5、6月间,我西北野战军在青化砭、羊马河、蟠龙三战三捷后,移兵陇东寻机歼敌,打击了进犯边区的宁马和青马部队,俘虏了一批回民官兵。战后,彭总在听各部队汇报时,有人谈到俘虏的这一批回民官兵拒绝和汉人俘虏一起吃饭。彭总敏锐地指出:"这件事从表面看是个生活小事,实质上却事关重大。如何优待俘虏,我党我军现行的不杀、不打、不骂、不搜腰包,留去自愿的优待俘虏传统政策是完全正确、行之有效的。可是我西北人民解放军所面对的敌军中有相当大的部分是'五马'军队。其中青海马步芳的第八十二军,曾经残酷地杀害过长征时我西路军俘虏,害怕我军报复,特别顽固。根据这个

[①] 本文原载《功昭千秋的彭大将军——彭德怀生平与思想研究文集》,当代世界出版社1999年版。

现实情况，要在现行优待政策基础上再加一个对回民俘虏特别优待的规定，很有必要。"彭总将起草这一规定的任务交给了当时任西北野战军联络部部长的范明。事后，范明起草了优待回民俘虏官兵的"特别守则"，具体规定了清真灶、宗教活动、通行证及路费等等。彭总批准后，颁发全军执行。

就在这次陇东战役的华池将台战斗中，宁夏马鸿宾第八十一师第一七九团团长马奠邦被我军俘虏。彭总亲自对马做工作，对马奠邦以礼相待，向其介绍全国解放战争的大好形势，交代党的民族政策。还谈到红军长征到宁夏同心县时，当地群众说马鸿宾是个好人，嘱咐马奠邦回去后代问马鸿宾好。临行前，我军又送其路费和乘马，设回民宴饯行。这使马奠邦大为感动。回宁夏后，马鸿宾为我方诚意所动，立即释放了拘押在中宁的我18位同志。从此以后，马鸿宾所部在内战中总是按兵不动，待机起义。

西北反动的马家军阀马步芳、马鸿逵早就策划了利用少数民族反对解放军的政治阴谋，极力向群众灌输仇共思想，用欺骗手段煽动狭隘的民族情绪，散布"共产党来了要杀回灭教"，在临夏清真寺公开宣讲"舍命保教，为穆民的西北军政长官马步芳出力报效"等等，妄想使我人民解放军在民族地区陷入泥潭。彭总早就注意到这一问题，认为最好的形式就是通过俘虏做这一工作。

扶眉战役之后，第一野战军乘胜发起了对青宁二马的追击战。固关镇一仗，我一兵团全歼青马骑兵第十四旅，俘虏敌副旅长及一批官兵。青马是西北国民党反动武装中最有战斗力的顽敌，也是一支最封建、最顽固、受毒害最深的军队。在俘虏身上体现党的民族政策，让俘虏以切身感受向群众宣传，是击破反动欺骗最有力的证明。对这批俘虏，我军严格按照对回民俘虏特别优待的政策，有伤的治伤，有病的看病，另起伙食，允许礼拜念经。经教育释放时，每人又发3块银元作路费。

我军优待俘虏特殊政策，收到了良好的效果。宁定县（今属广河县）城西北三字沟的回民群众在解放军进入该地时，不但没有躲避，还提着点心牵着羊，像迎接亲人一样迎接解放军。该村的回族老人马维富说得好："解放军没来时，

彭德怀副总司令亲临前线指挥作战,这是在武乡县关家垴前线的炮兵哨所,距敌人仅有500米

马步芳的队伍说,共军来了要把回民杀光、糟蹋妇女,强迫回民吃大肉,我们很害怕。可是,前几天,我们庄里回来了一个在马步芳骑兵第十四旅当兵的,他在固关镇和解放军打仗受了伤。解放军的医生给他上药包扎治伤,放他回家时又给他3块白洋作路费。他说,亲眼看见解放军不抓兵,不要款,买东西给钱,对老百姓和气。这几天过队伍,我们看到解放军果不虚传。"8月9日,彭德怀在给毛泽东主席的报告中也提到了这一点:"七月中旬放回王治歧部俘虏数百人。最近,放回青马俘虏百余人,每人发银洋3元,沿途宣传我军优待俘虏与回民。我军深入甘肃,回民欢迎与汉民无异,拟继续放一批回青、临夏,揭破马步芳多年来之各种欺骗宣传。"

马家军队大部分是被抓来的或被胁迫欺骗来的壮丁,我解放军通过宣传党的民族政策,特别是对俘虏的民族政策,使他们切实感受到共产党政策的英明伟大,他们回到家乡后将自己的经历传播开来,使马家集团散布的种种谣言不攻自破。

二

　　我军不扰民，尊重少数民族风俗，不进清真寺，不在回民住宅附近宰猪，不借用回民灶具，战士们帮助群众解决困难等等，也是我解放军顺利进入民族地区，得到少数民族群众拥护的一个方面。

　　当我解放军即将深入民族地区时，彭德怀便从各方面了解当地人民群众的风俗习惯，并专门找来第六十二军政委鲁瑞林（鲁为甘肃临夏鲁家沟人）细谈。临夏是回族聚居地，又是国民党西北青宁二马的老巢，青宁二马中的多数中下级军官都来自临夏，反动势力比较强大。再加上历史上遗留下的回汉隔阂，如果我们解放民族地区时，稍有不慎就会被敌人所利用。在彭德怀的主持下，我解放军制定了进入回族地区应如何尊重回族风俗习惯和宗教信仰的守则，特别对团结回族同胞作出了具体规定。要求部队充分发挥"是战斗队也是工作队"的作风，一面作战，一面做好新解放区的群众工作。

　　我二兵团四军进入回族聚居的张家川地区后，认真执行《第四军纪律委令》，部队首长参观了张家川清真寺，举行小型座谈会，宣传党的民族宗教政策。战士们在清真寺门上贴上"宗教信仰自由，保护清真寺"标语，张贴《中国人民解放军约法八章》等。有的连队（回民连）官兵现身说法，向回民宣传，消除了群众的疑虑。有的连队见房主不在，宁愿露宿，也不进回民住房。在短短时间里，回民了解了共产党对少数民族的政策，感动地说："只有共产党才把我们回民看成一个民族，尊重我们的民族习惯，今后只有跟共产党走，才能过上安居乐业的日子。"远在会宁、定西、临夏的一些回民，也跑来关心地打听"回民怎么样啦""清真寺怎么样啦"，当看到解放军对群众秋毫无犯时，也都放心地回去了。

　　因此，当我人民解放军进入临夏地区时，回汉人民群众涌上街头，争相迎接。当时，进入临夏的先头部队一兵团二军军长郭鹏、政委王恩茂，在发给彭德怀的电报中说："我六师本日（8月22日）十四时进占临夏，韩起功匪军向循化逃跑。韩匪本日早逃走后，临夏人民即组织欢迎解放军。从三十里铺起，沿途回汉人民夹道欢迎，尤其是城内和城关，张贴欢迎标语，人民成群结队，鸣炮、鼓掌、欢迎之声与隆重，为我西进以来所未见。"彭总看罢，感慨不已，提笔在电文后写道："我二军于临夏，青宁马匪首老巢人民，对解放军竟如此热烈。"由此可见，在彭德怀同志亲自主持下制定的具体的民族政策，在解放民族地区中发挥了积极的作用。

三

为了加快西北的解放进程，减少各民族人民的痛苦，尤其是在解放大军所向披靡，以摧枯拉朽之势摧毁西北国民党反动统治之际，使那些被欺骗的国民党民族官兵减少流血，彭德怀同志创造性地运用党的民族政策，团结民族宗教上层人士，发挥他们的影响力，尽力实现和平解放。在彭总的关心下，我军在解放青海、宁夏、新疆时，都联系了与这些地方国民党军中有较深渊源和亲戚关系的民族宗教上层人士，组成和平代表团，为这些地区的和平解放奔走呼吁。

在向青海进军时，一兵团司令员王震找来临夏开明人士、与马步芳有亲戚关系的回族上层马丕烈，请他一起去解放青海。马丕烈以前在青海做过事，认识好多人，现在要他为解放青海出力，便高兴地答应了。在马丕烈的提议下，又请了马步芳的叔父马良及另外两名汉族代表，组成了一个赴青海的临夏和平代表团（也称劝降团）。

马丕烈等随王震司令员到循化后，得知黄河北岸有敌马全义的步兵军防守。为使我解放军渡河不受损失，经王震司令员同意，马丕烈、马良立即给马全义写信，一是劝其就地起义，一是让其马上让开，不要抵抗。马全义接到信后说："这是我们大大的亲笔字呀。"第二天马全义就撤了。

马丕烈先一兵团到西宁后，先后到上五庄、三角城，规劝在兰州战役中败下来的马步芳军、师、旅、团长多人，向他们介绍临夏解放的情况，宣传解放军西进的形势，宣传党的民族宗教政策等。在马丕烈的耐心劝说下，连一些准备逃到西藏去的官兵也都打消了顾虑，放下武器向解放军投诚。

进军宁夏前夕，彭总依然牵挂着我与宁夏有联系的旧人帮助工作的问题。一日，他对范明讲："现在，十九兵团即将进军宁夏，马鸿逵和马鸿宾两个军实力虽然还较强，但他们和咱们有联系，估计在大势已去、大兵压境的情况下，争取和平解放的可能性是有的。你们联络部要主动联系一下，配合十九兵团做好这方面的工作。"

　　事后，决定请在兰州、宁夏伊斯兰教上层人士中有较高威望的郭南浦老人同马守礼、马季康等人去宁夏进行和平解放的劝和工作。为此，十九兵团司令员杨得志、政委李志民多次去郭南浦家看望。郭欣然答应去宁夏向马鸿逵、马鸿宾通报信息，他说："我与他们虽不同姓，却系同族同教。我愿将大军对回族之情谊和为国为民的宗旨转告他们。"

　　9月6日，以郭南浦为团长的赴宁夏和平代表团从兰州起程，经华家岭、固原、同心、中宁，于9月14日夜到达银川。在争取国民党第八十一军起义的过程中，郭南浦率领的和平代表团冒着生命危险，驱车穿越火线，在中宁、银川做了不少工作。八十一军的起义，为瓦解国民党宁夏兵团军和迅速解放宁夏作出了贡献。之后，彭总发来祝贺电，马鸿宾等给彭总复申谢电。为感谢郭南浦先生为宁夏和平解放所做的努力，十九兵团首长联名将一面绣有"和平老人"四个大字的锦旗送给郭老先生。

　　彭总还致力于党的民族团结。对那些国民党地方官员、民族宗教上层，只要他们站在人民一边，为人民做过好事，彭总都把他们视为党的座上宾。临夏西乡大河家马全钦，为清末西北著名人士马占鳌之孙，数代为官。在我军解放临夏时，马全钦主动派人与王震司令员联系，并在安抚大河家、循化等地少数民族群众，筹集粮草，劝降敌军，支援解放军过黄河等方面做了不少有益的工作。经王震介绍，彭总任命其为人民解放军第一兵团高级参谋。

　　甘南夏河地区和平解放后，彭总又专门派人将已经归向人民的原国民党夏河拉卜楞保安司令黄正清接到兰州。彭总邀黄彻夜长谈，向黄反复讲解党的民族政策，强调各民族要团结起来，共同走社会主义道路，建设新中国，又勉励

黄正清

黄好好与党合作共事，建立为人民服务的思想，在干中学、学中干。

宁夏和平解放后，马鸿宾回到兰州，彭总又亲自登门拜访，像老友见面似的与马鸿宾促膝谈心，希望其能改军从政，加强民族团结，从头建设兰州等。

事后彭总说："做统战工作，特别是民族统战工作，必须谦虚谨慎，要尊重他们，和他们交知心朋友，切忌盛气凌人，以胜利者自居，要以座上宾的规格对待他们。"解放以后，这些人士都成了我党的忠实朋友，在加强民族团结，共同建设新中国中起到了不可替代的作用。从中我们可以看出彭德怀同志那种远大的致力于民族团结的政治眼光。

四

当我军兵临兰州城下之际，彭德怀同志就已经考虑和平解放新疆的问题了。早在7月23日毛主席给彭总的电报中指出："照我想只要平凉战役能歼两马主力，则西北战局即可基本上解决，往后占领甘宁青新四省基本上只是走路和接管的问题。"彭总按照中央的指示，在兰州刚解放、日理万机的情况下，频频接见在兰州地区的新疆少数民族及各界人士，亲自向他们介绍党的民族政策和党中央对新疆问题的政策，步调一致地在各个方面尤其在多层次的民族团结方面开展工作，以尽快实现新疆的和平解放。

兰州解放的第三天,彭总在三爱堂会见在兰州的新疆各族各界人士,其中有蒙古王的儿子侯瑞昌、儿媳师瑞兰,维吾尔族商人艾买提·瓦吉提,兰州的维吾尔族宗教领袖乌斯玛依,以及一些在兰州休假的陶峙岳部校以上军官。彭总请他们介绍新疆情况,向他们讲解共产党的各项政策,要他们传播新疆只能和平解放的道理。期间,彭总关切地指定范明着手成立"新疆研究会"。这个研究会在彭总支持下,为和平解放新疆做了不少工作。与此同时,在彭总的关心下,由孙作宾、范明负责,成立了以艾买提为团长、吴剑夫为副团长,由新疆旅兰回、维吾尔族群众等参加的新疆随军工作团。该团自9月中旬从兰州出发后,在一兵团政治部领导下,先后在哈密、鄯善、吐鲁番等地,做了大量的民族工作,为稳定新疆局势,巩固新疆和平解放胜利成果,将民族宗教界人士团结在党的周围,共同建设新疆作出了贡献。9月24日,彭总又应邀参加了新疆维吾尔族旅兰同乡的集会。彭总与维吾尔族同胞亲切交谈,倾听他们盼望家乡早日和平解放的呼声,鼓励他们为促进家乡的和平解放多做工作。

在和平解放新疆的工作中,彭总还亲自组织马辅臣(国民党驻疆骑五军军长马呈祥的叔父)、马振武(马呈祥的姑表弟)及绽福寿等为赴新疆和平代表团,率骑五军留内地的部分家属,去新疆做骑五军工作。马辅臣一行随一兵团二军西进至张掖后,9月17日于军中向马呈祥手书快信,告以人民解放军英明政策及严明纪律,规劝马呈祥速派要员或亲自出迎解放军。

10月初,马辅臣一行完成肩负的和平使命返抵酒泉,正在酒泉的彭德怀和王震在酒泉清真寺宰羊设宴,为马辅臣等接风洗尘。席间,彭总对马辅臣向国民党骑五军军长马呈祥晓以国家民族大义,促使马呈祥放弃抵抗,给新疆和平解放铺平道路的功绩倍加赞许。

当新疆实现和平解放,我人民解放军整装待发之际,彭总再次叮嘱进疆部队:"对新疆各族人民要表示热爱,搞好与新疆民族军的团结,坚决执行民族政策,尊重少数民族风俗习惯,团结与帮助各族人民建立自己的幸福生活,使各族人民团结在中华人民共和国友爱团结的大家庭中。"

我军进疆的全体将士,坚决贯彻彭总的指示和党的民族政策。在进疆后,尽管国民党特务及一些分裂势力,挑拨离间起义部队,煽动叛乱,但是新疆各族人民盼解放,盼和平,积极配合解放军迅速平定了叛乱,稳定了局势,使人民解放军在极短的时间内长驱直入,将红旗插向了帕米尔高原、红其拉甫山口,迅速解放了占全国六分之一版图的整个新疆地区。解放军所到之处,各民族群众载歌载舞,扶老携幼热烈欢迎,实现了我解放军进军接管、和平解放的目标。所有这一切,固然与我党我军开展的许多工作分不开,但民族工作所起到的作用也是十分明显的。在解放大西北中,彭德怀为我军制定的具体的民族政策,团结了各族人民,维护了祖国的统一,解救了千百万受压迫受剥削的各族人民。彭总为中华民族、为解放战争所作出的贡献至今为各族人民所怀念。

(作者单位:中共甘肃省委党史研究室征研处)

主政大西北时期的彭德怀[①]

何立波

解放初期，彭德怀关于建设大西北的宏伟蓝图

从1935年中央红军长征到达陕北以后，彭德怀的大部分岁月都是在西北度过的。西北人民在艰苦的战争年代支援和养育了人民军队，西北的高原山川到处都有子弟兵的足迹。彭德怀经常深入群众，体察西北地区人民生活的艰辛困苦。早在战争年代，彭德怀就对西北的历史进行了研究，对地方志、历史资料甚至左宗棠文集也有研究。他经常对部队将士说，要在大西北"安下心，扎下根"，和各民族兄弟姐妹一起将大西北建设好。

西北基本解放后，彭德怀就思考如何迅速医治西北地区的战争创伤，恢复工农业生产。1949年9月27日，彭德怀在兰州致电在西安主持西北军区日常工作的西北军区政治委员习仲勋，提出：各项工作必须有一个全盘（五省）筹划，尤其是经济建设，使生产运销逐渐走上比较计划性。贾拓夫同志（按：时任西北局常委、西北财经委员会主任）应立即交出西安市长、军管会工作，把全部精力放在计划西北经济建设上。彭德怀明确地说："在战争结束后，财经开支必须做到量入为出，银行发行（货币）尽可能用在发展生产。"

经过一段时间的准备，1949年11月15日，彭德怀向毛泽东报告了1950年西北地区生产交通建设的初步安排，特别是恢复发展当时中国唯一的油田——玉门油田的石油生产。在报告中，彭德怀指出："为迅速发展西北工业农业生产，在五至十年内，必须特别节俭，除建设工厂必需房屋外，一般政、党、军

[①] 本文原载《党史博采》2008年第10期。

1. 1936年，红军长征到达陕北后的彭德怀

2. 任西北财经委员会主任、西北总工会主席时的贾拓夫

机关，在数年内不打算另建房屋。但旧有房屋必须修理，使之能御风寒。"12月24日，彭德怀发表讲话，号召西北全体军民，节衣缩食，艰苦奋斗，"目前应着重努力恢复与发展生产，改善人民生活"，"以艰苦的努力和实事求是的精神，开发与建设西北"。

对于如何加强西北地区的建设，彭德怀提出了具体的任务。1950年1月间，在中央人民政府第五次会议和西北军政委员会上，彭德怀就西北地区的工作和此后的任务作了报告。他说，总的任务是进行民主改革和发展生产，提高文化，建设新西北。他指出，目前的主要工作是"彻底消灭土匪，肃清特务，实行民主改革，动员一切力量，节衣缩食，克服困难，恢复和发展生产"，"在一定时期内，西北地区的经济建设，应以农业和畜牧业为主"，同时要抓紧工矿生产与交通运输，准备建设新的铁路。

1950年9月24日，彭德怀在西北文艺工作者代表大会上提出了建设新西北的目标："我们总的任务是要团结和教育各族人民，稳步地彻底扫除阻碍生产力发展的一切旧制度旧思想，建设一个繁荣、富强和进步的新西北。"

通过大量的调查研究，彭德怀强调，要对大西北的开发建设进行全面规划，不同地区给予不同任务，以切合各省实际，发挥各省的优势和长处。

彭德怀认为，西北的经济建设在一定时期内应以农业和畜牧业为主

1949年9月26日，兰州刚刚解放。彭德怀在布置下一步的解放大西北的任务时，又明确提出："我们还有一个计划，就是一手拿枪，一手拿镐，今年一定要进军新疆，为明春开荒生产做好一切准备。"他指着一张西北地图对大家说："大家看看，西北有多大一块地方啊！地大物博，但却人烟稀少，极度贫困，还十分荒凉，需要我们从现在起就开始搞建设。……我们解放大西北、建设大西北，改变大西北的面貌，这就是历史赋予我们的任务，义不容辞的任务。"

西北地区有着发展农牧业的良好自然条件，农牧业在经济中占很大比重。据统计，解放前夕，农业占西北经济的75%，畜牧业占20%以上，近代工业及手工业只占不到5%。由于历史等原因，大西北农牧业基础设施和生产条件较差，抵御自然灾害的能力低，生产不稳定，许多地方处于"靠天吃饭"的状态。尤其是1949年秋，西北许多地方遭灾，50多万人生活发生困难，广大新区因长期遭受国民党统治的掠夺压榨而导致普遍春荒。

与此同时，西北五省相继解放后，接收了大批国民党军政人员并组建了各级人民政权，致使军政人员数量达百万以上，约占西北五省总人口的4.5%，粮食等生活必需品的供需矛盾十分尖锐，新疆尤其严重。

有鉴于此，彭德怀认为，西北的经济建设在一定时期内应以农业和畜牧业为主。1950年1月，他在西北军政委员会第一次会议上指出："在一定时期内，西北地区的经济建设，应以农业和牧畜业为主。在农业方面，必须提高农民的生产热情，改良种子和农作法，恢复和发展水利，并注意森林和草原的保护与培植，防治灾害……甘、宁、青、新等省牧畜生产不应低于1949年的水平。"

西北军政委员会农林部在1950年春发放棉籽工作中，事前研究计划不周，

西北野战军从 1948 年 2 月开始转入外线进攻。图为彭德怀在向部队作战斗动员报告

工作中又缺乏具体指导和深入检查,造成关中地区十几万亩棉田断垄缺苗,给人民群众和国家财产造成严重损失。这件事受到彭德怀的严厉批评和严肃处理,并在报上公布了对主要负责人的处分决定。此后,彭德怀多次以此为鉴,告诫干部一定要深入实际,深入到生产第一线去,而不能坐在办公室里,靠发号施令去指导生产。

在生产建设中,彭德怀非常重视发挥军队的作用,多次传达中共中央和毛泽东关于军队既是战斗队又是工作队的指示精神。他说:"这么多部队,全靠国家养,是个大问题,应该搞生产","在和平时期,人民解放军要继承以往艰苦奋斗的传统,成为生产建设中的生力军,成为建设新西北的重要力量之一"。1950 年初,彭德怀在西安主持召开了一野军以上干部会议,着重讲了军队要转入生产实践的问题。他说,由于长期战争,人民的生活很苦,为执行毛主席指出的,中国人民解放军是一支战斗队、宣传队、生产队的方针政策,军队要搞一部分农业生产,以减轻人民负担。战士每人年产粮食350斤,干部每人年产250斤,当然又不能占用老百姓的田地,可以开荒种粮,第六十四军全部和第六十三军的一部分,修筑天宝铁路。1950年春彭德怀在西北各省检查工作时,一再号召全体干部和当地驻军要在边疆地区"安下心、扎下根",和各兄弟民族一起把西北建设好。他说:今天咱们成了土地的主人,一定要搞好生产。我们要一手拿枪,一手拿镐,平时能生产,战时能打仗,这样我们就可以无敌于天下了。

在广大军民的努力下,到1950年底,西北农牧业有了很大的发展,粮食夏秋播种面积达1亿亩。特别是数十万部队官兵投入农业生产,使当年农业劳动力大为增加,开荒达200多万亩,增修及恢复水利灌溉面积370万亩。至于畜牧业,当年保持住了原有水平,并逐步得到了恢复。政府贷款折合小麦480万斤,治疗牲畜10余万头。农业和畜牧业的恢复和发展,为开发和建设大西北提供了较为充足的物质保障。

西北发展,交通优先

关心祖国西部的建设,修筑民族联系的通衢大道,这是彭德怀主政西北军政委员会首先想到的大事。新中国成立之初,西北交通状况十分落后,严重制约着西北的开发和建设。彭德怀对于交通在开发建设大西北中的重要性有着十分清醒的认识,提出了大力改善交通是发展经济先决条件的论断。在主政西北期间,彭德怀多次重申西北交通落后的状况。

铁路在交通中占有重要的地位。对于在西北修筑铁路,早在新中国成立前夕,彭德怀就有过设想。1949年9月28日,由他签发的一野前委关于进军新疆的指令就指出:"解放祖国边疆,以便开发油源,修建铁路。这对发展经济、巩固边防,有极其重大的意义。"西北解放后,彭德怀认为:修筑铁路这件工作，是发展西北经济最重要的事情。如果等到东北、华北的铁路修好后再来修西北的铁路，西北的大规模开发建设至少须等20年左右，我们必须争取尽快修筑西北铁路。

1949年11月15日，彭德怀在向毛泽东报告恢复玉门油田的同时，要求除修筑天（水）宝（鸡）铁路外，在中央人民政府铁道部帮助下修筑天（水）兰（州）铁路，把横贯中国的交通动脉陇海铁路延伸到甘肃省会兰州。12月29日，彭德怀在向毛泽东报告新疆各项工作问题时痛切地指出："新疆地区辽阔，交通运输困难，不仅从内地帮助困难，即使新疆本身要从粮食较多的南疆运粮到粮食困难的北疆，也须经二千余里路程。运一石粮到新疆要十余石军费。"尔后，在中央人民政府委员会第五次会议上，彭德怀再次谈及西北交通的落后和困难。1950年1月2日，彭德怀又致电毛泽东和中央建议："可否商议请苏联与中国合作，由塔城或伊犁向迪化及哈密修筑铁道。"1950年3、4月间，毛泽东指示：西北铁路要修到迪化，不超过10年，愈快愈好。1950年8月6日，彭德怀在西北青年第三届代表大会闭幕式上讲话指出：现在的问题是搞好交通，把铁路修起来，给工业化打下有力的基础。现在我们正在修天宝和天兰路，七八年后即可修到新疆。西北准备修三条大干线和许多支线，这一艰巨而长远的任务，必须由年轻一代来继续完成。

彭德怀在西北征战多年，非常熟悉西北的地形和自然状况。他亲自参与工程的技术性讨论和研究，经常与苏联专家一起研究路线，亲自上工地检查工程，并向工程技术人员征求意见。1950年4、5月间，彭德怀就跑遍了甘肃、宁夏、青海、新疆四省区的工地。1950年底，西北原有的铁路均已迅速修复通车。1950年12月20日，天宝铁路工程仅用了250天就顺利完成。天兰铁路不仅顺利开工，而且于1950年就完成了总土石方工程的一半。1952年9月29日，天兰铁路正式通车，毛泽东、刘少奇、朱德、彭德怀等亲笔题词。

对公路建设，彭德怀也很重视。1950年1月，他及时作出修复被敌人破坏的主要公路的安排。1950年4、5月间，彭德怀风尘仆仆地来到青藏高原视察，亲自勘察进军西藏的路线，确定了由青海入藏和修筑青藏公路，并组织以军队为主的人力物力开赴工地进行施工。后来，彭德怀奔赴朝鲜战场，仍在关心着西北的交通建设，还特意把朝鲜这方面的经验介绍回来以供参考。1952年从朝鲜回国后，彭德怀接替周恩来主持中央军委日常工作。

说起青藏公路，不能不提到一个人。他就是西北局西藏工委组织部部长兼西北进藏支队政委慕生忠。1952年1月，慕生忠到北京开会，找到彭德怀，把修筑青藏公路的设想作了汇报。慕生忠认为，从长远考虑，靠肩扛车拉向西藏运粮不是办法，应该修一条公路。慕生忠的提议与彭德怀的想法不谋而合。彭德怀走到中国地图前，从敦煌指到西藏南部，说："这里还是一片空白，从长远看，非有一条交通大动脉不可嘛！"彭德怀下决心要修好青藏公路，不只是作为一条军事要道，更重要的是，他认为这是一条联结兄弟民族的团结之路，是民族间心连心的纽带。当天，彭德怀留慕生忠在家吃饭，用苏联军事代表团送给自己的酒招待慕生忠。临别前，彭德怀要慕生忠写个修路报告，再由他转交给周总理。

彭德怀认真研究了修筑青藏公路的可行性，在地图上画出了青藏公路的初步线路图。彭德怀画定的线路，极具特色，不仅是一条经济的进西藏线路，也具有极强的军事意义，彭德怀还亲自向周恩来总理打报告落实资金。两天以后，彭德怀把慕生忠叫到办公室，告诉他："总理已批准了你的报告，下面的戏就该你唱了。"周恩来亲自批准了青藏公路的修路报告，同意先修格尔木至可可西里段，批下来30万元作为修路经费。按照当时修建公路的最低标准，这30万元充其量能修5公里，虽是杯水车薪，但这对慕生忠来说已是弥足珍贵了。彭德怀后来又从西北军区抽调了大量军力和物力投入此项工作。在充分听取了工程技术人员的意见后，彭德怀亲自确定了青藏公路的入藏线路，并确定以解放军为主修路。1954年12月25日，在拉萨，青藏公路和康藏公路同时举行了通车典礼。藏族同胞倾城出动，他们望着数百辆披红戴花的汽车，高兴得热泪挥洒，盛赞这两条公路是"金色的飘带""幸福的金桥""五彩放光的路"。

多年后，慕生忠每次提起彭德怀都会说："没有彭老总，就没有青藏公路！"

1955年1月，慕生忠去北京开会，抽空去看望彭德怀。吃午饭时，彭德怀拿出一瓶泡着人参的白酒招待慕生忠："这是我泡的好酒，给你补补身子。"他向慕生忠连斟三杯，风趣地说："今天给筑路英雄敬三杯庆功酒。"慕生忠当即邀请彭德怀到青藏公路去视察。彭德怀欣然应允。1958年10月，彭德怀来格尔木视察。当飞机在格尔木察尔汗盐湖机场降落，彭德怀看到一辆辆汽车在万丈盐桥上奔驰后，不禁兴奋地说："这机场好气派啊，这公路也非同一般哟！"筑路工人和官兵们闻讯后前来看望彭德怀。他挥手对大家说："同志们辛苦了，我向大伙儿表示慰问。人总要有一点精神，做一番事业的。你们在世界屋脊上修通了公路，在柴达木建起了新城，这是很了不起的事情。希望同志们继续奋斗，不断进取。"在慕生忠的陪同下，彭德怀实地考察了青藏公路，并登上了昆仑山口。戈壁滩上栽种了白杨，泛起一片片绿意。当年野兽出没的荒原，盖起了一排排整齐的房舍。面对此情此景，彭德怀非常高兴，他说："感谢筑路英雄们为开辟青藏公路付出的辛劳，应该为你们写一本书。"彭德怀这次视察离开格尔木后，还念念不忘高原建设，指示总政将当年军事院校7000多名毕业生分配到青藏高原参加建设。

彭德怀还大力推动西北地区航空业的发展。新中国成立初期，国家工业力量薄弱。1949年12月29日，彭德怀向党中央和毛泽东建议："西北地区地域辽阔，交通不便，影响工作指导甚大，故须与苏谈判，把阿拉木图、迪化、哈密民航协定继续延伸兰州、西安及北京。"党中央和毛泽东接受了彭德怀的建议。1950年3月27日，中苏两国签订了《中苏关于建立中苏民用航空股份公司的协定》。

彭德怀曾主张在新疆建立中苏合资企业

在西北，新疆是解放最晚而且形势最复杂的一个省区。解放伊始，新疆的财政经济曾出现严重的困难。面对这一严重局面，彭德怀及时向中央作了汇报，并建议在自力更生的基础上，积极争取苏联支持新疆的开发建设。当时，毛泽东正在苏联进行访问。彭德怀将这一情况写成报告，由党中央转发给了毛泽东。彭德怀在报告中写道：新疆目前的问题是财政经济问题，这是因为，党政军的开支，新疆本身只能解决 30% 左右；地域辽阔，运输困难，粮食缺乏；过去多年停止对苏贸易，离内地又太远，因而生产萎缩，经济萧条。如对新疆的财政经济不用大力解决，必将影响入疆部队和民族团结。"要解决目前新疆困难及将来建设新疆，我觉得必须有苏联的大力帮助。"具体要求是：请苏联帮助解决器材、交通工具；同苏联正式通商；实行新疆与苏联地方性的经济合作，合组石油公司、稀有金属和有色金属公司，并把民航线路延长到兰州、西安和北京。

党中央和毛泽东采纳了彭德怀的意见。1950 年 3 月 27 日，中苏两国签订了《关于在新疆创办中苏石油股份公司的协定》《关于在新疆创办中苏有色及稀有金属股份公司的协定》和《关于创办中苏民用航空股份公司的协定》。彭德怀的这种主张，实际上就是我们今天所谓的引进外资、中外合资办企业做法的先声。协定签订的消息公开后，国内许多人不理解，认为这损害了中国主权。彭德怀坚信自己的建议不仅没有损害国家的主权，而且有利于推动西北及新中国的经济建设。他认为，协定的签订对巩固国防、开发西北都有利。"我们进口货物最主要的为粮、棉、石油。开发出新疆的油，可以节省出大批的外汇，对西北建设工农业好处很大。""两个协定是在绝对平等的基础上订立的，我们只出了地面。""协定期限为三十年，三十年后我们培养出了干部，一切都归了我们，苏联人就回去了。我们有的同志争百分比之多寡，这叫作见树不见林，因小失大，真是所见太微小了。"

彭德怀说："中苏民航协定规定有一条航线从阿拉木图经伊宁、迪化、酒泉、兰州、西安、太原到北京，对中国的交通尤其是对西北交通最有利，因为西北交通太不方便。我们的股金什么也没有，只有飞机场，西北石油未开发之前，民航是赔钱的，一切飞机、汽油、设备都是他们的，对中国是有利的，我们借此可以培养干部，建设民航事业，这与蒋美民航协定是根本不同的。美国是到处可以飞行，而苏联则是有固定的航线的，如果要开辟新航线必须得到中国人民政府的同意。"为了消除分歧，党中央为此专门发出党内指示，强调："为了利用外国资本以促进中国的工业化，某些事业和外资合营及成立这种合股公司甚为必要，不独和苏联，和各新民主国家甚至和某些资本主义国家还可能在适当条件下订立这种合营合同甚至租让合同。"党中央对彭德怀有关引进外资，用中外合资方式开发新疆矿产资源的主张给予了充分肯定和支持，并把它作为好的经验进行推广。

大力倡导反腐倡廉

彭德怀特别注意要求一切干部树立全心全意为人民服务的思想，发扬廉洁作风，反对一切不良倾向。进城以来，一部分干部开始滋长骄傲居功和贪图享受的情绪，铺张浪费的现象有所抬头，甚至少数人开始走贪污腐化的邪路。

针对干部中的这种倾向，彭德怀及时敲起警钟。1949年4、5月间，彭德怀从西北前线来到北京，向中共中央汇报工作，并研究一些需要解决的问题。彭德怀来到了周恩来的办公室里，周恩来立即起身迎接。谈话中，彭德怀向周恩来汇报了西北地区的情况。之后，他话题一转对先进入城市的同志提出了意见，指出干部的办公室里一般都摆着沙发，铺着地毯，又是茶几、盆景、鱼缸等等。最后，彭德怀毫不隐讳地对周恩来说："前方干部的生活情况与工作条件还极其艰苦。我想说的不只是他们可能看不惯这里的这些情况，更主要的是怕进了城的同志会忘记乡下和边远地区的劳动人民，同他们的感情淡薄起来。我察觉到住在城里的人对农村开始有点生疏了，时间如此短暂就出现了这种苗头，日子长了会怎么样呢？"彭德怀的意见是十分尖锐的，在当时的情况下也是深刻的。周恩来非常重视彭德怀的意见，他以赞许的口吻说："讲得好，意见提得及时，很值得警惕，中央将会注意这些问题。目前，我们既要打仗，消灭敌人，又要搞生产建设；既要接收好并学会做城市工作，又要把农村的事情办好，把城乡两方面的问题都解决好。"

1949年11月，彭德怀在兰州召开的中共西北局扩大会议上提出了反对铺张浪费的问题。他说：各级领导机关和干部，在五至十年内必须特别节俭。并明确宣布除建设工厂必需房屋外，一般政、党、军机关，在数年内不打算另建房子。他号召西北全体干部，节衣缩食，艰苦奋斗；号召党员干部要做刻苦节约的模范，准备继续过一段艰苦的生活。彭德怀及时抓住刚刚露头的危险倾向，反复教育干部要发扬党的优良革命传统，"厉行廉洁朴素的作风"。他严肃指出：要把老资格的包袱放下，不要压得自己喘不过气来。"个人有什么了不起！如果不依靠劳动人民，没有共产党的领导，没有马列主义科学武器，我们将是一事无成的。"

1950年1月下旬，彭德怀在西北军政委员会会议上发言时提出：要严禁铺张浪费。这种铺张在我们的工作中是存在的，比如请客等等。必要的请客简单一些也就行了，因为羊毛出在羊身上，都是老百姓的钱，我们应为人民节省。为了克服不良倾向，发扬廉洁作风，1950年3月，彭德怀在西北军政委员会的行政会议上，先后两次作了《精简机构，厉行廉洁朴素作风》和《反对铺张浪费、反对贪污腐化》的长篇发言。他指出：铺张浪费就是抵抗勤俭建国，本位主义就是抵抗统一领导，游击习气就是抵抗法制命令。铺张浪费，甚至贪污，是对人民事业、对祖国建设的一种犯罪。我们的革命同志如果沾染上这种可耻可憎的思想习惯，就是危害人民利益的罪恶行为，就必须受到党纪国法的制裁。如果我们不坚决反对，就是学国民党反动派的作风。所以一定要把"严惩贪污，禁止浪费，反对脱离群众的官僚主义"作为每个政府工作人员的座右铭，忠实执行。

根据彭德怀和西北局的决定，从1950年3月开始，西北局、西北军政委员会、西北军区的党政军民各机关、团体开展了反不良倾向的运动。5月底，中共西北局发出整顿干部作风的指示，使整风更明确、更有计划、更普遍地进行。到9月初，参加整风的人在检查工作的基础上写个人检查。9月6日，彭德怀在西北区整风座谈会上作了系统总结。

在主政西北期间,彭德怀一直住在机关内新城大楼会议室东侧的由一个过道连接起来的两间休息室内。办公、会客、用餐、寝室都在其中。西北局领导同志要给他调换个较大的住房,他坚决不肯。工作人员想在室内改装一个抽水马桶,被他严词拒绝。长期艰苦的战争生活,使彭德怀患有肠胃病。病重期间,彭德怀吃饭很少。医生交代要用水煎蛋白粉和果子露水冲服。在说明是医生的嘱咐后,彭德怀才接受服用。那时实行的是供给制,彭德怀经常找总务处长计算伙食,不许超过标准。彭德怀一年四季穿着军服,夏单冬棉,和普通战士差不多,谁也看不出他是一个带兵数十万、叱咤风云的统帅。

1950年10月1日,在庆祝新中国成立一周年时,《人民日报》和西安的《群众日报》,先后发表了彭德怀写的《新西北一年来的工作》的特约文章,从军事、财政经济、政权建设、民族团结、改革与发展文化教育等五个方面,总结了军政委员会成立以来的工作。国庆活动一结束,彭德怀又着重考虑三年建设计划的落实问题。10月4日,中央派专机接他到北京参加中央政治局会议。这次会议讨论研究派志愿军支援朝鲜的抗美战争问题。中共中央和毛泽东决定派彭德怀率中国人民志愿军赴朝参战。此后,彭德怀统帅中国人民志愿军跨过鸭绿江,肩负起抗美援朝保卫祖国的光荣而艰巨的历史重任。彭德怀在朝鲜战火连天的岁月里,仍然对西北地区的工作很关心,遇有机会就带信捎话回来。他的指示和希望,对西北地区的领导干部和工作,都起着很大的鼓舞和促进作用。

(作者单位:中共河北省委党史研究室)

习仲勋宗教工作策略思想析论[①]

李文珊　陈轶鸥

习仲勋（1913—2002）是杰出的无产阶级革命家、中国共产党和人民解放军卓越的政治工作领导人。他在解放前和解放初期都在民族宗教事务繁多而复杂的西北地区工作，改革开放后又曾作为中央书记处书记、全国人大常委会副委员长负责领导党的统一战线和民族宗教工作。他在领导宗教工作中，把原则性和灵活性相结合，既全面、正确地贯彻党的宗教信仰自由政策，积极引导宗教与社会主义社会相适应，又特别注意讲究策略方法，创造性地提出了一些符合工作实际的好见解，丰富了党的宗教工作理论宝库，在实践中取得了良好效果。

一、采取"稳进慎重"的方针处理民族宗教地区的复杂问题

宗教是一种复杂的社会现象，同时宗教问题也是一种复杂的社会问题，尤其在我国往往与民族问题交织在一起，更具有特殊复杂性。习仲勋在长期的民族宗教领导工作实践中认识到，我国的宗教问题具有群众性、民族性、复杂性、国际性和长期性，不能以简单的、行政命令的办法，而要以教育、引导的办法对待和处理宗教问题，以促进民族宗教地区的长期稳定发展。因此他特别强调宗教工作干部要形成"特别慎重""十分严谨"和"周密考虑"的工作作风，讲究策略方法，不能犯急性病。

党中央在《习仲勋同志生平》中评价习仲勋在主持西北工作时，"把原则

[①] 本文选自《西北民族研究》2009年第1期。

性和灵活性相结合，大胆而妥当地解决了复杂的民族宗教问题，团结争取了一批少数民族宗教界上层人士，为巩固新生政权，建立新的社会秩序，恢复战争创伤，进行大规模的经济建设，奠定了良好基础"①。解放初期他亲自领导的争取项谦投诚的斗争就是采取"稳进慎重"的方针处理民族宗教地区复杂问题的一个成功的范例。1949年12月，青海省昂拉部落第十二代千户项谦，结合马步芳残匪，组织所谓"反共救国军"第二军，发动叛乱。时任中共中央西北局第二书记的习仲勋考虑到民族宗教地区的特殊复杂性，多次指示青海省委领导：正确解决昂拉叛乱，不仅对解决昂拉藏族同胞关系极大，而且对于我党在青海其他藏区和少数民族地区站稳脚跟，建立人民政权，开展工作关系极大；甚至对于甘、川、康藏区乃至西藏也有重大影响。他强调，必须坚持在充分军事准备基础上以政治争取为主的方针，要克服一味军事进剿的急躁情绪，抱着十分慎重的态度，采取反复争取、特别宽大的政策，着力用和平方式解决。争取项谦的投诚工作，历时达两年七个月之久，期间屡经反复，终于取得成功，从而极大地促进了西北地区的和平稳定。毛泽东对此给予了高度评价，他风趣地对习仲勋说："你真厉害，诸葛亮七擒孟获，你比诸葛亮还厉害。"②

新中国成立后，如何在民族宗教地区进行土地改革是一个难题，习仲勋对此结合民族宗教地区的特殊实情进行了探索。1952年，在西北局主持工作期间，为了争取团结众多的民族宗教上层人士，为民族宗教地区的土地改革减少阻力，增加助力，他在向中央的报告中，提出了"联合封建反封建"的著名观点。即先做好争取团结民族宗教上层人士的工作，然后再去发动群众进行改革，"用'和平些'和某些必要的妥协，去换取发动群众的较好条件，保存一部分封建，搞掉大部分封建"③。"对这些人士采取宽大的让步政策，保护他们过好土地改革关。"这一观点尊重了各民族宗教信仰和风俗习惯，争取联合了可以"帮

---

① 《习仲勋同志生平》，2002年5月31日《人民日报》，第4版。
② 《习仲勋革命生涯》，中共党史出版社、中国文史出版社2002年版，第37页。
③ 《习仲勋文选》，中央文献出版社1996年版，第209页。

助土改（至少不反对土改）的力量"，是土地改革中党的统一战线思想在我国民族宗教地区的具体运用、丰富和发展，得到了党中央的认可和毛泽东的赞赏。在正确的土改方针政策下，我们党成功地在西北5省区、170多个县市进行了大规模土地改革，团结和争取了一批民族宗教上层人士，切实维护了广大农牧民利益，为巩固新生政权，建立新的社会秩序，进行大规模的经济建设，奠定了良好基础。

二、广泛争取、团结和教育宗教界有影响的人士

习仲勋曾指出："发展爱国统一战线，要搞五湖四海、三教九流，要团结一切可以团结的人。"[①]做宗教工作就是做统一战线的工作，需要广泛争取、团结和教育宗教界人士。他认为少数民族的宗教上层人士在本民族本地区的社会地位高，社会作用、社会影响大，争取、团结了他们，就可以使他们成为中国共产党与少数民族地区信教群众联系的桥梁和纽带，能发挥我们干部和党员所替代不了的巨大作用。因此他提出在信仰宗教的少数民族地区工作，一定要同宗教界有影响的人士交朋友，这样才能深入群众。

在民族宗教地区，许多民众宗教信仰虔诚，宗教感情深厚，因此宗教领袖有着广泛的号召力和特殊重要的影响力。习仲勋特别强调做好对宗教领袖的统一战线工作，重视发挥宗教领袖的作用，"民族事务复杂，学问大得很。领袖人物的情况要摸清，便于工作"[②]。例如，他在1982年关于西藏问题的一次批示上就提出："西藏问题的关键是达赖、班禅问题，也就是一个宗教问题。而在今天又是对达赖、班禅这两个精神领袖的基本认识问题。对这两个人的态度确定了，依此才可作出对西藏地区的政策和方针。否则，我们就会思想混乱，方针不明确，因而引起政策矛盾，在工作中发生失误。"[③]

---

① 《习仲勋文选》，中央文献出版社1996年版，第400页。
② 《怀念习仲勋》，中共党史出版社、中国文史出版社2005年版，第85页。
③ 《习仲勋革命生涯》，中共党史出版社、中国文史出版社2002年版，第337页。

长期以来，习仲勋以共产党人的远大眼光和坦荡襟怀，与宗教界人士真诚交往，结交了一批宗教界有影响的人士。如藏传佛教领袖十世班禅大师、喜饶嘉措大师、六世贡唐仓·丹贝旺旭活佛，伊斯兰教著名人士包尔汉、马辅臣等。习仲勋秉着"政治上团结合作，信仰上互相尊重，生活上关心照顾，思想上教育提高"的交往原则，与他们不断接触联系，帮助他们树立对中国共产党和社会主义社会的正确认识，赢得了他们的信赖和尊敬，使他们成为同中国共产党长期合作的可靠朋友。

习仲勋曾在《交朋友的真谛》一文中说过："在与朋友交往中，要谦虚诚恳，推心置腹，肝胆相照。"①习仲勋就是以这样的态度与比他年少25岁的十世班禅大师结下了深厚的友谊。平时他们经常往来，互致问候，遇到工作上的问题，更是促膝谈心，了解情况，征求意见。他经常启发引导班禅大师正确认识党的民族宗教政策，提醒、帮助班禅大师摆正国家领导人和宗教领袖的双重身份。班禅大师对习仲勋非常钦佩和信任，两人结下了深厚的友谊。

藏传佛学大师，新中国成立前曾任国民政府蒙藏委员会副委员长，新中国成立后曾任全国佛教协会会长、青海省副省长的喜饶嘉措，对国民党的授印、封号不为所动，而在习仲勋的热忱帮助、教育下对中国共产党产生了由衷敬佩之情。②在争取项谦投诚的斗争中，他受习仲勋的委派，冒着生命危险三进部落劝降，对斗争胜利起了很大作用。

三、要防止和克服"左"的思想和右的倾向

宗教是一种具有历史延续性的传统文化模式和具有现实渗透力的社会意识形态，尤其在一些少数民族地区更是普遍的精神信仰。中国共产党人是无神论者，但必须尊重和保障民众的宗教信仰自由。少数党员干部由于没有正确理解马克思主义关于宗教的本质及产生、发展和消亡的客观规律，片面理解马克思

---

① 《习仲勋文选》，中央文献出版社1996年版，第427页。
② 《习仲勋革命生涯》，中共党史出版社、中国文史出版社2002年版，第350页。

关于"宗教是人民的鸦片"这一论断,从而容易产生"左"的思想倾向。马克思主义经典作家都曾分析过干涉宗教信仰自由的危害,如列宁就曾指出"大声疾呼向宗教宣战是一种愚蠢的举动"①。然而在"文化大革命"时期,极"左"思想泛滥,党的宗教政策受到严重破坏,许多宗教界人士受到错误对待,产生了严重恶果。

改革开放以来,习仲勋强调,要全面贯彻落实党的宗教信仰自由政策,首先我们的工作人员就要防止"左"的思想倾向。1985年,他在全国落实宗教政策座谈会上就明确提出:"宗教和一部分群众信仰宗教,这是不以我们意志为转移的客观存在。对于这方面的问题,我们一定要慎重地正确对待,决不可用简单的、行政命令的办法来解决。"②而要克服"左"的思想,就必须充分认识到社会主义条件下宗教问题的长期性、复杂性、群众性、国际性。习仲勋指出:"有'左'的思想的人,往往对党的宗教信仰自由政策实际上持怀疑、否定态度,把贯彻落实党的宗教政策同社会主义物质文明和精神文明对立起来;对信教团体、信教群众及他们的正常宗教活动,采取歧视、压制甚至打击的错误做法;处理正常的宗教事务问题时,思想片面急躁,方法简单粗暴,结果造成不良的政治影响。"③

同时,由于宗教问题的特殊复杂性,一些宗教工作人员因为畏难情绪而产生了右的倾向,对那些打着宗教幌子所进行的违法活动不敢治理。习仲勋认为这些人"往往迁就宗教界那些不明道理、不顾大局的少数人的不适当要求,忽视对他们的思想政治工作,以至对那些利用宗教进行非法违法活动的现象不闻不问,放任自流,结果造成了很大的混乱和损失"④。

习仲勋剖析了两种错误思想倾向的本质,认为:"不管是'左'还是右,表现形式虽然不同,其实质都是削弱了党对宗教工作的领导,妨碍党的宗教

---

① 《列宁全集》第17卷,人民出版社1988年中文2版,第389页。
② 《习仲勋文选》,中央文献出版社1996年版,第404页。
③ 《习仲勋文选》,中央文献出版社1996年版,第419页。
④ 《习仲勋文选》,中央文献出版社1996年版,第420—421页。

政策正确、全面地落实，从而脱离了广大信教和不信教的群众，并给那些利用宗教进行非法违法活动的人以可乘之机，给外国宗教中的敌对势力的渗透留下空隙。"①

他指出，我们必须依法管理宗教事务，既要坚决保障一切正常的宗教活动，又要对那些在宗教外衣掩盖下的违法犯罪活动，坚决打击。1982年到1984年同"呼喊派"的斗争就是一例。1982年，公安部在一个材料上反映，浙江省原基督教小群派教徒中出现了一个"呼喊派"组织，在外国反动宗教势力的支配和赞助下，煽动宗教狂热，鼓动教徒反对党和政府。习仲勋看到这个材料后多次批示，要求有关部门"及早研究制定综合治理办法"，后来又在相关会议上系统阐明了解决"呼喊派"问题的政策和措施，指出："解决'呼喊派'问题必须进行综合治理，概括起来就是，充分运用法律武器，坚决打击首恶分子，认真落实宗教政策，深入做好群众工作，切实加强党的领导。"②在习仲勋的亲自指导下，这场斗争取得了胜利，维护了当地的社会秩序和正常的宗教生活。当前进入全面建设小康社会之时，如何防止和克服"左"的思想和右的倾向，仍是宗教工作中的重要问题。

原则的坚定性和策略的灵活性相结合，是我们党的一个重要的政策策略思想。习仲勋在领导宗教工作中，秉着实事求是的精神，以其"炉火纯青"的领导艺术（毛泽东语），结合我国宗教的特性对此策略进行了创造性的应用和发挥。他所提出的思想观点和取得的成功经验，对于我们当前正确贯彻党的宗教工作基本方针，处理好宗教方面的热点、难点和敏感问题，促进宗教关系的和谐，引导宗教与社会主义社会相适应，广泛充分地调动宗教界一切积极因素，发挥宗教界人士和信教群众在促进社会发展中的积极作用，都具有重要的现实指导意义。

（作者单位：李文珊，韩山师范学院政法系；陈轶鸥，中共潮州市湘桥区委党校）

---

① 《习仲勋文选》，中央文献出版社1996年版，第421页。
② 《习仲勋革命生涯》，中共党史出版社、中国文史出版社2002年版，第288页。

习仲勋与统一战线[①]

刘立军

防"左"纠偏,边区土改保护爱国民主人士

1947年3月,蒋介石军队由于战线拉长,兵力不足,被迫将其全面进攻改为对山东和陕北两个解放区的重点进攻。为了粉碎国民党军对陕北的重点进攻,中共中央决定以陕甘宁和晋绥解放区的部队组成西北野战军,由彭德怀任司令员兼政治委员,习仲勋任副政治委员,担负主要作战任务。此后习仲勋协同彭德怀组织指挥了青化砭、羊马河、蟠龙镇等战役,并取得胜利。同年7月,马背上的中共中央在陕北靖边县小河村山麓的羊圈里召开扩大会议。习仲勋根据党中央小河会议决定,离开前线,回西北局主持工作。

习仲勋回到西北局之后,面临的一项重要任务就是贯彻全国土地会议精神和《中国土地法大纲》,并组织领导好陕甘宁边区土地改革。就在1947年的9月,中国共产党全国土地会议通过了《中国土地法大纲》,10月10日公布施行。为了传达贯彻全国土地会议精神,部署边区土地改革和整党工作,西北局决定召开一次边区干部会议。11月1日,会议在绥德县义合镇薛家渠对面的阳湾空地正式召开,时称义合会议。会议在检查以往工作的基础上,作出了彻底完成边区土改和认真进行整党的决议,研究了具体实施办法,并由林伯渠、贺龙、习仲勋联合签署发了布告。由于缺少经验,加上缺少深入细致的调查研究,在制定具体土改方案时,会议没有把边区里老区(约占三分之二)和新区(约占三分之一)的不同情况区分开来,也没有明确划清一般地主和恶霸地主的界限,更没有对中农、工商业和"三三制"等政策解释清楚,只是片面强调"依靠贫

[①] 本文原载《党史文苑》2008年第13期,内容有删节。

中共西北局书记、西北野战军副政治委员、陕甘宁晋绥联防军区政治委员习仲勋

农"和"平分土地"。也由于康生、陈伯达在晋绥的土改试点中存在着严重的"左"倾,而全国土地会议中不仅未予纠正,反而又把反对右倾作为主要内容。因此在这种背景下,义合会议的与会者对于土改中"左"的倾向可能造成的恶果没有引起足够的重视。会议虽然也要求在经济上、政治上、思想上彻底消灭地主阶级,只留他一个肉体,并留一份生活,但还是强调"削削削,削尽土豪劣绅;杀杀杀,杀尽贪官污吏"。会议还点了安文钦、李鼎铭、霍子乐等人的名。虽然会议也强调不要乱杀人,可惜,这个精神到会代表没有带回去,而是把消灭地主宁"左"勿右这一套带了回去。义合会议暴露出来的"左"的倾向并没有引起大多数与会者的注意。在会上,习仲勋陷入沉思,作为"左"倾政策的受害者,他曾经在肃反中差一点被活埋。因此面对会议上的一些"左"的倾向,习仲勋更多的是沉默,对一些"左"的政策持保留态度。

由于义合会议在制订土改具体方针、划分阶级政策时,没有对老区、半老区的实际情况区别对待,在具体操作层面上也没有明确禁止使用肉刑、不得侵犯中农利益、保护工商业等,加上会后参加土改的工作团大多临时组建,本来就不够专业又没有经过集训,工作上急功近利,在应用政策和掌握分寸方面出现偏差失误。于是土地改革和整党工作中一些"左"的做法渐渐蔓延开来,在个别地方甚至发展到相当严重的程度,一时气氛极度紧张。乱斗、乱扣、乱打、乱没收财物、乱扫地出门的现象比较普遍。习仲勋对此忧心忡忡。当时边区参议会副议长、开明士绅安文钦也受到了冲击。被称为"陕西四老"之一的安文钦是晚清秀才，是边区一个很有威望的开明士绅。安文钦在边区热心公益事业，兴办学校，宣传新文化，抗战时期与八路军合作，支持抗战，曾当选为绥德县参议员、绥德警备区副参议长，陕甘宁边区第二、三届参议会副参议长。安文钦是拥护共产党领导的，也赞同土地改革，在土改中还主动向政府献出300垧（注：西北地区一垧合三亩或五亩）的土地，但土改中他的土地房产被没收分配，一家老小被"扫地出门"。这无疑严重地违反了边区的土改政策，也与党的统战政策背道而驰。习仲勋在了解情况后，严肃批评了这种错误做法，批示要按党的政策予以纠正。

1947年12月，中共中央扩大会议在米脂县杨家沟召开，习仲勋参会。会上，习仲勋根据自己的调查研究，向毛泽东如实地谈了自己对边区土改中存在的问题和形势发展的一些看法。会议期间，开明绅士、陕甘宁边区政府副主席李鼎铭在义合病逝。习仲勋由此想到了土改中有些地方违反政策冲击爱国民主人士的问题，即与林伯渠向毛泽东建议，在为李鼎铭开追悼会时要请党外人士参加，并特别提到要请当时受到批斗的安文钦以边区参议会副议长身份致悼词，以安抚爱国民主人士的情绪，缓和、改善与他们的紧张关系。毛泽东当场表示赞成，指出下面做法过火了，伤及了开明士绅，要保护他们。后来在西北局、边区政府和习仲勋的过问下，绥德县归还了安文钦被没收的部分财物和房产。毛泽东也电示要保护安文钦等爱国民主人士，并通过林伯渠和习仲勋代他向安老先生赔礼道歉。安文钦非常高兴，对党和毛泽东的关怀表示感谢，又愉快地回到自己的住宅。第三天，在边区政府为李鼎铭举行的有700多人参加的追悼会上，安排安文钦致了悼词。这事不仅使安文钦深受感动，也使各阶层人士深感满意，认为共产党讲信义，重交情。习仲勋的努力体现了党在执行统一战线政策中的一贯性和严肃性，对于党在各阶层人士中的威望和信誉，也有很大提高。

在会议结束后的第七天，习仲勋致信中央，就绥属各县土改中的问题，把自己的调查研究结果向中央作了实事求是的汇报，对土改中的有些过火的做法提出了批评并提出了改正建议。1948年1月19日，习仲勋就陕甘宁边区近期的工作特别是防止和克服土改中"左"的偏向问题再次致电毛泽东。在这份报告中，习仲勋列举了9个值得注意的问题，得到毛泽东的支持。同日，为了慎重对待党外人士，习仲勋与马明方联名向各分区发出通知，指出：在土改过程中，对参加"三三制"的党外人士，应慎重处理，县以上非党人士的处理，务希由地委提出意见，经西北局批准；县以下小学教师中的非党人士，须经地委批准后，才能处理。在习仲勋的努力下，此后再没发生严重的伤害非党人士的事情。对爱国民主人士的统战工作取得了较好的效果，减少了土改的阻力，也增强了他们继续跟党合作的信心。

争取项谦，平息叛乱巩固民族团结

1945年，抗战取得胜利之后，中共中央决定加强西北局的工作。在全面衡量、考察、遴选西北局书记适任人选时，毛泽东提出西北局书记的人选既要有群众基础，又要熟悉西北情况。习仲勋无疑是最合适的人选。他出生、战斗在西北，又担任过陕甘边革命委员会主席等职务，加上习仲勋为人敦厚，深受群众爱戴，而且毛泽东对习仲勋的印象一直不错。1935年，中央红军长征抵达陕北根据地，毛泽东在几处破旧的村落墙壁和大树上看到了《陕甘边苏维埃政府布告》。布告虽经日晒雨淋，斑驳不清，但上面"主席习仲勋"的署名还是让毛泽东一下子就记住了"习仲勋"。见面之后，毛泽东更惊讶于这个"习主席"的年轻，习仲勋当时刚好22岁。10年之后的1945年10月，被誉为"模范边区的模范干部"的习仲勋被任命为中共中央西北局书记，这一次是毛泽东亲自点的将。毛泽东在说到西北局书记时，还特别赞扬习仲勋年轻，是"群众中走出来的领袖"。

习仲勋无论在西北局期间，还是后来奉调进京，都非常关心西北的形势。西北地区地域辽阔，民族众多，有汉、回、藏、维吾尔、蒙古等十多个兄弟民族。解放前由于经济、政治和历史、宗教等各方面的原因，西北的形势比较复杂。

新中国成立前后，在一些帝国主义国家和国民党特务的煽动支持下，青海、新疆的大小叛乱很多，土匪横行，殃及无辜，严重破坏和扰乱了西北的和平与稳定。习仲勋以敏锐的眼光，最早关注疆藏问题。在实地调查研究的基础上，习仲勋提出：一切工作都要在民族团结的基础上采取"稳进慎重"的方针进行。"争取各民族上层人士，争取宗教方面人士，然后去发动，不可颠倒过来。"这个解决民族问题的新思路为稳定西北、开发西北创造了很好的条件。而争取青海昂拉部落第十二代千户项谦归顺中央政府，便是习仲勋的统战理论在西北地区解决民族问题的一次成功实践。

昂拉部落是藏族的一支，居住在一个叫尖扎滩的藏民农牧业区，实行"政教合一"的政治制度。昂拉千户本是吐蕃王朝赤热巴坚的后代，为了守卫边卡和征税，相传公元5世纪中叶赤热巴坚派贡叶西达杰到达这里，成为尖扎黄河两岸的头人。公元1657年清顺治皇帝封他的后代祖多杰为昂拉千户，世袭至第七代子孙项谦。尖扎滩北有黄河天险，东面和南面被高山环抱，西临黄河的松巴峡谷，是一处易守难攻的要隘。解放后，藏族人民对共产党和解放军还不了解，加上匪特造谣惑众，第十二代千户项谦在马步芳残匪和国民党特务的裹胁、挑唆下，公开与人民政府为敌，拒绝接受人民政府的领导，并组织反革命武装"反共救国军"第二军，发动叛乱。他们自以为身处要隘，人民政府和解放军奈何不了他们，甚至把尖扎滩称为"小台湾"。项谦凭借手中的千余武装力量对已解放的邻县不断进行武装侵扰，甚至袭击人民解放军。我人民政府为了团结昂拉部落不明真相的广大农牧民，不断地说服、争取，耐心地等待他们幡然醒悟，但昂拉千户却执迷不悟。在他看来，人民政府的耐心就是无能的表现。这位"末代千户"的倒行逆施激起广大人民的仇恨，许多同志失去耐心，主张用军事手段彻底解决，以绝后患。针对许多同志急于军事进剿的情绪，习仲勋电告青海省委书记张仲良："绝不能打，万万不可擅自兴兵，只有在政治瓦解无效以后，才能考虑军事进剿。"

争取项谦归顺的工作，从1949年12月至1952年7月长达两年七个月之久。

在此期间，项谦对投诚的态度始终游移不定，反复无常，曾经几度投诚，但不久又反叛。在习仲勋的亲自领导下，中共青海省委统战部长周仁山、藏传佛教大师喜饶嘉措（后任中国佛教协会会长）、藏族部落头人、寺院活佛等50余人，多次深入虎穴，亲赴昂拉，先后与项谦和平谈判达17次之多。习仲勋多次指出："必须坚持在充分军事准备基础上以政治争取为主的方针，十分慎重，首先是用和平方式解决。对于项谦必须采取反复争取，特别宽大政策。"习仲勋显然不是单纯考虑项谦个人的问题，而是从党的统一战线政策出发，团结包括藏族在内的各少数民族。在这一方针的指导下，解放军进剿部队纪律严明、秋毫无犯，十分尊重该地藏族人民的风俗习惯，严格保护寺院，释放俘获的头目、官人，甚至给项谦卧病在床的母亲治好了病，对贫苦百姓救济、度荒、抚慰，以活生生的事实揭穿了反革命匪徒的造谣欺骗。项谦在我党民族统战政策的感召下，终于在1952年7月11日下午从南乎加该森林回归，向人民政府投诚，此后再也没有反叛。时任西北军政委员会副主席的习仲勋非常欣慰，亲自接见、宴请款待了这位回头是岸的"末代千户"，并委任他继续担任昂拉千户。项谦非常感激人民政府的挽救和宽大之恩。中共中央首任统战部部长李维汉后来详细地向毛泽东汇报此事，毛泽东非常赞赏，把习仲勋比作诸葛亮。后来毛泽东见到习仲勋时还不忘开玩笑："仲勋，你真厉害，诸葛亮七擒孟获，你比诸葛亮还厉害！"

1950年3月，蒋介石为了破坏新疆的稳定，委任新疆巨匪乌斯满为"新疆反共总司令"。乌斯满等武装匪徒到处煽风点火，纠集惯匪和散兵游勇，并以残酷屠杀等手段，胁迫牧民两万多人发动武装叛乱，叛乱迅速蔓延到天山南北。乌斯满匪帮在新、甘、青三省交界处抢劫杀人，煽动民族对立，破坏民族团结，严重危害西北的社会秩序，对各族人民生命财产安全威胁极大。与此同时，为了稳定西北的局势，中央和西北局鉴于新疆、西藏的实际情况，指示两地的土改工作暂缓，等条件成熟后再搞。但新疆区党委没有很好地执行中央和西北局的指示，反而擅自提前进行土改，并抓了一些当地少数民族及宗教界的重要人士,土匪和敌特趁机造谣污蔑,攻击我党的民族政策,制造分裂,一时局面混乱,并出现逃亡浪潮。乌斯满叛乱和一些"左"的政策、做法重叠在一起,使本来就非常复杂的问题变得更加复杂。1950年乌斯满叛乱集团的另一头目贾尼木汉被捕。在接到曾经主政新疆的张治中来信后,7月22日中共中央西北局领导彭德怀和习仲勋,联名致电新疆要求把贾尼木汉与乌斯满区别对待,要注意统战政策的运用,争取并利用贾尼木汉来瓦解乌斯满残部及稳定归顺的部落,真正孤立极端反动的乌斯满集团,同时尽量争取、挽救被诱骗和裹胁的群众。1952年7月,习仲勋奉毛泽东命令亲赴新疆解决民族纠纷,严格执行党的民族统战政策,稳定了新疆政治形势。在解决民族纠纷的过程中,习仲勋非常重视调查研究,他的许多意见后来被政务院通过的有关法规政策所吸取,比如《关于保障一切散杂居的少数民族成分享有民族平等权利的决定》和《关于地方民族民主联合政府实施办法的决定》。习仲勋更进一步推动立法,为保障各民族平等权利、巩固民族团结等作出了自己的贡献。

曾任全国政治协商会议主席的李瑞环曾说过:"李维汉和习仲勋同志关于民族统战工作方面的讲话和著作,是我们当今民族统战工作的法宝。"实事求是地肯定了习仲勋对民族统战工作作出的贡献。

三次批示,解决非党知识分子问题

在"文革"中,统一战线备受冲击,几陷瘫痪。由于极左政策的陷害,包括非党知识分子在内的广大知识分子被视为异己和牛鬼蛇神,被戴上资产阶级反动学术权威等各种各样的"帽子"。这些做法在肉体上精神上,严重伤害了广大非党知识分子,挫伤了他们为社会主义建设服务、与共产党真诚合作的信心。十一届三中全会以后,邓小平代表中共中央宣布知识分子已成为工人阶级的一部分。广大知识分子奔走相告,欢欣鼓舞,纷纷表示要为社会主义现代化建设贡献自己的力量。进入新时期以来,在拨乱反正、平反冤假错案、落实政策中,非党知识分子统战工作也逐渐恢复,呈现出喜人的局面。

随着阶级关系的根本变化和社会经济的发展进步，非党知识分子问题逐渐成为新时期爱国统一战线的一个关键问题。知识分子是我们进行社会主义现代化建设的重要力量。非党知识分子在历史上是一支有着优良传统的知识分子队伍，无论在争取民主还是在建设社会主义上，都作出过卓越的贡献。改革开放以来，随着科学技术的飞速发展，科技革命日新月异，知识分子在社会主义现代化建设过程中变得越来越重要，而知识分子中非党知识分子又占了多数。另一方面，非党知识分子影响力大，社会联系广泛，是新时期统战工作的重要对象。但"文革"刚刚结束不久，思想领域"左"的影响仍然没有完全被清除，许多人心里还存在一种误解，认为知识分子既然已经成为工人阶级的一部分，是依靠力量，那非党知识分子自然也就不再是统战对象了。这种认识误区如果任由发展，势必造成统一战线的大收缩，并有可能对非党知识分子造成新的伤害。1982年，北京某大报更在一版显著位置发表短评，明确提出知识分子不再是统战对象。而这与胡耀邦在第十五次全国统战工作会议上的讲话直接相冲突。在这次全国统战工作会议上，非党知识分子被明确列为第三类统战对象。党把党外知识分子作为统战对象，是为了加强与党外知识分子的政治联盟，巩固和发展新时期的爱国统一战线，更好地调动党外知识分子的积极性，更充分地发挥他们在现代化建设中的重要作用。

北京某报纸的短评一出，在社会上引起极大的思想混乱，在非党知识分子中影响尤其不好。许多人打电话或致信中共中央统战部，询问中央执行的统战政策是否有变。中央统战部给主管统战工作的中央政治局委员、书记处书记习仲勋打报告，坚持认为非党知识分子仍是我党统战工作对象，并进行相关的说明。习仲勋当即批示，肯定统战部的正确意见，并责成该报改正和澄清。但该报拒不改正，并提出知识分子已经成为工人阶级的一部分，是统一战线的依靠力量，工人阶级内部不可能有统一战线，而且还狡辩说马列主义著作和我们党的文件中从来没有讲过工人阶级内部有统一战线。这样，争论进一步升级。

为了统一思想认识，1983年中央统战部召开十省市统战理论座谈会，1985

年又召开了全国统战理论工作会，对我党的统战政策进行解释和澄清。随后中央统战部在给中共中央的报告中指出："统一战线的基本问题是工人阶级自身团结统一和同盟军问题。"习仲勋先后两次批发报告，同意此观点。这样就在原则上解决了关于工人阶级内部统一战线的争论问题。

习仲勋的三次批示，解决了新时期统一战线的一个关键问题，即非党知识分子的统一战线和工人阶级内部统一战线问题。这三个批示及时地澄清了误解，消除了思想混乱，从而避免了统一战线的收缩甚至倒退，对新时期爱国统一战线的巩固、扩大和统战理论的发展有极其重大的意义。

习仲勋不仅从理论的高度重视非党知识分子统一战线问题，在实践中，他也身体力行，广交党外朋友，坦诚相待，不少党外知名人士，如张治中、傅作义、张奚若、邓宝珊等，都是习仲勋非常要好的朋友。习仲勋尊重党外知识分子的人格，关心他们的生活，与他们开诚布公，肝胆相照，荣辱与共，成为挚友。原民革中央主席、著名政治活动家屈武先生，是习仲勋的陕西老乡，又是老朋友。有一次屈武见到习仲勋劈头一句："贵府真是侯门深似海啊！"面有不快，语带讥讽。习仲勋一时摸不着头脑，反复追问，才弄清原来新来的门卫战士因为不认识屈武而慢待了他，习仲勋当即向屈武赔礼道歉，两人一笑了之。余心清是冯玉祥将军从前的老部下，是非常有名的党外人士，参与过开国大典的礼仪安排，新中国成立后曾任中央人民政府办公厅副主任、政务院民族事务委员会副主席、全国人大常委会副秘书长、民革中央常委等。新中国成立初期，任中央人民政府典礼局局长的余心清曾和习仲勋共事多年。"文革"开始以后，余心清被造反派当成"牛鬼蛇神"无情揪斗，不仅身心受到摧残，人格也受到莫大的侮辱。1966年，余心清终于不堪忍受而愤然在自家的后院上吊自杀。习仲勋对余心清的自杀非常惋惜，他曾经对其秘书张志功（后曾任中共中央统战部办公厅主任）说："余心老是一位跟着党走的高级知识分子，刚直不阿，为人正派。'士可杀不可辱'，他哪能受得了那种侮辱呢？我那时要是在北京，开导开导他，兴许就不会走这条路了。"其实早在1962年9月的八届十中全

习仲勋、马明方与西北五省和西安市部分领导合影。前排左起：贾拓夫、张德生、习仲勋、马明方、杨明轩、马文瑞。后排左起：王恩茂、张稼夫、黄植、汪锋、王世泰、张仲良、李景林、赵伯平

会上，习仲勋本人也因为所谓"《刘志丹》小说问题"遭诬陷，受到残酷迫害，被关押审查。习仲勋对余心清命运的关切，已超脱出简单的朋友之情，体现出对整个党外知识分子群体的关怀。

此外，关心侨务，落实政策创办经济特区，是习仲勋成功运用统一战线推进改革开放，探索中国特色社会主义发展道路的又一成功范例。

1978年4月6日，刚被"解放"、恢复党的组织生活仅仅一个月的习仲勋，便接受中央任命，南下主持广东省委工作。根据广东独特的人文地缘优势，他建议中央给广东特殊政策，得到了邓小平的支持,同意在广东搞特区。习仲勋充分利用港澳同胞、海外侨胞的爱国爱乡热情，引进资金、技术和设备，

向海外华侨和港澳台同胞传输祖国和平统一的思想。在改革开放初期,采取各种措施解决了广东偷渡外逃现象。

关心侨务工作,对海外统战工作取得非常明显的效果,既稳定了广东的形势,又促进了广东的进一步发展,增强了海外华侨对祖国的感情,更加强了与祖国大陆的联系。对海外统战工作的重视,对广东乃至国家的改革开放和社会主义现代化建设起到了极大的促进作用,习仲勋以自己的方式对一国两制、和平统一作出了自己具有开创性的贡献。

(作者单位:中共广东省委党校)

后 记

与邵继尧先生相识已经20多年。先生学识渊博、教书育人，是我的恩师；他淡定自信、谈吐优雅，更是我为人做事的楷模。2008年年初的时候，年过八旬的老人家从国外回到古城西安，与往昔一样，和先生与师母艾老师随处一隅，听先生谈文论史，我发现先生的话题多沉浸于西北局那段历史岁月里的人和事，话语也显然多在重复。后来的一些日子里，先生查询资料、搜寻记忆，与师母相互搀扶，不顾年事已高、天气炎热，沿街走巷十来天，四处辨认打听故迹旧友……

我是知道的，先生夫妇好些年前被孩子们接到国外定居，兼做些学术研究，长时间与国内的同事朋友少有联系，每次短暂回国，尽管惦记着，可这几年城市发展变化大，找寻记忆深处的场所与故友，谈何容易！当先生拿出一些照片和书籍，露出孩子般的神态与笑容，讲述着如何找到了本书中曾经在西北局工作和学习过、仍然健在的老同志时，那朗朗的笑声，那优雅的手势，那清晰、流畅的围绕着西北局的一些回忆，都使我感动不已；当先生说到已故去的熟悉的领导与同事时，那深深的一声长叹，那低下头久久不语的沉默，也让我格外心痛和感伤……

沧桑看云，赤子情怀依旧。在随后的一段时间内，当我们走进这些健在的西北局老干部的内心世界里，感受和感悟着西北局那段如火如荼、可歌可泣的激情岁月，仿佛迎面就是一群群踏实质朴、有志有为的青年。他们富有理想，蓬勃向上，昂奋进取，洋溢着那个时代所特有的精神风貌……

2009年，我开始了对西北局老人们的采访，开始做口述实录的工作。

"在西北局的日子里，工作非常高兴。"当时已88岁的史宏老人安安静静地坐在沙发的一角，扶着手杖，凝视着丈夫黄植的遗像，向我们讲述了半个多世纪前的西北局光辉历程之后，身子猛然挺了挺，说了这句话，清瘦的脸庞也浮现了些许欢喜的红晕。

81岁的张克老人在我们来之前，早已由老伴搀扶着站在门口迎接我们。由他那高大的身材，爽朗、浑厚的陕北口音，可以想见在西北局的岁月里，这位老人一定是位魁梧英俊、能干有为的青年。两个多小时的讲述，果然印证了我们的猜想。老人动情地说道："西北局是我成长的家，是难忘的日日夜夜，我对她有着深厚的情感。"直到现在，张克老人那激越高亢的陕北口音依然在我们耳边嗡然回响。

92岁的张振邦是位慈祥睿智的老人，他一边招呼我们，让我们自己动手拿桌上的洛川苹果品尝，一边双手轻轻摩挲着，用柔和的声调讲述着西北局在前所未有的困境面前，种粮生产自救的那种艰辛与乐趣。讲到结尾时，老人在我们的留言簿上动情而又认真地写下"难忘的日子，幸福的回忆"。

"我在西北局的日子里得到了真正的欢乐，我的真正的导师永远活在我的内心里，我将永远纪念他们。"82岁的邵继尧先生是党的地下工作者，后来到了西北局政策研究室工作。他风度儒雅，谈吐不凡，政策理论水平造诣深厚，可是后来却蒙冤受屈长达26年。这段经历我曾多次听老人讲过，不过从没有像这次这样完整。老人一如往日地儒雅而平静地讲述着，只是当扳着手指一个个说出当时熟悉的领导及同事时，声音有了些哽咽……

这些曾经叱咤风云的老人们，已经度过了他们激流般的峥嵘岁月。多少繁华事，已付笑谈中，可是当忆及在西北局的日子时，这些老人们仿佛又回到了那段追寻信念理想、追寻温暖春光、追寻光明太阳的年代。

西北局实行了"三三制"，进行了新型的民主制和民主政权建设。倡导共产党员应与党外人士真诚合作，重要事情必须同党外人士商量。按毛主席的话来说，边区是民主抗日根据地，要"提高自己，帮助别人"，要"作一个样子给全国看，成为全国的一个样板"，由此来"推动全国民主化"。

西北局建立了广泛的民族统一战线，采取了切实有效的政策，既反对了大汉族主义，亦反对了地方民族主义，稳定了西北形势，为土改、剿匪反霸等各项工作创造了能够顺利开展的基础。

西北局根据不同的历史条件，因地制宜地开展了土地改革，以其"生动、具体的经验"，纠正"党内严重地存在着的反马列主义的命令主义和尾巴主义"。义合会议后及时发现并纠正了"左"的倾向，一直受到党中央和毛主席的肯定。

西北局强调要对干部进行经常的培训，同时也强调干部的自觉学习和自我教育，并利用多种途径，为迎接西北解放培养了大批干部。

……

半个多世纪过去了，这一切依然让人感动，令人感悟。

回忆西北局，我们不禁缅怀彭德怀同志在很长一段时期里，作为西北局第一书记对全局工作所作出的特有的贡献。从军事到政治，从经济建设到文化教育，从方针政策到工作方法，他无不提出自己的方略和建议。在西北具有特殊意义的民族问题、团结党外人士问题上，他不厌其烦地开导大家。他对习仲勋同志充分信任和支持，仲勋同志对他也十分尊重，这是西北局能做好工作的一个十分重要的原因。

回忆西北局，我们也不禁缅怀习仲勋同志，他重视马克思列宁主义、毛泽东思想的学习，善于从实际出发把中央的路线、方针和政策与西北实际结合。他坚持原则、实事求是，那种对同志和人民无私的奉献，也是西北局能够做好工作的坚实基础。

回忆西北局，我们还缅怀主持边区政府工作的林老（伯渠）、谢老（觉哉），以及分管各方面工作的贾拓夫、李卓然、张稼夫、张德生、汪锋、赵伯平等同志。用原西北局组织部部长马文瑞同志的话说：我们一班人密切合作，团结一致，坚持党性原则，具有顾全大局和无私奉献的精神，才在工作中取得了应有的成绩。

当年采访邵继尧先生接近尾声时，我们不禁问道，在西北局的同志们都想些什么，有没有苦恼和挫折……先生说："那时候参加革命的人，没有感到怕和委屈，没有感觉苦和累，也没有想过那么多的困难，只是一门心思扑到革命工作上，想着如何完成工作任务，把自己的一切置之度外，这是当年西北局所有人的一个共同愿望。"

这是怎样的一种人生境界啊？艰苦奋斗，勇于克服困难，善于解决问题；团结友爱，为革命和集体的利益，无私奉献自己；实事求是，踏踏实实，不虚夸，不做空谈家；去旧革新，富有革命性……这就是西北局给我们留下的财富和启示。

感动与感悟的历史，更需要有一种精神传递的意义。正如90高龄的何载老人所说："从实际出发，实事求是是西北局最突出的一个特点"，"西北局在党的历史上功不可没，是有突出贡献的"。西北局仍是我们精神的圭臬，我们要继承其志，并视之为伟大的传统，永远铭记和发扬。这就是当年西北局的魅力所在，也是今天我们每一个活着的人必须寻找的答案。

共和国已度过了60多个生日。回顾总结西北局的光辉历程和宝贵经验，对于我们全面深刻地认识这60多年的历史，深入贯彻落实党的十八大精神，在新的历史起点上全面推进党的建设新的伟大工程、开创中国特色社会主义事业新局面，具有重大而深远的意义。

如今，许多西北局老人已经作古。就在这本小书付印前夕，获悉邵继尧先生仙逝的消息，不由得唏嘘感喟，悲从中来。

纪念西北局！

纪念西北局的革命先辈们！

石 杰

2013年4月于西安